ESCRITOS INEDITOS

II
HOJAS SUELTAS

Cubierta de Ricardo Baroja

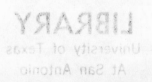

Edición conmemorativa del
    Centenario del nacimiento de Pio Baroja,

Cubierta de Ricardo Baroja

Es propiedad. Derechos reservados

© Herederos de Pio Baroja

Edita y distribuye: CARO RAGGIO, EDITOR

Alfonso XII, 50. Tel. 2306851. MADRID - 14

Depósito Legal: BI. 355 - 1973

ISBN: 84 - 7035 - 022 - 6

Imprime: GRAFICAS ELLACURIA, Avda. del
    Generalísimo, 19. ERANDIO-BILBAO

PIO BAROJA

HOJAS SUELTAS

(Prólogo y notas de D. Luis Urrutia Salaverri)

*Editorial
Caro Raggio
Madrid*

CUARTA PARTE

BAROJA Y LAS REVISTAS MADRILEÑAS

A LA JUVENTUD INTELECTUAL

I

De los quince a los veinte años ráfagas poderosas de vida impulsan el corazón y el pensamiento del hombre. Amar todos los Placeres de la creación fundidos en una sola Belleza, vencer todos los Dolores del mundo, fundidos en un Obstáculo, uno solo, por grande y terrible que fuese. Tal es el ansia de la Juventud.

Pero no se le ofrecen de pronto empresas gigantes y consumen sus fuerzas pequeñas dificultades, míseras luchas y livianos amoríos; la juventud no se desata como un torrente sobre un lecho de roca, se filtra como la lluvia sobre un banco de arena.

Inculcan al niño las preocupaciones del viejo, y los hombres conocen el poder maravilloso de la juventud, cuando ya les falta virilidad: pasan de niños a viejos con los ojos vendados.

Y contra la implacable tiranía despiertan fieros rencores... ¡Por eso la juventud ha sido en

otros tiempos revolucionaria y hoy siente congojas
de anarquismo!

¡Pobre Juventud! Se ofrece inocente, como la
flor del manzano, que se abre al beso del rocío;
en su cáliz guarda el germen de un fruto sabroso,
y su corola, bebiendo un rayo de sol, embalsama
el ambiente.

Promesas de dicha y misterios de amor... la
mano del caduco herborista la profana y destruye.
Para conservar su belleza fugitiva, la desprende
y la coloca en un álbum. Así transforma una existencia gallarda en una momia estéril.

Así educan a la juventud, arrancándola violentamente a su porvenir; despréndenla del tronco,
donde la Naturaleza la daría su fecunda savia,
contienen sus impulsos entre las hojas de un libro, conservan la marchita corola y renuncian al
fruto jugoso.

¡Y aún se lamentan de que la juventud, revolucionaria en otros tiempos, hoy se inclina con
dulces congojas de anarquismo delirante!...

¿No es justicia despreciar y destruir a quien
desprecia y destruye?

II

Pertenecemos a la generación que fue pisotea-
da por los triunfadores engreídos; ganando el poder a la sombra de inocentes libertades, nos im-
pusieron su ciega tiranía, que los hace odiosos. Ni
pudimos luchar contra ellos, bien guarecidos ya en

altas posiciones. Cuando mueran esos imbéciles caducos, tampoco lucharemos contra vosotros.

Educados en la escuela del sufrimiento aprendimos la resignación y la piedad. No falta egoísmo para oponernos a vuestra gloria. No somos la Juventud, y todo lo esperamos de la Juventud; no somos jóvenes, pero tampoco somos de los que disimulan sus arrugas y su palidez con pastas y colorete. Cogemos la bandera para depositarla en los altares de la juventud, cuando vuestra voz nos guíe.

Lucharemos por vosotros, mientras vosotros calléis; pero en cuanto aparezca vuestra pluma y vuestra espada, soltaremos para siempre la espada y la pluma. Entonces nuestras manos tampoco estarán ociosas porque no cesarán de aplaudiros.

Juventud, Juventud; ráfagas poderosas de vida impulsan tu corazón y tu pensamiento. No vamos a conducirte por caminos que ignores; no vamos a trocar tus ideales ni a proponerte la regeneración del mundo con un programa de feria. No. Todas las filosofías, todas las instituciones, todas las ideas merecen respeto, cuando no son máscaras hipócritas.

Pero de todas las mentiras que son, para muchos, manera de vivir y de medrar, ninguna tan execrable como el falso escepticismo que viene a ser la señal de los tiempos; disfraz de la inútil canalla y de la impotencia es el escollo más temible para las Ilusiones de la Juventud. No dejéis que os arrebaten las ilusiones y la Fe. Apartaos de las momias petrificadas, que se mofan del sentimiento porque no tienen corazón; su irónica son-

risa parece una mueca; reíos de su frialdad morti-
ficante: no lloran, porque no tienen lágrimas, no
gritan porque no tienen pulmones y no se apasio-
nan porque no tienen alma.

Apasionaos, llorad, reíd; la vida es más dulce
cuanto es más intensa la pasión; canta el soldado,
canta la enamorada, canta el creyente: cantad sin
miedo vuestra Fe y vuestros Ideales, cantad luchando en la conquista del Porvenir; sed justos y
piadosos.

Cuando la Piedad y la Justicia le acompañan,
el hombre llega siempre al supremo bien por todos los caminos.

NOSOTROS
(*Revista Nueva,* núm. 1, del 15-II-1899)

PUBLICACIONES PERIODICAS

I

La *Revista Nueva* tiene la honra de saludar
a cuantos ejercen la noble profesión del periodismo.

* * *

La España Moderna (febrero).—Publica la continuación de la novela de Emilia Pardo Bazán titulada "El niño de Guzmán".

Las escuelas nocturnas de Inglaterra.—Con este título se han reunido notables trabajos de Flower y Bernard.

Juan Pérez de Guzmán en su estudio, "Bajo los Austrias", trata de la criminalidad en Castilla, cabeza de España y del estado de la costumbres sociales en Madrid, su Corte, durante el reinado de Felipe II.

"Ignotus" discurre acerca de las causas de nuestros desastres, de las deficiencias orgánicas y de preparación que influyeron en la destrucción de la escuadra, y trata además de las operaciones llevadas a cabo contra las costas de Cuba, de la Marina española ante el bloqueo y de la campaña por tierra en Cuba.

Revista Contemporánea (30 de enero de 1899). "La regeneración y el problema político", por Antonio Royo Villanova, es una conferencia pronunciada en la Academia de San Luis de Zaragoza. No me ha parecido ni bien ni mal. Oír regeneración y escamarme para mí es todo uno. Es una palabreja que está en boga. Para Sagasta significa estar en el poder; para Silvela, llegar a probarlo, y para Weyler, hacer del país un cuartel. El único regenerador que tenemos en España es... Eusebio Blasco.

La parábola del perro, por Antonio Frates.

La Ciudad de Dios (5 de febrero de 1899).—Sumario.—Las escuelas económicas en su aspecto filosófico, por el Padre Fr. José de las Cuevas. — Un nuevo opúsculo castellano de S. Tomás de Villanueva. — San Agustín y la Eternidad del mundo, por el P. Fr. Quirino de Burgos. — El desarme, por el P. Fr. Florencio Alonso .— Diario de un vecino de París durante el Terror, por E. Buré. — Revista canónica. — Crónica general. — Observaciones meteorológicas.

El Mundo Naval Ilustrado (1 de febrero).— Sumario: Los restos de Colón en Sevilla, por don Joaquín Bustamante y Quevedo. — El Ministerio de Marina y la Marina Mercante, por D. José Ricart y Giralt. — Dificultades para el desarrollo de nuestro poder naval sin los ideales de la nacionalidad hispanoamericana; es un artículo *lato* ejecutado por D. Joaquín Sánchez Toca. — La defensa de costas, por D. Pedro María Cardona y Prieto. Carta de un norteamericano, por Mr. Charles Duran. — Carta de Nueva York, por un Balear. — La pesca de altura, por D. Ernesto Lyders. — La navegación por electro-motores, por el Dr. Alberto Díaz de la Quintana. — Derecho penal marítimo. — Notas de la villa y Corte, por el Dr. Roque J. Izaguirre.

La Vida Literaria (4 febrero).—Es uno de los semanarios madrileños que tiene originalidad y algo que se consigue con mucho dinero, y pensando sólo en entretener a la gente. En el número 5 de este periódico hay una crítica de "Los Caballos" de Sellés, por Corominas, y un ligero análisis de "La alegría del Capitán Ribot", por González Serrano. Cuentos de Palomero, Clarín, Benavente. Notas parisienses, por E. Gómez Carrillo (apuntes ligeros, espirituales de la vida de bohemia en la Babilonia moderna) y siguen publicándose "Las

Prisiones imaginarias" por Pedro Corominas, narraciones intensas, en donde refiere las miserias y
los dolores sufridos durante su cautiverio en
Montjuich.

S. PARADOX

PUBLICACIONES PERIODICAS

II

Revista Contemporánea.—D. Manuel Durán y
Bas condensa en un artículo que rotula *Fuerzas
sociales,* opiniones que le merece la crisis nacional.
Por desgracia, su juiciosa disertación, pulida y
amable, no plantea un estado nuevo ni ofrece una
esperanza justa. Estudio imparcial de invencibles
desventuras, fáltanle al trabajo del Sr. Durán y
Bas, los radicalismos oportunos en casos graves.
Todo lo que apunta no se puede hacer cuando la
política funesta de la Restauración arrastra en su
ruidoso fracaso a todos los hombres que debieran
tener algún prestigio. Las formas nuevas, muchos
las ofrecen, todos las conocen, pero ¿quién ha
visto las personalidades que pueden implantarlas?
No más política, dicen los políticos; hagamos patria. ¿Cómo? ¿Con quién? ¿Con el Ejército entregado al enemigo sin lucha? Con el Parlamento sin
honra? ¿Con el Pueblo sin entusiasmo? ¿Con la
Juventud sin ideales ni creencias?

El Sr. Durán y Bas pone de manifiesto la inferioridad absoluta de nuestra educación, de nues-

tras costumbres, de nuestra raza; no se ciega como los economistas improvisados, creyendo que todo lo redimirían *las fuerzas productoras,* y aconseja con muy buen acuerdo, la educación intelectual.

"Yerran —dice— los que opinan que la fuerza de los pueblos descansa principalmente sobre los intereses materiales", y va revisando una por una las fuerzas útiles que se propone cultivar. Pone de relieve tendencias generales que fueron generosas para razas fuertes y cultas, conduciendo a un desequilibrio desastroso a las ignorantes y agotadas. Tales, el cosmopolitismo y el individualismo.

"Es tan lamentable como dolorosa —dice— la inferioridad de España en comparación con otras naciones, relativamente a sus fuerzas intelectuales. Poco general, la instrucción primaria, la vulgar, la común, la que debiera ser universal; poco extendida, y sobre todo poco sólida, aquella parte de la instrucción común que, superior a la antes indicada, debiera ser también patrimonio de todos los espíritus cultos, independientemente de la especial para cada uno; más aparatosa que verdadera en general, la de los que se llaman hombres de profesión; cortos en número, aunque por lo mismo superiores en mérito, los que honran su nombre enriqueciendo en descubrimientos propios o con nuevas teorías originales el rico patrimonio de la ciencia contemporánea; no carecemos indudablemente de glorias en el terreno literario y en el mundo artístico; algunas podemos presentar también en el de las ciencias físico-matemáticas y naturales; con más escasez, sin duda, en el de las filosóficas y sociales; pero, con tristeza, hemos de reconocer que más brilla nuestro ingenio cuando puede campear la fantasía que es en donde debe aplicarse el espíritu de observación y de análisis para elevarse a las grandes síntesis; que contribuimos poco al enriquecimiento de la literatura científica y a las aplicaciones de la ciencia a las necesidades de la vida moderna, y que no es hoy nuestra nación la que más notablemente comparte con otras, aún de segundo orden en Europa, la cooperación a los progresos del saber humano."

Via Crucis, interesante relación, escrita correctamente por María Belmonte.

La Biblioteca Municipal de Madrid: curioso trabajo de Carlos Cambronero.

La Vida Literaria.—González Serrano habla de Campoamor —el poeta de la juventud y de las mujeres (no de los amores). — Gómez Carrilo prosigue "Día por día" sus divagaciones vaporosas y amenas. — Arámburu y Machado, Arzadun, Urales y Lapuya lucen sus nombres al pie de artículos discretos. — Pedro Corominas continúa sus "Prisiones imaginarias", relato sugestivo y encantador. Marín dibuja una cacería hecha con madejas de hilo enredadas, y el portugués Leal da Cámara, una caricatura de buen estilo.

Hispania.—Rico y esmerado en su forma editorial se ofrece el n.º 1 de la nueva revista. Contiene unos apuntes de Pereda, una poesía de Vital Aza y dos artículos más de Juan Buscón y Miguel Badía. Las ilustraciones de Mas, Pascó, Pedrero, Casas y

sobre todo el dibujo de Urrabieta Vierge son dignos
de figurar entre los mejores.

Revista Blanca.—Como todos, el núm. 16 de tan
importante publicación contiene artículos de Sociología, Biografía, Ciencias y Artes, además de
Sección libre y Tribuna del Obrero. Su director,
Federico Urales, consigue, como se propuso hacer,
una revista económica para difundir ideas disolventes entre las clases proletarias.

Buenos Aires.—Revista semanal ilustrada. El
último número recibido contiene un precioso estudio de las obras y carácter de Rubén Darío, por
L. Lugones.

Muchos grabados y varia literatura.

No por error, sino por darle una muestra de
profunda simpatía, colocamos junto a los españoles esta interesante publicación que debiera ser citada en otro lugar.

S. PARADOX
(En *Revista Nueva*)

LITTERATURE ET BEUX-ARTS

CHRONIQUE ESPAGNOLE

L'heure n'est guère favorable en Espagne pour songer à la littérature et aux arts. Les effrayants problèmes économiques et industriels, les menées réactionnaires des uns, les tendances anarchiques des autres et le danger de retomber sous la férule militaire ou théocratique nous remplissent de trop noirs soucis pour que l'art ne s'éclipse un instant en attendant, pour reparaître, après l'apaisement des autres et le danger de retomber sous la férule des passions et la tranquilité des esprits. D'ailleurs ce même trouble existant dans l'art et dans la philosophie de notre époque, fait qu'on ne cherche pas le monde des idées, le repos, le calme que l'on ne trouve pas dans le monde des faits.

Cette inquiétude que l'on remarque dans l'atmosphère morale de cette fin de siècle, ce rapide tourbillon d'idées, d'utopies, de formules métaphy-

siques qui éclosent pour mourir et se décomposer
immédiatement, ne peuvent satisfaire un peuple
tel que celui d'Espagne, continuellement blessé par
l'adversité et le malheur et qui, s'il avait recours
à l'art pour chercher un soulagement, lui deman-
derait la tranquillité et la consolation au lieu de
sensations très vives. Un peuple sans direction ne
peut avoir d'enthousiasme pour un art manquant
aussi d'idéal. Peut-être l'art n'a-t-il jamais suivi
une direction fixe, mais il est évident qu'on n'a
jamais vu une déviation aussi frappante que celle
que nous apercevons présentement. Le flux, les
tendances, les courants artistiques qui agitent le
monde intellectuel arrivent en Espagne très affai-
blis et presque toujours par l'intermédiaire de la
France, ayant déjà perdu leur éclat et surtout leur
actualité.

Cependant depuis quelque temps cette muraille
qui séparait notre littérature, notre science et
notre art, de la littérature, de la science et de l'art
étrangers commence à s'écrouler et les efforts
faite par exemple en Russie par Tolstoï, en Bel-
gique par Maeterlinek et par Zola en France, re-
tentissent en Espagne comme un écho plus ou
moins affaibli. Quant à la science, l'oeuvre de
Robin et de Wirchov a chez nous des collabora-
teurs comme Cajal. Comme il est du reste natu-
rel lorsqu'il s'agit de méridionaux impressionna-
bles, ceux qui sont au courant des nouvelles tendances et de *la nouvelle lumière,* qui est la seule
véritable dans un certain laps de temps, attri-
buent aux idoles récemment consacrées une impor-
tance immense. Pour beaucoup de nos jeunes poè-

tes modernistes, Mallarmé efface toute la littérature ancienne; pour nos *apprentis* philosophes,
Nietzsche est le seul penseur, le seul génie qu'ait
produit l'humanité. Auprès de lui, Spinoza, Kant
et Hegel ne sont que de pauvres amateurs. Les
snobs d'ici sont bien cruels envers les malheureux
poètes et philosophes du vieux temps.

Nous avons des snobs en Espagne. Ce n'est pas
le snobisme dans toute sa splendeur, mais on fait,
petit à petit, des progrès, dans ce sens grâce au
travail de quelques âmes charitables qui ont pris
à tâche de nous instruire à ce sujet en nous ra-
contant, comme le ferait un enfant émerveillé, les
tout derniers trucs parisiens et la vie et les moeurs
de tous les ratés plus ou moins spirituels ou abra-
cadabrants, qui se signalent à la badauderie des
snobs parisiens.

Les maîtres espagnols se tiennent à l'écart de
ces courants modernistes et surtuot des enthou-
siasmes pour le génre excentrique et exotique
que les jeunes écrivains admirent. Mme. Pardo
Bazán a dit qu'il n'y a pas de jeunesse en Espagne et il faut avouer, à notre grand regret, que
cette ilustre écrivain a raison. Ce sont les vieux
qui travaillent, tandis que les jeunes ne font que
discourir dans les brasseries. Le vieux peuvent
présenter des oeuvres estimables; les jeunes rien
ou presque rien. Cela tient sans doute à ce que les
Espagnols sont les hommes du passé et dans leur
littérature, dans leur art, dans la guerre, dans
toutes leurs manifestations, font preuve d'un esprit et d'une intelligence supérieurs quand ils emploient les vieilles formules mieux que lorsqu'il

emploient les nouvelles. Il en est si bien ainsi
qu'en Espagne on peut dire que "écrivain réaction-
naire" est synonyme de bon écrivain. Pereda, Pardo Bazán, Menéndez y Pelayo, Valbuena et bien
d'autres, bien qu'ils fassent parade de quelque
bienveillance envers les idées libérales, sont, au
fond, réactionnatres, ils appartiennent à la vieille
Espagne, sombre et religieuse.

Pérez Galdós, le seul véritablement grand et
ouvert de nos écrivains, a bien pu donner une
impulsion à la littérature espagnole en la diri-
geant vers les nouveaux principes, tels que l'ont
prouvé les oeuvres de sa toute dernière évolution
vers un mysticisme réaliste.

Cependant Galdós a quitté le sentier difficile
pour travailler à la seconde partie de ces *Episodios nacionales,* parmi l'indifférence du public qui
achète bien ces oeuvres, mais qui ne les critique
ni les discute. Cette indifférence est en partie jus-
tifiée, car bien que Galdós soit un grand écrivain,
on ne saurait lui pardonner d'écrire ses épisodes
à la légère, sans visiter les lieux où se passe l'ac-
tion de ses romans et supléant par son talent à
l'absence d'observation et d'étude.

Palacio Valdés, un autre grand maître, qui vient
de publier *La Alegría del Capitán Ribot* (La Joie
du Capitaine Ribot) est encore un moderniste voi-
lé, un véritable psychologiste ayant le talent de
cacher ce qu'il sait et d'incarner les passions et
les idées du siècle dans ses personnages, et faisant
si bien que le lecteur ne s'en aperçoit point.

Quant à la génération littéraire réaliste, enthousiaste de Zola, il n'en reste presque rien. Ce

sont Madame Pardo Bazán, Picón, Narciso Oller,
les seuls écrivains des premiers jours du natura-
lisme qui y travaillent encore avec succès. Parmi
les nouveaux, aucun n'a réussi, exception faite de
Dicenta dont le drame "Juan José" a consolidé la
réputation. Les autres tels que Zahonero, Sawa,
López Bago, Silverio Lanza et tant d'autres qui
commencèrent avec un gran essor et en faisant
preuve d'un talent supérieur se sont épuisés.

Parmi les modernistes espagnols, le plus puis-
sant et le plus consciencieux est Jacinto Benavente, auteur de plusieurs comédies représentées avec
succès à Madrid, entre autres *La comida de las
fieras* (La mangeaille des fauves). Benavente est
un ironiste à la manière de Lavedan et de Donnay, avec lesquels il a beaucoup de ressemblance.

En connaissant l'homme, on comprend son oeuvre. Benavente, c'est un esprit très fin, délicat,
brillant, mais froid; comme les personnages de ses
comédies, il sourit toujours d'un sourire gelé. Il
fustige la société élégante dans ses comédies, et
la blessure qu'il fait avec ses coups d'épingle, il
la cache ensuite avec de la poudre de riz. Ses oeuvres plaisent pour l'esprit qu'il montre dans ses
phrases, mais comme elles n'ont ni feu, ni chaleur,
ni enthousiasme, la galerie ne s'y intéresse pas et
ne les applaudit pas. Benavente a encore la vision
du myope; il voit admirablement les détails, mais
l'ensemble lui échappe. Ses oeuvres son un cumul
de scènes, morceaux de vie apportés au théâtre.
Dans son *Marido de la Téllez,* seulement, il a pu
définir clairement son idée.

Un type littéraire porté à la scène par Bena-

vente dans *La Comida de las Fieras,* c'est celui du
jeune homme décadent, représenté à la perfection,
l'année dernière, su théâtre de la Comedia, par
Ramón del Valle Inclán, un écrivain moderniste
aussi, pour qui l'auteur avait écri ce rôle. Valle
Inclán est un écrivain qui, depuis deux ou trois
ans, frappa l'attention par ses attitudes. Venu d'A-
mérique, il se présenta à Madrid avec une longue
et noire chevelure que lui descendait jusqu'aux
épaules. Il nia le talent à tous ses confrères, parla
beaucoup, lança des boutades stupéfiantes et on
le respecta. Ses oeuvres, deux volumes: *Femeninas*
et *Epitalamio* ont une certaine valeur, sinon pour
la conception, du moins pour la phrase bien ciselée
et le rythme de la prose.

Un autre moderniste, mais qui ne vit pas du
reflet de la littérature française, est Salvador Rueda, un poète andalou doué d'une belle verve. La
poésie éclot au pays du soleil; Rueda, de même
que Zorrilla, a de l'éclat et de l'imagination dans la
phrase, plus que dans l'idée. Son oeuvre comprend
plusieurs volumes; quand l'avenir en aura fait une
sélection, il n'en restera qu'un, mais un bon.

Rubén Darío a une certaine parenté spirituelle
avec Rueda; il est moderniste enragé, poète sym-
boliste. Comme tous les Américains, il a l'admiration facile; París le ravit. Il est enthousiaste de
Mallarmé. Les lys, les cygnes, les lacs bleus, les
princesses tristes sont les éternels motifs de ses
poésies.

Dans quelques-uns de ses vers, on voit immédiatement l'origine mallarméenne comme dans ce-
lui-ci:

Los cisnes unánimes del lago de azul
(Les cygnes unanimes du lac d'azur)

Rubén Darío est considéré dans l'Amérique du Sud, comme un des meilleurs poètes du monde et il a écrit des poèmes d'un mérite incontestable. Cependant il ne triomphera pas en Espagne où l'on ne voit en ses vers que des nébuleuses littéraires. D'ailleurs souvent il suffit à un poète quelconque de revêtir le manteau moderniste pour qu'il lui soit volontiers permis d'abuser de toute espèce de chevilles.

Les Hispano-américains séparés actuellement de l'influence espagnole, vivent du reflet de la littérature française. Il y a certainement des écrivains distingués comme Lugones, Berisso, Reyles, Nervo, mais ils n'arrivent pas à la hauteur des Espagnols Galdós, Pardo Bazán ou Palacio Valdés. La littérature hispano-américaine est celle qui suit avec le plus de servilité la mode parisienne; l'atmosphère parisienne pleine de perfums esthétiques et d'essences ultra-raffinées, a bouleversé les cerveaux des citoyens de la vierge Amérique dédiés aux gazouillements langoureux.

Parmi les Américains modernes, celui qui conserve le plus la tradition castillane est peut-être le Mexicain Díaz Mirón, dont les vers ont un grand entrain. Enrique Gómez Carrillo est encore un de ceux qui se considèrent comme des Espagnols-parisiens. Carrillo, comme chroniqueur est ingénieux et quoiqu'il n'arrive pas à la verve de Bonafoux, un autre chroniqueur espagnol habitant Paris, on doit reconnaître sa grâce et parfois son esprit. Carrillo, comme romancier, est médiocre; c'est un de ceux

qui aspirent à peindre l'érotisme à la grecque et
qui aboutissent à une pornographie triste. Ses scènes de boudoir, ses descriptions de plaisirs nouveaux et pervers ne parviennet pas à charmer.
D'ailleurs les oeuvres de Carrillo sont toutes des
imitations; en les lisant on se souvient des morceaux d'une foule d'oeuvres de la littérature française.

Le mouvement moderniste à Barcelone a plus
d'intensité qu'à Madrid. L'impressionisme dans la
peinture, le mysticisme dans la littérature et le
pré-raphaélisme dans l'ornementation pénétrèrent
d'abord en Catalogne, qui est l'Allemagne de l'Espagne, la contrée la plus industrielle et la plus pro-
pre à subir les influences. Les Catalans comme les
Américains, ont adopté les nouveautés russes,
françaises et belges, en voulant persuader aux (!)
autres Espagnols, qu'ils son les inventeurs du genre; mais nous n'ignorions pas qu'ils étaient sim-
plement des imitateurs. Il y a eu à Barcelone deux
journaux modernistes: *Avenç et Luz.*

En Catalogne, il y a actuellement de grands
noms en littérature; les noms de Pompeyo Gener,
de Guimerá et Verdaguer sont connus en Espagne
et hors des frontières.

Parmi les modernistes catalans, Rusiñol doit
être signalé comme peintre et écrivain doué de
hautes facultés; Maragall comme poète; Iglesias
et Gual comme dramaturges de l'Ecole d'Ibsen et
de Maeterlinck, et Costa et Jorda comme traduc-
teurs. Un littérateur catalan d'une grande énergie
de style, c'est l'anarchiste Pedro Corominas, pri-
sonnier de la forteresse de Montjuich, auteur d'un

livre *Las prisiones imaginarias,* oeuvre contenant des chapitres puissants.

Le modernisme s'est également introduit dans les affiches et la caricature. Rusiñol et Casas ont fait à Barcelone des affiches modernistes d'un mérite réel. Marín, Sancha et Leal da Camara se vouent à caricature moderniste pour les journaux de Madrid.

(*L'Humanité Nouvelle,* 10-VIII-1899,
Tomo III, núm. 26, págs. 265-267).

CHRONIQUE DES LETTRES ESPAGNOLES

A la fin de la guerre hispano-américaine, un politique espagnol, le président actuel du Conseil des Ministres disait que l'Espagne était un corps dont les artères ne battaient plus. Il n'est pas douteux que ses paroles dépassèrent sa pensée, mais l'assertion n'en est pas moins juste.

Et pourtant l'Espagne est un pays dont on ne saurait assurer qu'il est en décadence; il y a eu toujours quelque chose d'ironique dans l'atonie et dans la paresse de notre nation. Un peuple, comme le nôtre stationné encore sons la période métaphysique et sans besoins positifs, oublie de suite et ses desseins et ses entreprises. La prévoyance n'est pour nous qu'une folie, et personne ne songe plus à cette reconstitution que nous nous promettions tous à la fin de la guerre avec les Américains. Nous nous plaisons aux douceurs de la paix acquise au prix de la perte de nos colonies, de notre Armada, de millions d'hommes et de milliards de francs. Nous sommes dans le meilleur des mondes possibles; l'aristocratie s'amuse, la bourgeoisie rigole, le peuple encombre les cirques de taureaux.

Le caractère espagnol actuel, contrairement à ce qu'en pensent les étrangers qui nous regardent avec une admiration héroïque, relève plus de la philosophie de Sancho Pança que de l'idéalisme de Don Quichotte, et on a fini par comprendre que la perte des Colonies est plus avantageuse que malheureuse. Au dire de nos Sanchos, quand bien même l'Espagne eût remporté la victoire, la situation n'eût pas été meilleure, et l'émancipation de nos colonies se serait tôt ou tard accomplie. Ainsi nous nous féliciterons tous de la finesse de notre armée et de notre marine qui ont en le talent [de se laisser] battre de part en part par les Américains.

On aurait cru que l'Espagne, bornée déjà à son térritoire péninsulaire et sans domaines audelà des mers, se serait préparée à sa renaissance en recréant une patrie neuve et vigoureuse.

L'exemple de la France renaissant de sa débâcle après la guerre de 1870, paraissait devoir se renouveler ici et nous avions l'espoir de constituer une nation robuste qui, abandonnant ses vieilles routines, marcherait sur la voie du progrès. L'extirpation eut lieu, l'Espagne perdit sa souveraineté sur neuf millions de ses sujets, au-

cun trouble n'agita le pays; il n'y eut ni réaction
ni fièvre.

Ceux qui avaient prédit la regénération, ne
voyant pourtant pas paraître la nouvelle Jéru-
salem, rejetèrent la faute sur la politique sans
remarquer que notre politique fantaisiste n'est
dûe qu'à notre abandon, car l'opinion publique
n'existe plus en Espagne. Tout ce qui y survit en
fait d'opinion n'est qu'un pur dogmatisme, un
moule de chaque parti avec son cachet, son pro-
gramme et son dogme.

Le cléricalisme, selon les révolutionnaires, l'i-
dée anarchique et l'esprit carliste suivent les
conservateurs, ont empêché notre régenération;
mais ils n'attaquent pas le militarisme, ce ver ron-
geur qu'on devrait nommer officiérisme, attendu
que nos statistiques accusent un officier pour trois
soldats, ce qui ne serait vraisemblable que dans
un pays d'opéra-comique.

Notre indifférence pour tout ce qui est sérieux
nous mène à des indulgences extraordinaires
pour les plus grandes énormités. Ne nous inté-
ressant plus ni à la littérature ni aux arts, nous
ne sommes point assez éclairés pour trouver
agréables le commerce et l'industrie. Fatalistes
sous in'fluence du climat et du tempérament,
n'ayant qu'une instruction superficielle sur toutes les questions positives, nous pourrions faire
quelque chose de bon si nous avions l'exaltation
qui règne en France où toutes les questions sont
agrandies et poussées avec vigueur. La France a
fait de Paris un grand piédestal où tout ce qu'il
a de plus remarquable dans la nation est mon-

tré à l'admiration des autres pays. Toute idée bonne ou mauvaise, logique ou absurde y trouve des sectaires. Toute l'Espagne est concentrée aussi à Madrid, mais sans gloire et dans le dessein exclusif d'éviter le morcellement d'un pays mutin et anarchique de nature.

Madrid n'est donc que le lien qui unit les régions entre elles. C'est là sa mission. Paris, c'est la tête énorme d'un organisme macrocéphale; Madrid n'est que la moelle souffrante d'un corps atteint de paralysie. Il n'y a pas à espérer de Madrid des initiatives fortes et tranchantes; on peut affirmer que ce peuple d'elégances raffinées manque d'intérêts commerciaux, industriels et même littéraires ou artistiques, les seuls propulseurs dans la vie des grandes villes. Parallèlement à l'absence de ces éléments, on y remarque aussi le manque de vie intelectuelle. Les hommes pensants sont ici des solitaires entièrement délaissés; car les idées ne sont plus des liens rattachant les esprits et les intelligences, l'influence suggestive des uns sur les autres ayant tout à fait disparu, les seuls liens existant encore viennent de la politique, des nécessités sociales et des intérêts.

Notre jeunesse est dépourvue de tout idéal politique, social ou religieux, la plupart des jeunes gens s'étant désintéressés de tout compromis avec l'idéal, et ne cherchant la solution du problème de la vie que dans le *processus* inconscient de la politique, dans le mariage avec une femme riche ou la recherche d'une sinécure à gros appointements dans l'administration publique.

Même dans le domaine de la littérature, on aperçoit la terreur qu'inspire tout ce qui est transcendant. Dans les livres, les journaux et les revues, on voit les feux d'artifice d'une rhétorique surannée au lieu des idées et des observations. Nous, ne connaissons rien de notre vie nationale, la vie des champs et des villages nous est totalement inconnue. Dans cette atmosphère malfaisante d'égoïsmes mesquins, de turpitudes tristes et de petitesses douloureuses où ont été étouffées toutes les qualités typiques de la race, les seules notes persistant encore sont la routine et la rhétorique; la première pour dissimuler notre paresse, et la dernière pour revêtir de fleurs et de chiffons la misère de nos sentiments et l'inanité de nos idées. Il n'est pas au monde un pays où l'on ait, comme en Espagne, des sujets pour écrire une étude sur la philosophie du cliché; en lisant les discours de nos politiques on acquiert la conviction d'être gouverné par des têtes vides, dont le cerveau n'est qu'une espèce de phonographe répétant toujours les mêmes phrases, les mêmes banalités.

Quant aux journalistes, ils sont de la même trempe que les politiciens, et avec un peu d'art on pourrait former un modèle pour rédiger des articles républicains ou monarchiques à volonté, n'ayant pour cela qu'à remplacer les clichés d'une phraséologie par ceux de l'autre.

Cette grande vacuité intellectuelle des journalistes s'explique par la manque de connaissances solides chez ceux qui se vouent au journalisme littéraire. La plupart des écrivains en

Espagne sont en même temps quelque chose de
plus: Galdós, par exemple, est éditeur; Valera,
diplomate; Echegaray, ingénieur; Clarín, professeur d'une Université.

La littérature est en Espagne un sport de per-
sonnes plus ou moins éclairées, ou bien un titre
que s'arrogent quelques-uns pour dissimuler leur
vagabondage. Les seuls qui exercent les lettres à
titre professionnel, faisant le métier d'écrire pour
le public sont les journalistes et les vaudevillis-
tes. Le journalisme n'est exercé que par ceux qui,
par leur fainéantise, n'ont pu se former une car-
rière, et par les ratés qui n'ont pas réussi à se
créer une position. Ceux qui ambitionnent une
position plus élevée, ayant du talent ou non, ai-
ment mieux se fixer sur le terrain de la politique. La profession du journalisme a des charmes
pour les oisifs, car bien que les bénéfices soient
mesquins, elle n'exige, en échange, aucune beso-
gne pénible, l'impudence faisant le reste.

Le journaliste travaille à la hâte et sans sou-
ci dans le bureau de l'administration où il est
employé, si toutefois il l'est, et le public subvient
niaisement avec son mauvais goût et son indifférence pour tout ce qui s'élève au-dessus du vul-
gaire à l'entretien des journaux de ce genre.

En France et en Angleterre, le bourgeois aisé
destine une somme plus ou moins considérable
de son budget à l'achat de livres; en Espagne, il
trouve toute la littérature concentrée dans le
journal.

On conçoit d'après cela que par suite de ce
mauvais goût littéraire et de cette absence d'in-

térêt pour tout ouvrage sérieux, les revues illustrées soient entièrement dédiées au repoitage et
aux vues photographiques, et que les journaux
publient d'anciens feuilletons français ou des romans horripilants. Il y a quelques mois que le
journal *La Correspondencia de España* commen-
ça la publication des *Mémoires de Goron* et des
la première semaine l'administration vit augmen-
ter considérablement la vente du journal et le
nombre de ses abonnés. Cet exemple fut immédiatement suivi par *El Imperial,* le journal qui
a le plus grand nombre de lecteurs en Espagne,
qui publia en feuilleton *Histoires de crimes.*

Ces journaux comptent sur notre mauvais
goût, sachant trop que ces narrations de bruta-
lités, de vols, de meurtres et de violences ravis-
sent nos âmes de concierge. Les revues littéraires
non illustrées mènent en Espagne une vie fac-
tice, les trois ou quatre qui y existent étant sou-
tenues par des subventions du gouvernement et
par des abonnements de pure complaisance.

On conçoit que dans ces conditions notre littérature ne produise rien qui vaille, pas même
de médiocrités, et que depuis longtemps aucune
oeuvre d'un mérite réel n'ait été publiée.

Plusieurs livres, beaucoup de livres même, ont
paru dernièrement, mais aucun de ces ouvrages
n'a le moindre fond littéraire; il n'en est rien
resté. Le théâtre a produit encore moins que le
livre. Le *Théâtre Espagnol,* notre théâtre classi-
que a été fermé jusqu'au mois de janvier. María
Guerrero, la seule actrice que nous ayons, se trou-
vant en Amérique avec sa troupe. Il n'y a que

les romans de Pérez Galdós qui ressortent avec
un grand relief parmi la médiocrité écrasante
des livres publiés.

Pérez Galdós fait bien et beaucoup, mais il
ne fait pas tout ce qu'il peut faire. La troisième
série de ses *Episodes Nationaux* est sans doute
aussi remarquable que la première et la deuxiè-
me, mais on attendait quelque chose de mieux
de la naturalité et de l'expérience du maître espagnol; ses romans *Zumalacárregui, Mendizábal,
De Oñate a La Granja, Luchana, La Campana
del Maestrazgo, L'Estafette romantique* et *Ver-
gara* maintiennent bien leur rang à côté de *Tra-
falgar* et *Saragosse,* mais ils ne sont que médio-
cres à côté de *L'Ami Manso* ou *Angel Guerra.*

Pérez Galdós, esprit méditatif espagnol, si peu
connu hors de l'Espagne, est un des écrivains
européens les mieux doués, d'une grande faculté
évocatrice et d'une admirable finesse d'observation. Ses personnages sont tirés de la realité; ils
parlent comme nous, ayant nos torts et nos tra-
vers, et ils sont surtout réels en même temps que
fictifs. Galdós c'est l'incarnation de l'esprit de
Dickens en Espagne.

Galdós excepté, les autres grands maîtres ont
fait très peu. Valera s'est amusé à écrire *Morsa-
mor,* un livre de chevalerie, très gentil comme
tous les siens, et visant au symbolisme; Palacio
Valdés est en train d'écrire un livre d'esthétique,
Mme. Pardo Bazán se repose de ses besognes littéraires d'autrefois.

Et les jeunes? Ils ont fait moins que les autres. Ayant tenté la création d'un théâtre artis-

tique, à l'instar du théâtre Antoine, à Paris, ils donnèrent un spectacle au bénéfice d'un écrivain devenu manchot par accident, mais la comédie, *Cenizas,* jouée à cette occasion, visant à une originalité hardie, n'était que soporifique. L'oeuvre n'alla pas loin.

Ils tentèrent la création d'une revue sérieuse; l'insuccès a *couronné* leur dessein. La génération actuelle de l'Espagne est une génération sotte et pire que la précédente. Ses deux caractères les plus remarquables sont la vanité et la paresse. La vanité de nos soi-disant intellectuels serait satanique si elle n'était entièrement ridicule. Un écrivain américain qui demeure à Paris, Henri Gómez Carrillo criait il y a quelques jours dans la revue nouvelle *Vie et Art* contre Galdós, Valera et Mme. Pardo Bazán, disant qu'ils étaient dénués de style, de grâce et de tout, puis avec une arrogance qui provoque le rire, il nous dit que lui, Rubén Darío et Rusiñol sont connus et admirés dans toute l'Europe.

Quant à la paresse, nous l'emportons sur le plus indolent des sultans. Parmi notre jeunesse on ne saurait trouver un écrivain doué de l'énergie, de la vigueur intellectuelle et de la culture suffisantes pour remplacer Galdós dans le domaine du roman, Echegaray dans le théâtre, Campoamor dans la poésie, et Menéndez y Pelayo dans la critique.

La faute n'est pas toute entière à la jeunesse. Le milieu où nous nous agitons stérilise nos intelligences. En primer lieu, il n' y a pas d'éditeurs en Espagne pour les écrivains sans renom-

mée, ceux qui veulent être édités doivent com-
mencer par leur second ouvrage, comme disait
Calino. Bien des jeunes gens font naufrage dans
le journalisme, *dans ce labeur quotidien du journalisme,* suivant le cliché usuel que nous em-
ployons ici; c'est dans ce travail que se sont usés
des talents aussi brillants que Mariano de Cavia,
Jules Burell, Figueroa et tant d'autres.

Il y a certes parmi les jeunes des travailleurs
solitaires; ils ont plus d'ardeur et de foi que de
fortune; mais leurs ouvrages tombent dans le
vide. Citons entre autres Miguel de Unamuno,
professeur à l'Université de Salamanque, un de
nos hommes les plus éclairé, qui veut inculquer
en Espagne le sentiment religieux et l'aversion
du dogmatisme; Martínez Ruiz, travailleur infa-
tigable et taciturne qui a traduit *Les Prisons* de
Kropotkine et *La Patrie* de A. Hamon; Ra-
miro de Maeztu auteur du livre *Vers une autre
Espagne*, enfant terrible, adepte ardent de Nietzsche et défenseur de toute espèce de paradoxes.
La tendance générale parmi les jeunes poètes est
d'imiter les Américains, lesquels à leur tour imi-
tent les Français. L'esthétisme domine chez beaucoup de nos poètes et cet esthétisme dans un
peuple comme le nôtre qui ne s'est pas encore
ouvert à la vie moderne est une folie, car il ne
suffit pas d'avoir des villes éclairées à la lumière
électrique, des tramways traînes par l'électricité
et des réseaux de chemins de fer pour entrer dans
la vie moderne. Posséder le bénéfice de la science
et jouir de ses aventages n'est pas avoir la science elle-même et c'est précisément l'esprit de la

science qui nous manque, ainsi que l'esprit de l'art et de la vie moderne.

L'esthétisme de nos poètes est faux et énervant. Il conviendrait de barrer les passage à ces théories raffinées d'un art qui peut avoir sa raison d'être dans les pays où domine le positivisme industriel et commercial tels que l'Angleterre. L'esthétisme en Espagne est une fantaisie sans fondement. Notre poésie devrait être mâle, robuste et féconde comme une oeuvre de Michel Ange et non pas comme une oeuvre de Benvenuto. En Espagne, il faut prêcher et propager la vie sérieuse, toujours sérieuse, même dans les jeux et dans les désordres, prêcher les sentiments profonds, les pensées élevées et l'amour chaste. Il faut songer à extirper la cruauté, car nous sommes cruels, nous Espagnols; il faut exalter la pitié, cette alma mater de la fortitude.

(*L'Humanité Nouvelle,* abril 1900,
tomo IV, n.º 34, págs. 488-491)

POLITICA EXPERIMENTAL

Uno de los mayores males de España es el espíritu de romanticismo en política. Que se sea romántico en la poesía no está mal; que un hombre sea romántico en la vida, allá se las haya; pero que un gobierno, un poder cualquiera, trate de falsear la verdad con idealismos y perturbe así los intereses de mucha gente no, ¡eso es una locura!

Desde que los dogmas de una religión, por absurdos que sean, dejan de ser algo inmanente en las conciencias, no queda en una sociedad nada fijo ni inmutable. La moral misma varía, es un producto de la raza, del medio ambiente, del clima; lo que es inmoral entre los europeos es moral entre los papúes, y al contrario.

En ese estado de *adogmatismo* en que nos empezamos a encontrar ahora, la única política posible, la única política beneficiosa sería la absolutamente experimental. España podría llegar a ser algo con una política así, antirromántica y positiva.

Aquí se debía de estudiar lo mejor posible las cualidades de una provincia o de una región, sus aspiraciones y sus necesidades, y según el resultado, darles una manera de regirse más o menos autonómica. El terruño sería la base del plan de vida en la aldea; la industria y el comercio en la ciudad.

Experimentalmente, y visto que el sufragio universal no resuelve nada, debía ser suprimido y hacer de manera que los nuevos, siempre los más inteligentes resolvieran, no conforme al criterio de la mayoría, sino conforme a las condiciones y necesidades de la región, de la ciudad o de la aldea.

De aquí se originaría un absolutismo de los inteligentes sobre los no inteligentes, de los espíritus que han llegado al estado de conciencia sobre los dormidos o los torpes.

Eso sería un ataque a la libertad, dirá alguno. Cierto. Pero en España no debemos ser liberales. Luis Veuillot ha puesto el dedo en la llaga con esta o parecida frase, dirigida a los liberales: "Nosotros, los reaccionarios, les pedimos la libertad, porque está en sus principios; se la negamos, porque no está en los nuestros."

Por eso, queriendo ser fuertes, no podemos ser liberales, debemos ser autoritarios y evolutivos, dirigir y encaminar nuestros esfuerzos a conseguir el máximum de perfección, de piedad, de inteligencia, de bondad, compatible con la raza. Queriendo ser fuertes no podemos ser románticos, porque el falseamiento de la verdad lleva a la alucinación. Ahora, mientras yo escribo esto, nos encontramos en toda España sin garantías constitucionales, se está en Madrid como se puede estar en San Petersburgo o en cualquier otro pueblo de una nación gobernada despóticamente, y, sin embargo, no se nota ni una queja, ni una protesta, ni nada. Que prohíban mañana los toros, y se verá Madrid sublevado. ¿Qué significa esto? Que en Madrid, los toros son una necesidad y que las garantías constitucionales son una paparrucha.

Siguiendo una política experimental no se haría nunca reforma alguna, a no ser que se notara la necesidad absoluta de ella y fuera para evolucionar progresivamente. Marcharíamos directamente sin ambages, a la supresión de las instituciones democráticas, como las Cortes, el Jurado, y las demás, que no tienen más base que la ley de las mayorías y el número aplastante que representa la fuerza de un rebaño de bárbaros.

Experimentalmente, veríamos que la masa es siempre lo infame, lo cobarde, lo bajo; que un público, que también representa la masa, es siempre imbécil y que, en una Cámara o en un Congreso, los sentimientos falsos sustituyen a los sinceros, que las almas viles y rastreras se sobreponen a las altas y nobles.

La gran ventaja que tiene el Gobierno por uno, cuando ese uno es bueno, es que puede conocer a los hombres, lo que nunca conoce una Asamblea, y además que puede obrar fuera de la ley cuando convenga.

Experimentalmente, debíamos de pensar en suprimir toda esa cáfila de periodistas hambrientos y ambiciosos que hablan en nombre de la libertad y que a espaldas del público viven del "chantage" y de los manejos más viles con el Gobierno, tan cobarde y tan miserable que temen esos periodistas no precisamente por los cargos políticos que les puedan hacer, sino porque todos tienen mucho que ocultar en su vida privada.

Habría que imposibilitar a todos esos políticos de oficio, ambiciosos sin talento, que llegan al poder después de una serie inacabable de líos y chanchullos públicos y privados; arrinconar a tanto general de salón, a tanto demócrata parlanchín, a tanto escritor abyecto, a tanto gomoso de la política.

Si el país necesita entenebrecer su vida, obscurezcámosla. Si necesita un buen tirano, busquémosle.

Hay dos liberalismos: uno, condenado por el Papa, que es el lógico, el natural, el necesario; otro, aceptado por el Papa, que es el estúpido. El primero envuelve la libertad de pensar, la única que puede existir, con todas las tiranías y todos los despotismos, porque ni la razón, ni la voluntad están expuestas a los ladrones.

El segundo liberalismo envuelve todas esas falsas y ridículas libertades, que están expresadas en los programas políticos: libertad de asociación, sufragio universal, libertad de la prensa, inviolabilidad de domicilio. Todo esto es estúpido y no tiene utilidad alguna.

Si me tienen que prender, a mí lo mismo me da que me prendan con auto de juez que sin él; sé que un juez puede condenarme o absolverme, según quiera; que si llego a estar alguna vez en su presencia, me encuentro atado de pies y manos, y que lo mismo puede hacer esto con libertad que sin ella.

Sé que si mañana me encuentro vejado por una enorme injusticia, no he de encontrar prensa que me defienda, a no ser que tenga amistades con periodistas o vaya a señalar algo que el exponerlo sea beneficioso para los intereses del periódico.

¿Y estas libertades, vamos a defender? No, que se las lleve el demonio. La libertad la llevamos todos en nuestra alma; en ella gobierna; la libertad de fuera, de ejecutar, no la conseguiremos nunca.

Los que, con un criterio positivista, mandaran, debían de hacer que la libertad fuera una religión en nuestro espíritu; fuera de él, nada.

Y si con un criterio absolutamente positivista y antirromántico se llegara a gobernar, volvería a su cauce natural. ¡Qué descanso no sentiría España entera! Todo lo perturbado por la democracia volvería a su cauce natural. Se trataría de restaurar lo pintoresco, se restaurarían los antiguos conventos; pero se prohibiría edificar nuevos conventos de ladrillo en los alrededores de las ciudades populosas. Se disminuiría el número de obispados y de parroquias. El dinero de una se emplearía para el esplendor del culto de la otra. Se prohibiría que los párrocos tuvieran poder en sus iglesias y se catalogarían todas las riquezas artísticas de las corporaciones y de los particulares, y se prohibiría el vender una obra en el extranjero, castigando al que lo hiciera con multas enormes.

Se haría un ejército mercenario, con menos oficiales, y éstos bien pagados. Se aconsejaría a los prelados vender las joyas sin mérito artístico. Se entablarían negociaciones con los demás países para que nos enviaran todos nuestros cuadros a cambio de los suyos, y, sintiéndose el poder con fuerza, haría independiente la Iglesia española de la de Roma.

Nuestras Diputaciones y Ayuntamientos debían de trabajar en restaurar lo viejo armonizable con la manera de ser del país y en adaptar lo nuevo que tuviera la misma condición, siempre llevando por guía un criterio progresivo.

Se debía de exagerar todo lo posible la tendencia individualista, la única que produce el hogar verdadero, el "home", en el cual el hombre, con un admirable egoísmo, siente y reconoce con energía su personalidad y desprecia lo que no se relaciona con ella, pero el hombre del hogar es el que necesita ser sociable.

Si nosotros, en nuestros campos, hiciéramos la vida soportable en la aldea, al rico algo instruido y al hombre de ciencia modesto, médico, farmacéutico, o maestro de escuela, habríamos hecho más que todas las leyes y decretos que se puedan insertar en la *Gaceta*. Porque está muy bien que sociólogos o higienistas prediquen el amor rural, la vida en el campo, pero ésta se puede hacer en tanto que no corta de raíz una serie de necesidades espirituales del hombre.

No sé en qué novela de Galdós, en una de estos últimos *Episodios Nacionales*, hay un cura o preceptor que aconseja a un joven que se deje de hacer el amor a las señoritas de la Corte, encanijadas y decadentes, que se vaya al campo y se case allí con una muchacha sana y robusta, que huela a ajo... No, ¡por Cristo! No. Mientras la alternativa sea ésta, nadie irá por gusto al campo. Si le das a elegir a un joven entre Madrid, absolutamente imbécil por dentro, pero con apariencias de cortés y amable, y la vida del campo, no vacilará en escoger Madrid.

Pero no hay ninguna ley, ni física, ni metafísica, ni matemática, que obligue por necesidad a que el hombre del campo sea un idiota, ni a que la mujer también del campo tenga que oler a ajo.

De esto se debe tratar, de que se viva en el campo sin ser un bruto, de que la mujer no sólo no huela a ajo, sino que sea limpia, bien vestida, agradable, inteligente, y de que tenga la coque-

tería y la gracia naturales en ella. Y que es armonizable vivir en el campo y leer libros, periódicos,
tener sociedad y vivir como civilizado, lo prueban
los ingleses, los franceses y los alemanes, toda la
gente del Norte.

Para el individuo, mejorarse, educarse, perfec-
cionarse y, como consecuencia, gozar todo lo más
posible, ése debe ser su fin; para el Estado, mejorar, educar, perfeccionar la sociedad. Y eso sólo
se podría alcanzar con una política experimental,
que en España se reduciría a un mínimum de ley
y a un máximum de autoridad.

(*Electra,* núm. 1, págs. 9-11, del 16-III-1901)

DOMINGO EN TOLEDO

Aquel día me levanté a las doce y no pude asistir como acostumbraba a la misa del convento.
Me había acostado al amanecer, y al despertarme
me encontré con que estaba retrasado de cinco
horas respecto a los demás días.

Comí en la posada y me dirigí en seguida al
convento por ver si su iglesia estaba abierta, como
domingo; pero viendo que no lo estaba, comencé
a pasearme por las callejuelas próximas. Cerca
había una plaza triste, solitaria, a la cual se llegaba recorriendo dos estrechos cobertizos, obscuros y tortuosos.

A un lado de la plaza se veía una de las facha-
das de la iglesia con su pórtico bajo, sostenido por
columnas de piedra y cubierto con techumbre de
tejas llenas de musgos. En los otros lados se veían
altas paredes de ladrillo, con una fila de celosías
junto al alero, y puertas hurañas y ventanucas
con rejas carcomidas en la parte baja. Un silencio
de campo reinaba en la plazoleta; el grito de algún niño o las pisadas del caballo de algún agua-
dor que otras veces turbaban el callado reposo,
no sonaban en el aire tranquilo de aquella tarde
dominguera plácida y triste. El cielo estaba azul,
limpio, sereno; de vez en cuando llegaba de lejos
el murmullo del río, el cacareo estridente de algún
gallo.

Inquieto e intranquilo sin saber por qué, con el
corazón encogido por una tristeza sin causa, sentí una gran agonía en mi espíritu al oír las vibraciones largas de las campanas de la catedral y hacia la santa iglesia encaminé mis pasos.

Era la hora de *las Vísperas*. La gran nave estaba negra y silenciosa; me arrodillé junto a una
columna y esperé. Dio una hora en el gran reloj,
y comenzaron a salir curas y canónigos de la sacristía y dirigirse al coro.

Resonó el órgano; se vieron brillar en la obscuridad por debajo de los arcos de la sillería, tallados por Berruguete, luces y más luces. Después,
precedidos de un pertiguero con peluca blanca,
calzón corto, la pértiga en la mano, que resonaba
de un modo metálico en las losas, salieron varios
canónigos con largas capas negras acompañando
a un cura revestido de capa pluvial. A los lados

iban los monaguillos; en el aire obscuro de la iglesia se les veía avanzar a todos como fantasmas,
y las nubes de incienso subían en el aire. Toda la
comitiva entró en la capilla mayor; se arrodillaron frente al altar, y el que estaba revestido con
la capa pluvial de líneas rígidas, como las de las
imágenes de las viejas pinturas bizantinas, tomó
el incensario e incensó varias veces el altar. Luego se dirigieron todos a la sacristía, desaparecie-
ron en ella, y al poco rato volvieron a salir para
entrar en el coro. Y empezaron los cánticos tristes, terribles, sobrehumanos... No había nadie en
la enorme iglesia, sólo de vez en cuando pasaba
alguna sombra negra y torturada.

¡Oh, Toledo! Mística ciudad de los sueños de
un poeta, reina de las ciudades. En tus iglesias y
en tus plazas solitarias he creído yo encontrar, por
un momento, la vieja fe de los antepasados. Aquel
día creí apoderarme de ella, y arrodillado en el
suelo lloré durante largo tiempo.

Al salir a la calle me encontré sin un átomo de
fe en la cabeza, y recorrí callejuelas, buscando en
el silencio, lleno de misterio de las iglesias emoción tan dulce que hacía llegar las lágrimas a los
ojos, y no la encontré.

Callejeando salí por la Puerta del Cambrón, y
desde allá, por la Vega, hacia la Puerta Visagra, y
paseé por la explanada del Hospital de Afuera. Al
anochecer, desde allá, aparecía Toledo severa, majestuosa, desde la Cuesta del Miradero tomaba el
paisaje de los alrededores un tono amarillo, cobri-
zo, como el de algunos cuadros del Greco, que ter-

minaba al caer la tarde en un tinte calcáreo y cadavérico.

En la posada, descansé un momento. Salí en seguida a la calle. Había niebla, y el pueblo tomaba, envuelto en ella, unas proporciones gigantescas. Las calles subían y bajaban, no tenían alguna salida. Era aquello un laberinto; la luz eléctrica, tímida de brillar en la mística ciudad, alumbraba débilmente, rodeada cada lámpara por un nimbo espectral. En las encrucijadas parecía que bailaban las sombras.

Con la cabeza llena de locuras y los ojos de visiones anduve; en una calle, que no conocía cuál era, vi pasar un ataúd blanco, que un hombre llevaba al hombro con una cruz dorada encima.

—Ahí van a enterrar una niña —pensé—. Habrá muerto dulcemente, soñando en un cielo que no existe. ¿Y qué importa? Ha sido feliz, más feliz que nosotros que vivimos.

De pronto, el misterio y la sombra parecieron echarse sobre mi alma, y sentí miedo, y un escalofrío recorrió mi espalda y eché a correr velozmente hacia el pueblo.

Me sentía loco, completamente loco, veía sombras por todas partes. Me detuve. Debajo de un farol estaba viendo el fantasma de un gigante en la misma postura de las estatuas yacentes de los enterramientos de la catedral, la espada ceñida a un lado, y en la vaina, la visera alzada, las manos juntas sobre el pecho en actitud humilde y suplicante, como correspondía a un guerrero muerto y vencido en el campo de batalla.

Desde aquel momento, ya no supe lo que veía; las paredes de las casas se alargaban, se achicaban; en los portones entraban y salían sombras; el viento cantaba, gemía, cuchicheaba. Todas las locuras se habían desencadenado en las calles de Toledo. Dispuesto a luchar a brazo partido con aquella ola de sombras, de fantasías, de cosas extrañas que iban a tragarme, a devorarme, me apoyé en un muro y esperé... A lo lejos, oí el rumor de un piano; salía de aquellas casas solariegas, presté atención, tocaban "Loin du bal"...

(Electra, núm. 2, del 23-III-1901)

CIUDAD SIN ALMA

Yécora es un pueblo terrible. No es de esos negros pueblos españoles, montones de casas viejísimas, roñosas, amarillentas, derrengadas, con aleros enormes sostenidos por monstruosos canecillos labrados, de calles estrechas y tortuosas como obscuras galerías, de plazas solitarias en donde crece la hierba.

No hay en Yécora la vieja torre gótica de la iglesia en donde hicieron, hace muchos días, su nido de ramas las cigüeñas, ni el noble castillo, ni el derruido murallón con su puente levadizo, ni la casa solariega de piedra sillar, con su gran escudo desgastado por el tiempo.

No hay allá los viejos retablos de los grandes y concienzudos maestros del Renacimiento, que mi-

raran con éxtasis los ojos llenos de cándida fe de
los antepasados, ni las puertas ferradas y clave-
teadas con clavos espléndidos y ricos, ni las rejas
tomadas de orín, con sus barrotes retorcidos como
columnas salomónicas y adornadas en los rema-
tes con cruces y rosas de erizadas láminas de
hierro, ni las aldabas con grifos y dragones, ni las
ventanas divididas por airosos parteluces, ni el
paseo tranquilo en donde toman el sol los soño-
lientos hidalgos.

Allí es todo nuevo en la forma, todo viejo en
el espíritu. En las iglesias grandes y frías no hay
un buen cuadro, ni un buen altar; todas están
adornadas con imágenes de pacotilla traídas de alguna fábrica alemana o francesa.

Las casas son de un color blanco, agrio, doloroso.

Se respira en la ciudad un ambiente hostil a
todo lo que sea expansión, elevación de espíritu,
simpatía humana.

El Arte, asustado, ha huido de Yécora. Le ha
dejado en medio de su vega, que rodean montes
desnudos, al pie de una peña calcinada por el sol,
sufriendo las inclemencias de un sol africano que
vierte torrentes de luz sobre las casas enjalbega-
das, grandiosas y frías, sobre sus calles rectas y
sus caminos polvorientos; le ha dejado abandonado a una austeridad formalista, fósil, seca; entregado a un mundo de pequeños caciques, de fetichistas, de leguleyos, de litigantes, de usureros,
gente toda mezquina, de vicios sórdidos y miserables.

La vida allí es sombría, tétrica, repulsiva. No se siente la alegría de vivir; en cambio, se sienten las sordideces de la vida.

No se nota en ninguna parte ni la preocupación por la comodidad, ni la preocupación por el adorno. La gente no sonríe, y cuando mira, parece que insulta.

No se ven por las calles muchachas adornadas con flores en la cabeza, ni de noche los mozos pelando la pava con sus novias. El hombre se empareja con la mujer en la obscuridad siniestra; medroso, como si el sexo fuese una vergüenza o un crimen, y la mujer, indiferente, sin deseo de agradar, recibe al hombre sobre su cuerpo, y engendra hijos sin amor y sin placer, pensando en las penas terribles que en otra vida le esperan, legando al germen que brota el mismo temor, el horror por las mismas cosas.

Todo allí en Yécora es claro, recortado, sin matiz ni delicadeza.

Hasta los santos de las hornacinas que se ven encima de los portales están pintados hace pocos años...

(*Juventud,* núm. 1, del 1-X-1901)

INFLUENCIAS EXTRAÑAS

Un señor catalanista decía a Javier de Ricard, el escritor que ha mandado "Le Temps" a dar un paseo por España: *"Francia nos ha puesto en co-*

municación con el alma europea; por Francia he-
mos conocido a Ibsen, a Tolstoi, a Nietzsche, a los
grandes escritores del Norte; por Francia somos
algo y sabemos algo, decía el amigo del escritor
francés razonablemente; *lo que debiéramos de ha-*
cer es aproximarnos aún más; necesitábamos un
periódico francés que nos diera a conocer la lite-
ratura, el arte de la Francia intelectual y llevara
nuestro arte y nuestra literatura a París."

La idea de ese catalán, amigo de Ricard, es el
sueño de todos los sudamericanos a quienes des-
lumbra París, es el sueño de todos los aventureros,
de todos los pobres de espíritu que se figuran que
en llegando a pisar el asfalto del *boulevard* parisién, ya el espíritu se les ensancha y se les agran-
da, y les convierte en hombres superiores.

¿Que Francia ha contribuido a civilizarnos? Es
indudable.

¿Que casi todo lo que sabemos actualmente se
lo debemos a ella? También es cierto. Pero no por
el ideal va a ser el que nuestro espíritu sea un reflejo del espíritu francés. Es casi seguro que los
primeros conocimientos de los pocos hombres ilustres que tenemos en España los hayan adquirido
en libros franceses; pero al llegar a una especie
de mayoría de edad científica o literaria es también casi seguro que habrán abandonado la tute-
la del libro francés para buscar las ideas y los
conocimientos en sus fuentes, para no tener la
necesidad de tomar las ideas elaboradas, modifi-
cadas, con el sello francés. Porque si Francia ha
sido civilizadora para nosotros, ha sido a costa

de hacernos perder grandes energías de raza, de energías guerreras, políticas, literarias.

Al entrar la corriente francesa en España nos ha agostado el alma; siempre que hemos imitado a Francia lo hemos hecho mal; Moratín, y todos los afrancesados de su época y de épocas anteriores, no ha hecho en nuestra literatura nada fuerte; mientras la influencia francesa se ejerció en la pintura, ésta fue durante muchos años lamida, de cromo; el gusto francés ha matado la afición por lo desgarrado, por lo pintoresco que está dentro de nuestra alma, llena de repliegues tenebrosos; ha producido el entusiasmo por la unidad; por la armonía académica nos ha infestado con un parlamentarismo huero y con una serie de dogmas sociales vacíos de sentido.

En el jardín de España, Francia ha sido el jardinero; ha limpiado las avenidas llenas de plantas parásitas y ha recortado los árboles.

En nuestra flora intelectual ya no hay árboles gigantescos, como El Greco, como Zurbarán o como Espronceda; no hay más que cipreses y arbolitos en forma de bola. Y, sin embargo, el amigo de Javier de Ricard quiere que a esas bolas se las redondee más. Actualmente se habla de alianzas con Francia e Inglaterra; hay anglómanos y afrancesados.

Lo que sería España afrancesada lo podemos ver en Barcelona. Barcelona intelectual, Barcelona catalanista o separatista, es la crema de una capital de provincia francesa, como Marsella o Lyon; hay allá las preocupaciones cosmopolitas

por los escritores de moda, la eterna discusión de
Ibsen, de Annunzio, de Nietzsche; la preocupación
seudocientífica por la raza, y los intelectuales de
Barcelona son, como los de las capitales francesas, entusiastas e imitadores también de los intelectuales de París.

La otra influencia inglesa no sabemos lo que
produciría, porque en estos pueblos que se señalan
en España como anglómanos, Bilbao, por ejemplo,
no se puede decir que exista una cultura especial
y característica, ni mucho menos.

¿Cuál de las dos influencias sería la mejor?

Yo creo que el ideal es la patria viva con su
propia substancia; pero de no ser así, vale más
para España que mire hacia el Norte y no hacia
Levante; que entre Ibsen y Annunzio, escoja Ibsen, que entre Tartarin y John Bull, se quede con
John Bull.

> (*Juventud,* de Madrid, núm. 4, del
> 31 de octubre de 1901)

MI MORAL

Hay quien me pregunta, no sé por qué, ¿es
usted anarquista? No. Entonces, ¿por qué defiende usted las ideas que defiende?

En España es verdaderamente difícil pensar
con libertad sin exponerse en seguida a ser cla-
sificado, definido, encerrado en una casilla con
la etiqueta correspondiente. Yo digo que no soy

anarquista, y no lo digo porque tenga miedo a la palabra, sino porque siento demasiado la fuerza de mis instintos egoístas para llamarme de esta manera. Soy un individualista rabioso, soy un rebelde; la sociedad me parece defectuosa porque no me permite desarrollar mis energías, nada más que por eso.

A pesar de mis afirmaciones, creo que hay una fuerza superior a mis instintos, y esta fuerza es la Evolución.

En este sentido, la moral para mí no es más que el resultado inconsciente de la masa humana que quiere mejorar no sabemos para qué. Los principios morales desde este punto de vista no son más que deducciones científicas obtenidas a priori por una especie de adivinación. Yo creo que la idea moral es tan espontánea, tan íntima en el hombre como el instinto de conservación o de reproducción; la moralidad es un recurso de lo organizado para ayudar a la materia pensante en su evolución. Así, sólo en el degenerado, en el criminal se da la amoralidad, como también en éstos se da el instinto suicida y la inversión de los instintos sexuales, porque no teniendo éstos garantías de buena generación, siendo frutos podridos, es conveniente que desaparezcan.

Mi noción central de la moralidad es ésta: todo precepto moral que ayude la evolución, es bueno; todo precepto que la dificulte, es malo.

De esta noción central se deduciría una porción de consecuencias, a saber: la idea del sacrificio de la personalidad es un principio, una idea perversa, el bien y el mal no son absolutos; aceptando para expresarse la palabra derecho, la fuerza tiene más derecho que la debilidad desde el momento que el fuerte promete más a la evolución que el débil; el culto del yo es ventajoso, puesto que el hombre fuerte y ególatra trata de convertir su ley en ley general.

A estas consecuencias nos va impulsando lentamente el arte y la filosofía; el arte, libertándonos de la idea de belleza solemnemente severa de la antigüedad, dándonos el culto por las simétricas formas de Bizancio y los exotismos del Extremo Oriente; la filosofía, con su borrar continuo de la escala de valores sociales, condensado en la frase de Neitzsche. *nada es verdad, todo es permitido*.

La Humanidad se ha separado de la ley natural; hay que volver a ella; toda esta malla estrecha de leyes y preceptos sociales y religiosos, en vez de coadyuvar a los mandatos de la naturaleza, los dificultan.

No debemos resistir las tentaciones y atractivos de la vida; eso sería llevar el desorden a la dinámica de nuestro organismo. Por el contrario, hay que agotar todas las fuerzas vitales. En este punto se presenta un problema grave y difícil de resolver.

El amor, considerado por un individuo del sexo masculino, parece que debe ser un juego, un placer; pero la mujer tiene motivos para tomarlo más en serio que el hombre; para ella el libre juego del amor no es un ideal, y generalmente en su conciencia se funden el amor y la maternidad; así dice Tolstoi quizá exagerando un pensamiento justo: *las mujeres no quieren hombres, sino hijos...* Además de esto, no teniendo la mujer medios de vivir independientes, y siendo su sexo un medio de encadenar al hombre con los lazos del amor y hacer que la sostenga y la alimente, no puede la mujer desear el libre juego de las pasiones.

Alguno de esos comunistas imbéciles que quieren convertir el mundo en un rebaño de bípedos mansos, Paul Adam entre ellos, opina que el Estado debía de encargarse de criar y alimentar los hijos. Nada tan estúpido y repugnante como esto. Sometiendo esta idea a la noción central que antes expuse, se ve que el libre juego de las pasiones amorosas no favorece la evolución de la especie, sino que al contrario la dificulta.

La moral evolucionista rechaza en absoluto la satisfacción de los impulsos efímeros; y de permitirla, la permitiría mejor en los artistas, en los intelectuales, no por considerarles superiores a los demás hombres, sino por el contrario, por tenerlos como tipos de degeneración.

Tampoco puede ser considerado como forma evolutiva, la del matrimonio actual.

El robo o la compra de la mujer hechos en los pueblos salvajes, puede ser beneficioso, pero el matrimonio por la dote, como se efectúa hoy, en vez de ser un motivo de selección y de progreso, ha de ser causa de regresión.

La única forma posible y buena de realizar el instinto amoroso es aquella en que la selección se pueda verificar; es el matrimonio que pueda

ser anulado por la voluntad de los unidos y que
no necesite para nada de la sanción del Estado
ni de la Iglesia.

En este matrimonio futuro, libre, absolutamente libre, el valor biológico de la fidelidad
aumentará y aumentará también el valor de este
matrimonio libre en que no medien intereses, al
ser una garantía para la generación futura.

Y éstos son, rápidamente expresados, los principios de mi moral. Claro que no se puede aplicar
fácilmente a una comunidad de cultura compli-
cada un principio evolutivo, porque no rigiendo
en la sociedad instintos exclusivamente fisiológi-
cos, no se pueden aplicar a ella en absoluto leyes
sólo fisiológicas.

Es cierto que en esta moral evolucionista no
se ve del hombre más que la parte material; pero
yo creo que el Estado y la sociedad no pueden
ni deben intervenir en cuestiones psicológicas. El
Estado, a pensar en la sociedad, el individuo,
a pensar en sí mismo. Y los hombres que se sien-
tan fuertes, a la conquista de la vida y del mundo. Los puños como cabezas de chiquillos, la inteligencia como una garra. ¡Adelante y sin piedad! La piedad es buena después de haber vencido...

(*Juventud,* de Madrid, n.º 10, del 8-III-1902)

CRONICA SENTIMENTAL

He ido a pasear a la Moncloa y he sentido la voz de la primavera que me hablaba al corazón. Los árboles están todavía sin hojas, el suelo encharcado, el cielo azul cruzado por nubes blancas.

He olvidado por un momento todas mis ideas y he recobrado también sólo por un momento todos mis instintos. A lo lejos, brilla como una gran turquesa con las cumbres de nieve la sierra del Guadarrama, cantada en admirables versos por el divino Theo.

Esos cielos limpios, serenos como las pupilas azules de las mujeres del Norte; esas crestas blancas de plata, me hablan de una vida de monte enérgica y grande, de una vida sin leyes ni miserias sociales, de una vida llena de peligros, de luchas con la naturaleza.

* * *

Al volver a Madrid he visto la Cárcel Modelo y he pensado en los hombres que allí están y en los que están fuera. ¡Qué cosa más repugnante es una cárcel! Yo no siento piedad por ningún preso. Si yo fuera tirano no prendería a nadie, a todo criminal mandaría matarlo; me parece más humano, más sencillo y más cómodo. La gente dice que la sociedad no tiene derecho para matar a un hombre. Yo creo que tampoco tiene derecho

para matar una vaca, y sin embargo lo hace. Lo
imbécil es que la sociedad trate de convencer a
un criminal, por ejemplo, cuando está en capilla,
de que le deben de apretar el gaznate porque ha
obrado mal; eso me parece lo mismo que si en
los mataderos se pusiera una especie de predicador para convencer a las vacas de que hay que
matarlas porque si no, no se podrían hacer los
beafsteack.

* * *

En la plaza de Oriente daban vueltas velozmente dos muchachos y una muchacha, montados en bicicletas. Se han parado y he visto que
la chica era muy bonita; tenía los ojos claros y
el pelo rubio, de ese rubio dorado ceniciento que
recuerda el color del lirio. Vestía de ciclista con
las pantorrillas al aire. ¿Sería una señorita modernista de éstas que hablan del arte y de Paul
Bourget? No sé; no creo en esas jóvenes modernistas que nos pinta Benavente. Me parece que
Benavente las sueña. Después de todo, hace bien;
es lo único que se debe hacer: soñar.

Creo que la realidad que se debe vivir siempre
es la del sueño, es la única dulce y agradable.

Conseguir, realizar, ¿para qué? Todo lo que se
consigue, sólo porque está realizado, es malo. Prefiero la tiranía a la libertad, porque la tiranía
hace hermosa y poética la libertad. Las ideas y
las ilusiones, las mujeres y las pompas de jabón,
cogidas con la mano, o se rompen o pierden su

brillo. Ya se ve lo que hemos adelantado. Se ha tratado de emancipar a la mujer, una idea hermosa, es cierto; lo han conseguido en parte y han hecho de la mujer una cosa rara, que fuma, enseña las pantorrillas, habla de arte y no quiere hacer chicos. Creo que serían más agradables las mujeres de hace trescientos años.

Tratan de conquistar la democracia: otra idea hermosa; también lo han conseguido en parte, y la democracia molesta con su repugnante torpeza.

Se descubre una ley física, se sueña con la aplicación de esa ley, se lleva a la práctica, y en la práctica la ley aplicada en la máquina es torpe, fea y pesada. El progreso ha producido la sustitución de las fuerzas psíquicas individuales por las energías extrañas de la materia.

Mañana no necesitarán los hombres sumar, porque sumará una máquina; no necesitarán escribir, porque escribirá una máquina; no necesitarán digerir, porque digerirá una máquina; y desaparecerá la humanidad y la sustituirá la maquinidad, funcionando admirablemente por medio de una sociedad de máquinas regida por un sistema socialista a lo Karl Marx.

* * *

De vuelta de mi paseo y a consecuencia de las sesudas meditaciones que van arriba, he encontrado mi programa político y social, y lo he condensado en unos cuantos mueras y en unos cuantos vivas.

¡Muera la democracia!, ¡mueran las máquinas!, ¡muera el progreso!, ¡muera la consecuencia en política, en religión y en todo! ¡Viva el caos! ¡Viva el placer! ¡Viva el Sagrado Corazón de Jesús y de María! ¡Españoles, al Pilar!...

Riámonos de todas estas majaderías, la vida vale poco para tomarla en serio, no tengamos nunca ideas fijas, y tratemos de alcanzar el título más alto que pueda alcanzar un humano, y es el ser un buen cerdo de la piara de Epicuro.

(*Juventud,* de Madrid, n.º 11, del 15-III-1902)

LA REPUBLICA DEL AÑO 8
Y LA INTERVENCION DEL AÑO 12

Con la muerte de Sagasta, el partido liberal, como antes el conservador al morir Cánovas, quedó sin orientación y sin plan. Estos dos grandes partidos, poderosas oligarquías que habían turnado pacíficamente en el disfrute del poder durante la Regencia, se dividieron y se subdividieron hasta quedar reducidos a pequeñas fracciones con su jefe a la cabeza.

Con un régimen parlamentario de mayorías no era posible que ningún gobierno salido de estas fracciones políticas pudiese durar largo tiempo, y así se vio desde el año 1903 hasta el 1906 una sucesión de Gabinetes dirigidos por Silvela, Maura, Villaverde, Azcárraga, Montero, Ríos, Moret, Canalejas, sin que ninguno de ellos llegara a durar medio año.

Con las elecciones generales de 1906, se evidenció de una manera palmaria que la masa neutra del país y el pueblo español eran republicanos. A pesar de los esfuerzos hechos por el Gobierno de Canalejas para desarmar a los republicanos, éstos obtuvieron cincuenta puestos en el Congreso, y su campaña de obstrucción fue tal que el Gobierno no tuvo más remedio que dimitir.

Con las Cortes cerradas, comenzó a transcurrir el año 1907. Todo el mundo se preguntaba lo que iba a ocurrir al abrirse el Congreso. Algunos personajes monárquicos no se recataban para decir que la salvación de España estaba en un golpe de Estado seguido de una dictadura militar; los republicanos afirmaban que para el otoño serían poder, agitábanse los carlistas en Cataluña y en el Norte, y en Jerez, en Sevilla, en Barcelona y en otras muchas poblaciones industriales se recrudecía la fiebre anarquista de manera que los vivas a la Revolución social y a la Anarquía se oían de noche a ciencia y paciencia de la autoridad.

Entre los monárquicos se discutía la conveniencia de abrir las Cortes; el Gobierno perseguía a los periódicos, y el descontento aumentaba por momentos. Uníase a esto la sequía del año que había arruinado a los labradores, el alza continua de los cambios, la paralización absoluta de los negocios.

Encontrándose en este estado de desorganización y de anarquía la nación española, ocurrió el bombardeo y la toma de Fez por los franceses. El ejército de Abackzen, venido a las órdenes de Menebhi, se dirigió hacia la costa, y aprovechándose de lo abandonada que estaba la plaza de Melilla, entró por sorpresa en la ciudad y pasó a cuchillo a sus habitantes.

El efecto de la noticia fue tal en Madrid que el Gobierno tuvo inmediatamente que acuartelar las tropas.

No recibieron esta noticia los españoles con la indiferencia que recibieron las de Santiago de Cuba y Cavite; todo lo contrario, el país entero se estremeció de ira. Se hizo una investigación por los periódicos con respecto a las plazas fuertes de España, y resultó que los pueblos de la costa estaban desartillados, que los buques amarrados a los puertos no servían para nada. Un sentimiento de indignación cundió por todas partes, la guarnición de Zaragoza se sublevó al grito de ¡Viva la República!, los marinos de Cádiz entraron en la población vitoreando a la República y a España con honra. El Gobierno, considerando la partida perdida, no se aprestó a la defensa, y el 3 de Septiembre de 1907 se instituyó el Gobierno Provisional, y una semana después se proclamó la República. Se nombró presidente del Poder ejecutivo a D. Nicolás Salmerón, con este Gabinete: presidente del Consejo y Gobernación, Azcárate; Hacienda, Piernas Hurtado; Estado, Estévanez; Gracia y Justicia, Muro; Instrucción Pública, Giner de los Ríos; Agricultura, Melquíades Alvarez;

Guerra, Borrero; Marina, Marenco. Las elecciones a diputados, hechas con una moralidad absoluta por D. Gumersindo de Azcárate, produjeron un resultado extraordinario por lo inusitado. La mayoría del Congreso se redujo a ciento veinte republicanos gubernamentales, salieron setenta anarquistas y treinta y cinco socialistas. Barcelona dio seis diputados anarquistas y dos catalanistas; Bilbao, todos socialistas; en Sevilla, Jerez, Málaga, La Coruña, Cádiz, salió una mayoría anarquista. Los monárquicos liberales quedaron reducidos a veinte diputados, igual número próximamente que los carlistas.

Al mismo tiempo que las Cortes se preparaban a dictar una nueva Constitución, el Gobierno presentó su presupuesto para el año 1908, y en las primeras discusiones quedó quebrantado. Los socialistas, a cuya cabeza se encontraba Pablo Iglesias, ofrecían al Gobierno su apoyo con tal de que declarase que no consideraba como inmutable el derecho de propiedad y de que prometiese hacer lo posible para limitar los latifundios. Al mismo tiempo los radicales y anarquistas, a cuyo frente se había puesto Lerroux, pedían al Gobierno inmediatamente la denuncia del Concordato y la separación de la Iglesia y el Estado para breve plazo. Poco después, Costa escribía a *El Imperial* una carta manifestando que no se hallaba conforme con la política de Azcárate.

Este, disgustado con la marcha de los acontecimientos y por el poco aprecio hecho a sus trabajos en el Gobierno, al presentar la dimisión de todo el Gabinete, anunció su retirada de la vida pública.

Llamó Salmerón a Costa y le propuso formar Ministerio; pero Costa no quiso, pretextando que estaba enfermo; consultó el Presidente con los jefes del centro y de la izquierda, y después de una crisis laboriosísima, se formó un Gabinete de concentración republicana que presidió Labra. Trató Salmerón de que todas las tendencias del partido republicano estuvieran representadas, y se formó el Ministerio siguiente: Gobernación, Melquíades Alvarez; Hacienda, Morayta; Gracia y Justicia, Vallés y Ribot; Instrucción Pública, Picón; Agricultura, Blasco Ibáñez; Guerra, general Borbón, y Marina, Marenco.

Duró este Ministerio cuatro meses justos, y cayó a consecuencia de la huelga general, comenzada al mismo tiempo, en Barcelona, en Bilbao y en Jerez. Habían acudido a España, considerando este país como el más propicio para realizar sus ideales, casi todos los anarquistas del mundo, entre ellos Kropotkine, Malatesta, Pini, Tárrida del Mármol, y con sus discursos y predicaciones tenían soliviantados los pueblos. Intentó el ministro de la Gobernación, Sr. Alvarez, expulsar a estos revolucionarios, impugnó el acuerdo Lerroux violentamente, un diputado de la mayoría presentó un voto de confianza al Gobierno, y los socialistas y anarquistas, unidos a la derecha, votaron juntos y derrotaron al Sr. Alvarez.

Salmerón entonces renunció a su cargo, y se ofreció la presidencia del Poder ejecutivo a Costa, quien después de hacerse rogar mucho, consintió.

Costa encargó la formación de Ministerio al diputado de la mayoría y célebre histólogo Ramón y Cajal, el cual formó el Gabinete llamado de los intelectuales, constituido del siguiente modo: Gobernación, Dorado; Gracia y Justicia, Giner; Estado, Altamira; Hacienda, Piernas; Instrucción, Cossío; Agricultura, Unamuno; Guerra, Burguete, y Marina, Maeztu.

Fue este Ministerio el más revolucionario de la República, intentó encauzar la revolución y traducirla en hechos; pero la impaciencia de los radicales, unida a las maniobras de los monárquicos, dio al traste con él.

Tras el Ministerio de los intelectuales vino el Ministerio relámpago Lerroux-Blasco Ibáñez. Ardía ya en toda España la sublevación; los carlistas en Navarra, los catalanistas y carlistas en Cataluña, los anarquistas en las ciudades, los separatistas en Mallorca y en Canarias, cuando apareció por todas partes el célebre Manifiesto de los tres generales. La guarnición de Madrid, sublevada, obligó a dimitir al Gobierno, y se formó el Ministerio Weyler, el cual cerró el Congreso y ocupó las calles de Madrid con sus tropas.

Puso el general Weyler toda España en estado de sitio, estableció la previa censura en los periódicos y declaró que pensaba pacificar la Península por las armas.

(*Alma Española,* del 20-XII-1903)

NOTAS A BAROJA Y LAS REVISTAS MADRILEÑAS

Las notas I y II hacen referencia a dos textos ya publicados: de *Bondad oculta* y *Hacia lo inconsciente*.

I.—(1) La primera de las revistas estudiadas, y de las que D. Paniagua hizo un buen estudio, después de algunos de G. Ribbans, Guillermo de Torre y Granjel, es *Germinal*. En ella, sólo vimos el cuento de *Piedades Ocultas* (núm. 22, del 1-10-1897, págs. 11 y 12), que en *Vidas Sombrías* lleva el título de *Bondad Oculta*.

A continuación doy para el lector curioso las diferencias que hay con el texto del libro, por párrafos numerados: (2) un paisaje de *pesadilla*, de una amarga y desoladora tristeza. (3) La *Casa* de la *Mina*, con mayúsculas; (6) "al rebaño de *miserables* obreros"; y una modificación importante, dándole sentido a la frase: "aún no atrofiadas por los *vapores* del plomo" (y no *valores*); (9) "Ahora le tocaba a ello *el* pisotearlos"; (17) "Sí —decía el capataz—, pero *era* una mala hembra" (en lugar de pero *es*); (19) "empezó Julia a visitar *a* las viviendas de los obreros"... las mujeres, asombradas (*de verlaj*, le hacían pasar... entre los cuales *descollaba* (en lugar de *se destacaba*)... un olor (*punzante*) de pan tostado...

Y al final del texto, en el último párrafo "siguieron *su camino* en busca de lo desconocido" (en lugar de siguieron *andando*). No damos el texto.

* * *

II.—(2) En *Vida Literaria,* cuyo director fue Jacinto Benavente, y que duró del 7 de enero de 1899 al 10 de agosto de 1899 (núm. 31), encontramos muchos textos firmados de Unamuno, Valle Inclán, Clarín, Federico Urales, Rubén Darío, Benavente (como es natural), Palacio Valdés, Jacinto Grau, Villaespesa y un texto, uno sólo, de Pío Baroja: *Hacia lo inconsciente* (págs. 315-316), que se puede leer en O. C., tomo VIII, 850-852. También hay en la Revista varios textos firmados *Arlequín* que tratan de *Notas de Arte y Teatro,* en unas siete colaboraciones.

* * *

III.—En *Revista Nueva,* la colaboración de Pío Baroja fue mucho más amplia con su firma esencialmente, aunque también usara del seudónimo de *S. Paradox* (o *Paradoxa*) para dos reseñas de *Publicaciones periódicas.*

Damos en primer lugar el manifiesto *A la Juventud Intelectual,* firmado: *Nosotros,* en el núm. 1 de la revista (15-2-1899), porque "Nosotros" eran Maeztu, Martínez Ruiz y Baroja esencialmente.

Todos los demás textos publicados en *Revista Nueva* pasaron al libro. Se trata de:

a) *Nietzsche y su filosofía* (15-2-1899), número 1, en VIII, 853-856;

b) *Sin Ideal* (25-2-1899), núm. 2, en VIII, 857-859;

c) *Vocales de colores* (25-2-1899), núm. 2, en VIII, 859;

d) *Lejanías* * (5-3-1899), núm. 3, en VIII, 860-861;

e) *Patología del Golfo* (15-3-1899), núm. 4, en V. S. y T. d. A., núm. 26, V, 55-59;

f) Reseña de *Hacia otra España,* de Maeztu (15-3-1899), núm. 4, en VIII, 861-862;

g) *Medium* (25-3-1899), núm. 5, en V. S.;

h) *El Amo de la Jaula* * (5-4-1899), núm. 6, en V. S.;

i) *Contra la Democracia* (15-4-1899), núm. 7, en VIII, 862-864;

j) *Sufrir y Pensar* (5-5-1899), núm. 9, en VIII, 865-866;

k) *Parábola* (25-5-1899), núm. 11, en V. S.

En el núm. 6, hay un anónimo titulado *Larva jesuítica,* que pudiera ser de Martínez Ruiz o de Baroja.

Veamos ahora cómo se ha tratado estos textos en las Obras Completas, y con referencia a este tomo VIII esencialmente, daremos las diferencias.

a) *Nietzsche y la Filosofía* (el título es ya distinto y la importancia salta a la vista).

Hay erratas tipográficas de *Revista Nueva* (*dandi, Lichtemberger, philistines, psije, bourgueses, Zarathoustra* por "dandy, Lichtenberger, philistinos, psique, burgueses, Zarat(h)ustra").

Hay mayúscula para *Revolución* y minúscula para *Estado* al revés del texto en las Obras Completas.

Las diferencias más notables son "loco, bueno" (en lugar de "loco y bueno); "tan *exagerado*" (y no "tan *exasperado*") en una frase que cobra así su sentido: "Nuestros golfos, nuestros perdidos, nuestra morralla, tienen el culto de su "yo" tan *exagerado* como podría tenerlo Nietzsche." Y por fin la supresión de un posesivo: sus vicios y (*sus*) malas pasiones en el texto definitivo, pues sería cosa de Baroja antes de la entrega del manuscrito.

b) *Sin Ideal.*

Nada notable. Una minúscula para "*Universo*" y dos mayúsculas para la *Ciencia y la Vida.*

c) *Las Vocales de Colores.*

Es un caso idéntico. Minúscula para *Medicina* e *Ingenieros.*

d) *Lejanías.*

Este texto que es antiguo en Baroja, como ya lo vimos, y que volverá a salir con el título de *Romanticismos* en el "Tablado de Arlequín", tiene también aquí algunas diferencias. Unas de puntuación:

1 Sus oraciones y sus promesas (sus oraciones, *y*)
2 celestes, les enloquecía (sin coma)
3 tributos. Y ellos (y no "tributos, y ellos...)

Otras son de gramática. Los señores, recubiertos de acero, *les* seguían (y no *"los* seguían"). Ideas medioevales (en lugar de medievales). Y Patria es con mayúscula.

Las más importantes son de texto y de entendimiento:

1) Llenaban sus almas de *sombra* (y no de *roncha,* que aquí no tiene ningún sentido)

2) La Ciencia *parecía* muerta (en lugar de la ciencia *aparecía*)

3) Allá *van, saben* que hay honor nacional y marchan (en lugar de Allá *saben* que)

4) "con ese manantial de brutalidad y de *fiereza* ha movido" (en lugar de "manantial de brutalidad y de *fuerza"*).

5) y la más importante acaso: "Las ideas aparecen como *playas* brillantes" cuando en las O.C. leemos: "las ideas aparecen como *plomos* brillantes", lo que me parece simbólico en demasía.

e)   *Patología del golfo.*

Este texto salió en libro dos veces, una con la primera edición de "Vidas Sombrías" y luego en "El Tablado de Arlequín". Ya había salido en parte en *periódico,* pero luego en *Revista Nueva,* en el núm. 4 del 15-III-1899. También son de poco relieve las modificaciones.

1) Ronda con mayúscula

2) un *detritus* (y no *detrito*)

3) "del proletariado a la burguesía y *de la burguesía* a la aristocracia" que se comprende mucho mejor que "del proletariado a la burguesía, a la democracia".

4) Restablece un femenino "la más superficial y estúpid*a*."

5) Hay dos párrafos más, pasando a renglón siguiente después de "ha producido la golfería". Y de "vida rica y refinada".

6) Se ha añadido un paréntesis que no estaba en la revista: "que se puede producir (*al que sepa su oficio*) hasta setenta céntimos.

7) *Interviuvado* viene en bastardilla.

8) Tiene unas preposiciones distintas en la expresión siguiente: "encaramado *a* los árboles y *a* los faroles" (en la Revista); "*en* los árboles y *en* los faroles"

El mismo texto salió en *El Globo,* de Madrid, del 7 (en el libro)

9) un *coín* viene sin acento (un *coín*)

10) *Chantage* viene en bastardilla

11) *Pica-pleitos* en dos palabras (en el libro, en una)

12) *humanidad* está sin mayúscula.

13) "el golfo es el *macrobio*" (parece ser error tipográfico por microbio) y esto tres veces.

14) Por fin una cuesión de puntuación distinta: "... del golfo. Una terapéutica: educarlo. Otra higiénica (en lugar de "del golfo: una, terapéutica: educarlo, otra higiénica).

f) *Hacia Otra España.*

Sin comentario, como no sea de fondo, en realidad, con las opiniones políticas de Baroja y las de Maeztu entonces.

g) *Medium.*

Salió en "Vidas Sombrías", con el núm. 3 y sufrió algunos cambios al pasar al libro.

1) El párrafo núm. 9 se divide en dos:

"No he dicho que pasé mi niñez en Valenci*a*
La casa era triste..."

2) En el siguiente párrafo termina así "enormes tiestos con pitas *y plantas de higos chumbos*".

3) "pero tenía una sonrisa *tan rara...* (sin repetición de este "*tan rara*").

4) "y hay una cosa *todavía peor* (una cosa *más extraña,* en el libro).

5) Abra*k*adabra se escribe con k

6) Los párrafos están cortados de distintas formas:

a) "dijo Román—, y convencidos de esto buscamos".

b) "cómo hablándole al oído.
Nuestro terror...

(obran al revés en ambos textos en estos dos casos, cortando tras "*Román*" en el libro, y tras "*al oído*" en la revista.)

h) *El Amo de la Jaula.*

Ya se habló de él en nota anterior, con los cuentos de "La Justicia" (21-III-1894). Sólo una frase cambia: "*Una lámpara de aceite que chisporroteó en el altar le hizo el efecto de una contestación afirmativa.*" Además un adjetivo que luego se quitó: aquella hora (*majestuosa*), ante el espectáculo. Y en lugar de *La Humanidad*, el libro dice: *los hombres.*

i) *Contra la Democracia.*

Texto sin complicaciones.

1) Primero tenemos lo de las mayúsculas puestas a *R*eligión, *P*atria, *E*stado; *J*usticia, *L*ibertad, *D*emocracia, *S*ocialismo, pero no, en cambio, a *n*aturaleza y *u*niversidades. Czar venía con c inicial.

2) Se quedaba mirando *furibundamente* al apuntador", el texto definitivo saldrá sin adverbio

3) cambios hay en tres partes: subyugar *el* individuo (después *al* individuo). quiere "*flirtear*" (en vez de *coquetear*); —y "todos sus argumentos giran alrededor de *su yo* (y no como dice el texto del libro: todos sus argumentos giran alrededor *del suyo.*

j) *Sufrir y Pensar.*

Sólo una diferencia, para un apellido mal entendido por el tipógrafo del libro: No ha dicho "*Duchenne*" de Boulogne (y no "*Luchenne*")

k) *Parábola.*

Es algo ya visto en nota anterior, puesta a *El Bien Supremo* (En cuentos de *La Justicia* del 6-I-1894).

* * *

IV.—*L'Humanité Nouvelle*: Durante su estancia en París, vio a menudo a los hermanos Reclus, quienes le pidieron un par de crónicas sobre la literatura y la España contemporánea. Las damos aquí, aunque ya salieron, como lo explicamos, en el prólogo, con presentación de Rafael Pérez de la Dehesa, en "Papeles de Son Armadans" (ver Bibliothéque Nationale, 8º R 15491).

* * *

V.—En *Electra*, revista efímera del año 1901, colaboraron los mejores escritores jóvenes del tiempo, y también alguno mayor, como Galdós, lo que es natural visto el título de la revista. Del 31 de enero de 1901 es el artículo *Galdós Vidente*, escrito por Pío Baroja en "El País". El 16 de marzo salió el primer número de los siete que tuvo la revista hasta el 2 de mayo. No es coincidencia pura. En ella leemos la advertencia siguiente:

"Para la admisión y revisión de los originales que se nos remitan han quedado constituidas por ahora las siguientes secciones:

Cuentos, Novelas y Teatro, a cargo de D. Ramón del Valle Inclán.

Crítica, Religión, Sociología, Política y Actualidades, a cargo de don Pío Baroja.

Versos, a cargo de D. Francisco Villaespesa.

Secretario de redacción, D. Manuel Machado."

En esta revista Baroja colaboró bajo su firma y suponemos bajo la de *Pío Quinto*. Cinco son los textos que tenemos de el.

V, 1) *Política experimental*, que aunará luego con *Vieja España, Patria nueva* en "El Tablado de Arlequín", pero con muchas diferencias para formar el artículo que salió con el segundo título, en el libro.

V, 2-3) *Domingo en Toledo* y *El Amigo Ossorio* corresponden a la primera escritura de dos partes de capítulos de "Camino de Perfección". Corresponde el primero al capítulo XXX que se encuentra en el tomo VI, páginas 77 a 80 de las Obras Completas. El segundo es la presentación de Fernando Ossorio, al principio de la novela, que empezó a redactar en los últimos meses de 1900 y principios de 1901.

En su estudio sobre las revistas españolas de vanguardia, D. Paniagua dice: *"Pío Baroja duplica sus intervenciones en "Electra", escudándose tras el seudó-*

nimo, ya conocido, de Juan Gualberto Nessi. Es muy posible, pero no lo he podido comprobar, que el Pío Quinto, anticlerical autor del artículo El Jesuita y Jesús (núm. 1) y de la irreverente cavilación contra la confesión (En el Confesonario, Católicos de Cuaresma, número 3) sea también el propio Pío.

La intuición era buena; ya tenía yo estos textos recogidos hará ahora siete años. Y desde un principio dudé de la primera afirmación: Juan Gualberto Nessi no es Pío Baroja, sino Ricardo. En cambio, creí que *Pío Quinto era Pío Baroja,* que entonces preparaba con Martínez Ruiz un libro sobre "los Jesuitas".

* * *

VI.—*Juventud* salió unos meses más tarde. El primer número con la fecha del 1 de octubre de 1901 y el último, el 12, con la del 27 de marzo de 1902. Es una revista que siempre he hallado incompleta, faltando particularmente el último número que contiene *artículos sobre la Pasión,* por la fecha de salida: dos de Pío Baroja, cinco de de Martínez Ruiz, tres de Unamuno, uno de Salvador Rueda y uno de Silverio Lanza. También está Juan Gualberto Nessi, en la revista. En "Juventud, Egolatría" nos dice don Pío: *"Al principio de mi vida literaria compartía con Azorín la animosidad de la gente."*

"Cuando hicimos Maeztu, Azorín, Carlos del Río y yo un periodiquito que se llamaba "Juventud", nos insultaban, principalmente a los dos. Luego, cuando estuvimos en "El Globo", nos pasaba lo mismo. Azor'n era quizá más combativo y más insultado; luego quedé yo como campeón."

En "Juventud", Baroja publicó:

1) *Ciudad sin alma* (núm. 1, del 1-X-1901), que es una primera presentación del capítulo XXXIII de "Camino de Perfección", que describe Yécora, un pueblo terrible.

2) *Influencias extrañas* (núm. 4, del 31-X-1901).

3) *Mi moral* (núm. 10, del 8-III-1902).

4) *Crónica sentimental* (núm. 2, del 15-III-1902), que son artículos nuevos. Parece que en el núm. 8 hay

otro artículo: *La Paradoja en Carnaval,* que no he podido conseguir.

* * *

VII.—*Alma Española.* Es una revista que duró también unos pocos meses, del 8-II-1903 a abril de 1904. Ahí sacó Pío Baroja cuatro artículos:

1) *Adulterio y divorcio,* en el núm. 10 del 10-I-1904 (en T. d. A., V, 44-46).

2) *La Secularización de las mujeres,* en el núm. 13 del 31-I-1904 (en T. d. A., págs. 42-44).

3) *Silverio Lanza,* en el núm. 2 del 17-I-1904 (en T. d. A., V, 54-55).

4) *La República del año 8 y la Intervención del año* 12, en el núm. 7, del 20-XII-1903. Los textos de *Alma Española,* el lector podrá leer en "El Tablado de Arlequín".

* * *

VIII.—*Vida Nueva.* A pesar de ser una revista cuya existencia empezó el 12 de junio de 1898, la ponemos en último lugar por no haber colaboración alguna firmada Pío Baroja. Parece que el último número fue el 93 del 18 de marzo de 1900. En ella se encuentran doce artículos firmados Doctor Pedro Recio de Tirteafuera y cinco artículos firmados Pío Quinto. Todos estos textos han sido eliminados por ser muy dudosa su atribución.

QUINTA PARTE

BAROJA EN «EL PAIS»

FIGURINES LITERARIOS

Uno de los caracteres de nuestra época es la rápida digestión de los ideales. Hay en la atmósfera moral de este fin de siglo un fermento tan enérgico de descomposición, que las ideas, las utopías, las fórmulas metafísicas desaparecen y se digieren con una rapidez inverosímil.

El arte pierde su rumbo, y desorientado como una brújula sin imantar, se mueve con una actividad loca, como el enfermo intranquilo busca y no encuenra una postura que le suministre el reposo.

Hay un sinfín de tendencias y de corrientes artísticas. El arte y la literatura varían como la moda. Seguir la moda en el traje, es ser elegante; seguirla en literatura, es ser modernista.

El modernista, el adorador de lo nuevo, no encuentra, como el elegante, una sola moda que adoptar, sino muchas en el mismo momento, y para seguirlas todas a un tiempo, ha aceptado una palabra, la voz inglesa de *snob,* que le permite, en literatura por ejemplo, ser simbolista con Ibsen, socialista místico con Tolstoi, humilde con Maeterlinck, decadente con Wilde, luciferiano con Huysmans, irónico con Lavedad y egotista con Nietzsche.

Snob, en su acepción antigua dada por Thackeray, significa algo como pedante, afectado, "dilettante", sin gusto artístico; pero el uso ha hecho variar de tal modo el sentido de la palabra, que actualmente decir de uno que es un *snob,* casi más bien es una alabanza que un dicterio.

Ser *snob* es ser amigo de lo extravagante y de lo extraño, un poco por afición y un mucho por distinguirse del común de los mortales. El simbolismo, el botticellismo, las ciencias ocultas, la magia negra... han sido y siguen siendo el caballo de batalla de los *snobs.*

En España, *el snobismo* no está todavía desarrollado, pero lo estará dentro de poco gracias al trabajo de algunas buenas almas que se encargan de ilustrarnos contándonos las últimas tonterías abracadabrantes de París y la vida y milagros de todos *los ratés,* más o menos geniales, que pululan en las tabernas de Montmartre.

Con el *snobismo* tendremos también el *amartismo,* que representa la tendencia individual en el traje, opuesta a la socialista de la moda.

Los caracteres más salientes del *snob* son la intransigencia y el egotismo. Ruskin, el maestro de la estética moderna, es un intransigente; siguiendo a ese gran didáctico, el *snob* no admite términos medios; si Botticelli es bueno, Velázquez tiene que ser malo; si Wagner es un genio, Rossini tiene que ser un imbécil. De este criterio tan absoluto, nace ese culto por el *yo*, que actualmente llaman *egotismo*.

Uno de los tipos del *snob*, el más clásico, es el decadente. No es decadente el que se lo propone. Primeramente se necesita tener pelo, porque es casi indispensable una larga y sedosa melena; además exige esa postura, una sonrisa sardónica y una mirada impasible. Con hablar poco, pausado y sin acento, mezclar en la conversación el arte japonés, Annunzio, las damas del Renacimiento, Botticelli, las catedrales bizantinas, Leonardo, los placeres satánicos y las voluptuosidades macabras, se puede sentar plaza de decadente. Unos cuantos artículos o narraciones hechos con escuadra, plomada, compás y otros instrumentos por el estilo, forman el lastre necesario para que el decadente pueda navegar por los mares literarios.

El más importante después de éste es el *snob* simbolista entusiasta de Ibsen y, sobre todo, de Mallarmé. El simbolista se dedica a la poesía en prosa o en verso y tiene una ventaja sobre los demás poetas, que lo mismo le da decir una idea que no decir nada. Reúne una colección de palabras bonitas y quiere convencer de que expresan mucho; uno de ellos invitaba a un amigo a profundizar esta frase suya: En las auroras blancas, las arpas doradas, de los espíritus divinos y de las almas celestiales, gemían bajo el peso de los grandes pensamientos de la sombra.

El simbolista, como el decadente, suele dar tres, y hasta cuatro, golpes de adjetivos. Si habla del sol, dice todo seguido: radiante, brillante, refulgente, escintilante. El simbolista tiene, en vez de cerebro, un aparato productor de adjetivos.

Tras del *snob* simbolista viene en importancia el irónico, el discípulo de Lavedan y Donnay; la ironía siempre en los labios como don Félix de Montemar, y el látigo siempre en la mano... fustigando la sociedad implacablemente, diciendo crudezas a todo el mundo con la *sonrisa sardónica estereotipada* en el rostro, como un personaje de Montépin.

Otro caso de *snobismo* curioso es el del fuerte, el que se alimenta con la filosofía de Nietzsche, que no es más que el detritus de la filosofía de Schopenhauer. El fuerte no tiene más moral que su yo, es un carnívoro voluptuoso que vaga libremente, pero a pesar de su ferocidad pensada es un pobre hombre. Le pasa al fuerte como a esos maridos que se las echan de terribles fuera de casa, y en ella su mujer les hace guisar y hasta hacer las camas.

Como contraste con el fuerte, está el *snob* piadoso y el humilde. El piadoso imita la postura de Tolstoi; la piedad es su manía; una piedad puramente intelectual que no llega a manifestarse nunca exteriormente. Su piedad desaparece desde que deja de escribir o de hablar.

El más humilde tiene mucho parecido con el anterior. Su humildad corre pareja con la piedad del otro; es una postura humilde que disfraza bastante mal la soberbia y la vanidad. El humilde es algo místico y algo anarquista. Maeterlinck es su jefe. Su preocupación es aparecer como un mendigo, como un vagabundo, como uno de esos errantes que recorren las carreteras.

Respecto a los modernistas en pintura, a los que visten el último figurín en ese arte, hay que convenir en que son algo más modestos, más artistas y menos presumidos que los literatos. Se contentan con pedir el agua de añil a la lavandera, para bañar sus cuadros y que les digan que pintan bien. En cambio, de los *snobs* de literatura no quedan satisfechos mientras no se les llame genios, lumbreras o cosas por el estilo. Son los más insoportables *poseurs* de este mundo, el más insoportable de todos los mundos.

(*El País*, n." 4.306, del 24-IV-1899)

LAS DENTADURAS DE MISTER PHILF

Yo no sé si ustedes se acordarán de mister Philf; creo que sí. Era un dentista inglés, alto, muy serio, humorista a veces, y aficionado al camelo en sus ratos de ocio. Aseguraba que tener una buena dentadura puesta por él, valía más que todos los incisivos, caminos (¡sic!) y molares que la madre naturaleza colocó en los alvéolos dentarios.

—¡Los dientes postizos! —me dijo un día enternecido—. Gracias a ellos conservo la vida.

—¿De veras?

—Oh, yes —replicó él—. En una ocasión en la India me encontré rodeado de unos cuantos fanáticos adoradores de la diosa Kali.

—¿Escapados de las *Hazañas de Rocambole?* —le pregunté yo.

—Oh, no. Auténticos. Me rodearon, se pusieron a bailar alrededor de mí y prefirieron el arma homicida. Yo intenté convencerles de que no se mata a u ninglés como a otro cualquiera, pero al dirigirles mi *speech* se me trabó la lengua y los dientes se me escaparon de la boca y cayeron al suelo sin romperse. No tenía nada de extraño... La dentadura la había hecho yo... La limpié y la metí en la boca. Los indios, al ver aquello, quedaron admirados. Yo, aprovechándome de su estupefacción, repetí la suerte; di un paso hacia adelante; luego una palmada, y con la mano izquierda indiqué un momento de pausa; agarré con la mano derecha la dentadura; hice una mueca de dolor y la mostré triunfalmente a los fanáticos. Entonces, a una, todas las cabezas se inclinaron, y desde el gran sacerdote hasta el último de aquella tropa, me adoraron como a un ser sagrado. Allá estaba yo perfectamente; oh, yes... perfectamente.

—Y ¿por qué se marchó usted de allí?

—Ah, señor. Estaba aburrido de enseñarles mi dentadura, para imponerles respeto.

—Bah —le dije yo—. Conozco otro caso más curioso todavía. El de una dentadura sonriente. ¿Eh? Es algo. ¿Verdad? Fue también un inglés, no recuerdo su nombre, el que le colocó la dentadura a mi vecina; una señora que se llamaba doña Justa y que vivía en el principal de mi casa y que murió hace unos días. En la vecindad se le llamaba por el nombre de la *señora del gato*. La dentadura de esta señora era una dentadura magnífica, reluciente, de esas pneumáticas, que hacen *clac* cuando se fijan al paladar; una dentadura que le había costado la friolera de seis mil reales.

Cuando se posee una dentadura de seis mil reales que hace *clac* como aquélla, se tiene la obligación de cuidarla, y doña Justa la cuidaba con *amore*... Nunca había tenido hijos, su marido había muerto y todos sus cariños los tenía depositados en la dentadura y en una gata. Era una gata blanca y amarilla, sobona y mimosa. Tenía en la cabeza una combinación de manchas tan regulares, que parecía estar peinada con raya; una raya tan perfecta, que para su cabeza la hubiera querido un gomoso. Doña Justa se enternecía al ver el animal y temblaba... temblaba, sí, porque la gata se iba haciendo vieja y no tenía ni una cría con aquella combinación de manchas en la cabeza.

Doña Justa hubiese deseado otro gato igual; así que cuando la gata empezó a maullar por los pasillos, la buena señora ponía su nariz ganchuda en el cristal de la ventana del patio y observaba los gatos que por allí andaban y pensaba quién de todos aquellos podría ofrecer en su unión con la gata más garantías, para perpetuar las deseadas manchas.

Cuando hacía su elección, iba a la cocina y decía a las muchachas en estilo de Garaudel, el de las patillas:

—*Digáis* a Tiburcio el portero que coja el gato pardo y lo suba.

—Pero señora —decía una muchacha—, si ese gato debe ser gata.

—No —aseguraba la otra—, pero debe de estar capado.

Si estará, si no estará. Al fin se decidía que lo subiera Tiburcio. Este, que era bastante bruto, traía el gato, y después de asegurar bajo su honrada palabra de asturiano, su integridad (la del gato se entiende), lo dejaba en la casa. Los amantes se repartían sendos arañazos, y, al cabo de algún tiempo, aparecía la gata maullando hipócritamente, y al galán se le enviaba con viento fresco a la escalera y con un par de puntapiés de regalo.

Pasado el tiempo reglamentario, a la gata se le hacía una mullida cama en la parte baja del armario del comedor, y el día en que los signos de probabilidad se convertían en signos de certeza, doña Justa se sentaba en su poltrona, junto el armario, y esperaba el supremo momento, llena de emoción y con el croazón palpitante.

De cinco en cinco minutos gritaba:

—Francisca, Petra, miréis a ver si hay algo.

Francisca miraba una vez y otra. Hasta que al fin allí estaban.

—A ver, a ver —decía doña Justa, con voz ahogada. E iban apareciendo gatillos como lagartijas, agarrados de la piel del cuello. La gata sacaba la cabeza y miraba con sus ojos pálidos lo que hacían sus crías.

—¿No tienen el peinado? —preguntaba con verdadera consternación doña Justa.

—No, ninguno —decía la muchacha.

Doña Justa se quedaba pensativa y después, resignada ante aquel golpe del destino, se metía los dedos en las narices y decía con voz triste a la muchacha, señalando a los cuatro o cinco engendros:

—Echéis eso a la alcantarilla...

La pobre doña Justa no pudo resistir al fallecimiento de su animal querido y enfermó de una pasión de ánimo gravísima. De tanto pensar en las crías de su gata, se le había metido en la cabeza que a los 78 años estaba ella embarazada y mandaba a sus sobrinas preparar los pañales y las gorritas para el recién nacido, con gran algazara de todos los que la oían. Se tomaban a chacota las palabras de la pobre vieja y los sobrinos andaban por la casa husmeándolo todo, para indagar quién sería el heredero, pues la buena señora, como he dicho, no había tenido hijos...

Una noche se agravó tanto que se llamó al cura gordo de la casa de huéspedes, para que la confesara, y éste dijo que se avisara la unción. Mientras llegaba el vicario, el cura, que tenía la facies estúpida de un animal cebado y se pasaba la vida jugando al mus con la hija de la patrona, sacó un libro del bolsillo y se puso a leer las oraciones de los difuntos, equivocándose a cada paso.

El otro vino con la unción y se marchó en seguida. El cura gordo seguía equivocándose, hasta que vio que doña Justa torció la cabeza y dejó de alentar. Entonces, se guardó el libro en el bolsillo y se volvió a su casa.

En seguida las vecinas comenzaron a vestir a la muerta, tirando de aquí, rasgando de allí, hasta que lograron ponerla un hábito negro.

Luego a la portera, que no tenía dientes, le pareció muy mal que la pobre doña Justa pasara a presencia de Dios sin herramientas en la boca, pues la dentadura postiza se le había escapado al morir de entre los labios y había ido rodando hasta el suelo. La portera, viendo que las vecinas eran de su opinión, metió con mucho cuidado, como quien hace una operación quirúrgica, los dedos en la boca de la muerta, puso la dentadura y... *clac*. Luego le puso un pañuelo negro para sujetarle la mandíbula, y adelantó la capucha del hábito, para que no se viera el pañuelo.

¡Nadie sabe los instintos artísticos que hay en el alma de una portera! Al día siguiente, los labios de doña Justa se habían contraído de una manera tan especial, que parecía que estaba sonriendo. Era una sonrisa la suya tan alegre, tan alegre... que daba miedo.

Todos los amigos y parientes cuando la vieron decían:

"Pobrecilla. Está sonriendo..."

Mister Philf al oírme sonreía también:

—¿Qué le pasa a usted? —le dije—, ¿no cree usted en mi historia?

—Seguramente... seguramente... ¿No he de creer? Si la dentadura de doña Justa la hice yo. Eso no tiene nada de extraño. Mis dentaduras sonríen lo mismo antes que después de la muerte.

(*El País*, n.º 4.334, del 22-V-1899)

VIDAS HUMILDES

EL POETA

Era un pobre poeta enamorado de una hermosa niña que vivía en un gran palacio de una callejuela triste. El palacio tenía un vastísimo parque, y desde la reja que lo rodeaba veía el poeta, en una plazoleta redonda, una soberbia fuente con amorcillos montados sobre tritones, y miraba el cielo azul lleno de esperanzas, y las nubes, y los árboles, y los chorros de agua que salían de la boca de cuatro tortugas de bronce para caer en el interior de unas conchas.

El poeta estaba enamorado de la niña, a quien había visto un par de veces asomada a una ventana del palacio, en cuyo alféizar brillaban las rosas de un rosal, pálidas y enfermizas. Y la niña, como las rosas, era pálida y triste, y tenía los ojos azules y el cabello de oro. Y el poeta estaba enamorado de ella porque era imposible para él y porque era triste.

Los días y las noches guardaba la calle, y cuando la niña iba a pasear en su carruaje, él la seguía anhelante y loco hasta perderla de vista.

Pasaron años y años. Ella era tan buena, que a veces salía a la ventana y sonreía al ver al poeta humilde y harapiento. Pero un día supo el poeta que la niña —para él siempre lo era— se casaba. Desde un rincón de la calle vio salir el cortejo de la casa, y en la iglesia contempló a los novios, los dos jóvenes y hermosos, y vio a los caballeros elegantes que daban el brazo a las encantadoras damas.

Aquella noche el palacio estaba iluminado y llegaban hasta la calle los rumores de la fiesta; el poeta que vigilaba en la calle advirtió una sombra en la ventana, en la que se veía el rosal de las pálidas flores y recogió del suelo una rosa que había caído a sus pies.

Con el corazón palpitante huyó a su guardilla y escribió, llorando, versos de oro llenos de músicas extrañas y de lánguidas tristezas. Y se sintió enfermo y débil y abandonado y, con la sonrisa pálida en los labios, quedó muerto.

Y pasaron los años y pasó el recuerdo de los esplendores de las fiestas de la boda y se derrumbó el palacio... y los versos de oro del poeta vivieron siempre y por ellos se conservó la imagen dulce y suave de la niña de los ojos pálidos y del cabello de oro.

LOS AMIGOS

Fue el tiempo de una terrible exaltación de la piedad. El mundo había encontrado nuevamente la luz y la oscuridad ya no existía.

Y los hombres no podían soportar el espectáculo del sufrimiento ajeno y todos se desvivían por hacer la felicidad de los demás.

Los ricos habían comenzado por desprenderse de lo superfluo y querían partir con sus semejantes lo innecesario.

Y habían conseguido hacer felices a los hijos de los hombres, pero a sus corazones generosos esto no les bastaba, y trataban también de hacer felices a los animales y a todo lo que vive y a todo lo que siente.

Y recordaron que Jehová había dicho: *No matarás*, y se *abstuvieron de derramar sangre de hombres*.

Y recordaron que en el Eclesiastés se había dicho: *Porque el suceso de los hijos de los hombres y el suceso del animal, el mismo suceso es; como mueren los unos, así mueren los otros; y una misma respiración tienen todos; y más el hombre que la bestia.* Y se abstuvieron de derramar sangres de animales.

En una inmensa pradera bañada por el sol, celebraron los hijos de los hombres la emancipación de los animales, y pasaron por delante de ellos los caballos y los asnos, las vacas, los elefantes, los leones y las serpientes, y todos miraban a los hombres con cariño, porque habían dejado de ser verdugos para convertirse en sus amigos.

LA SOMBRA

Había salido del hospital el día del Corpus Christi y volvía envejecida, pero ya curada, a casa de su ama, a seguir nuevamente su vida miserable de mujer galante.

En su rostro todas las miserias; en su corazón todas las ignominias.

Ni una idea cruzaba su cerebro; tenía solamente un deseo de acabar, de descansar para siempre. Llevaba en la mano un hatillo con sus pobres ropas.

El día era abrasador. El sol amargo brillaba inexorable en el cielo azul.

De pronto la mujer se encontró rodeada de gente y se paró a ver la procesión que pasaba por la calle. Un hombre a quien sin duda estorbaba la insultó y le dio un codazo; otros que estaban al lado la llenaron de burlas y de improperios.

Ella trató de buscar su antigua sonrisa para responder a los insultos, y no pudo más que crispar los labios con una dolorosa mueca y echó a andar con la cabeza baja y los ojos llenos de lágrimas.

Y el sol amargo brillaba inexorable en el cielo azul.

Los chicos la seguían gritando y ella trataba de huir y, débil, sin fuerzas, tropezaba. Herida y destrozada, con el cuerpo inundado de sudor frío, seguía andando con la cabeza escondida entre los hombros; en su rostro todas las miserias, en su corazón todas las ignominias.

En la calle, bajo el sol brillante, pasaba la procesión al son de la música y lanzaban destellos, los mantos de las vírgenes, bordados de oro, las cruces de plata, los estandartes de terciopelo.

Y venían después los sacerdotes con sus casullas, los magnates, los generales de vistosos uniformes; todos los grandes de la tierra, custodiados por las bayonetas de los soldados.

De repente la mujer sintió en su alma una dulzura infinita y se volvió a mirar a otras y vio una sombra blanca que llevaba fuera del pecho un corazón herido por espinas. Y la sombra blanca y majestuosa se acercó a ella, la besó con un beso purísimo en la frente, y después mostró el puño iracundo a los sacerdotes, a los magnates y a todos los grandes de la tierra.

(*El País*, n.º 4.591, del 3-II-1900)

(*) El mismo texto salió en *El Nervión*, de Bilbao, en el número 3282, del domingo 15 de abril de 1900.

AL EXTRANJERO

Hace ya algunos días *El Imparcial* viene abogando para que se envíen a estudiar al extranjero un cierto número de jóvenes que puedan obtener allí conocimientos de peritos mecánicos, químicos y electrónicos.

El intento me parece lógico y bueno, pero ¿qué sé yo? No me convence; se me figura que en esta última época estamos dando en España demasiada importancia a la chimenea y a la fábrica y al carbón de piedra, y que nos olvidamos por completo de lo que se refiere a nuestra educación, a nuestra vida moral, a nuestra comodidad y a nuestra pereza, cosas, sobre todo las últimas, importantísimas.

Admito el calificativo de *cándido,* si alguno quiere adjudicármelo, pero creo candorosamente que el progreso material no es todo lo de más importancia, creo que ese progreso es algo así como una sustitución de las energías psíquicas individuales por las fuerzas extraídas de la materia.

En España la obra magna sería la de armonizar las ideas de la civilización con el carácter y la manera de ser íntima de nuestra raza, y lo demás, si era inadaptable a nosotros, dejarlo.

El progreso de las cosas naturales debe tener su causalidad para ser fecundo en el progreso de las ideas. No hacer más que lo que hacemos nos-

otros: ir siguiendo de mala manera los adelantos
de la civilización y apropiárnoslos sin preparación alguna, eso no sirve de nada.

Yo puedo decir que he estado en un pueblo
con alumbrado eléctrico y con una calle tirada
a cordel, llamada nada menos que Calle Sanz del
Río, en donde a los forasteros se les obsequia ape-
dreándoles la cara, sólo las primeras semanas,
esa es la verdad.

No sé si habré convencido a alguien con ese
argumento, pero yo creo que lo que hay que hacer en España es educar a la gente más que ins-
truirla; predicar la vida seria, la moral, sea la
que fuese, la extinción de la crueldad, y hacer
desaparecer los toros, y las rondallas, y las jotas,
y los entusiasmos fetichistas por la Pilarica y por
el Cristo de aquí y de allá, y quitar del ambiente
esa morralla de pensamientos bestiales sobre el
honor y la sangre y el vino que han cantado en
sus obras Dicenta y Feliú y Codina. Si es fuerte
y sufrida nuestra gente no es porque es bestia, lo
es a pesar de su bestialidad.

El aniquilar esa barbarie que está en nuestra
sangre, sería la obra más grande que pudiera hacerse, y eso no se hace con unas cuantas inhalaciones de ciencia alemana, francesa o inglesa.

Al revés, con esas inhalaciones científicas podría suceder lo que le sucedió a un amigo bilbai-
no, educado en Oxford, al llegar a España. Vino
a Madrid y todo le pareció malo, las calles, las
casas, los cafés, los teatros... en el fondo no decía más que las eternas vulgaridades que se les

ocurren a los que han viajado como maletas por el mundo; pero a mí delante de la gente me abroncaba. Y aquel hombre educado como un "gentleman" perfecto, que de Inglaterra no había tomado más que el hábito de emborracharse, y que despreciaba lo poco bueno que hay actualmente en España, se entusiasmaba con el baile flamenco y con los toros. Había tomado lo malo de allá y lo de aquí.

Y yo temo mucho que sucediera algo parecido si enviamos a esos jóvenes estudiantes a Inglaterra, a Francia y a Alemania: que tomasen lo malo que tienen esos países y perdiesen lo poco bueno que tenemos nosotros.

(*El País,* del 15-IX-1900)

HUMO

La Puerta del Sol, estos días en que la están asfaltando, tiene un aspecto formidable.

Diez o doce hornillos puestos en fila, en el sitio comprendido entre la Carrera de San Jerónimo y la calle de Alcalá, vomitan por sus chimeneas un humo obscuro, espeso, que sale a borbotones y deja el aire irrespirable. En el sitio en que se trabaja, limitado por una cuerda, se ven aquí montones de leña, allá montones de tierra y de cascote, en un lado barricadas de adoquines, en otro barricas de alfalto.

Hay el calor de los astilleros cuando están ca-
lafateando un barco; hasta los obreros que trabajan tienen tipo de marinos del Norte.

Al anochecer, cuando todavía las luces blancas de los arcos voltaicos no han iluminado la an-
churosa plaza, aquélla toma un aspecto extraño;
brillan las llamas rojas en las bocas de los hornillos, danzan siluetas negras, como demonios en
derredor de una caldera infernal; forman masa
abigarrada los obreros, que extienden por el suelo
la negra capa de asfalto. En los escaparates y en
los pisos de las casas van apareciendo luces; llegan los tranvías haciendo sonar sus timbres, alumbrados con sus lámparas encarnadas y amarillas;
cruzan coches, carros, caballos, hombres, se arma
una baraúnda ensordecedora, y el humo negro
que escapa de los hornillos forma una nube sombría que enturbia la luz rojiza del crepúsculo.

Por una asociación de ideas, seguramente fácil de explicar, esta agitación de sombras, estas
llamas siniestras, esa especie de rebelión del suelo, son para mí como un símbolo, el símbolo de las
turbulencias políticas de la calle.

Los mismos elementos para hacer esa recons-
trucción del suelo, ordenada por el alcalde, se encuentran en cualquier agitación política calleje-
ra; el asfalto que se funde en las calderas representa el cerebro que se derrite dentro del cráneo
por la fiebre política. La atmósfera irrespirable es
el continuo no entenderse, la leña es leña, ¡admi-
rad mi pensamiento!, leña prometida que pronta-
mente se transforma en leña recibida; hay adoquines en los dos casos.

Y en los dos casos también, de trastorno del
suelo y de trastorno del suelo material, suceden
cosas idénticas, y son, que después de fundirse
durante unos cuantos días las imaginaciones exaltadas y el asfalto, después de protestar el pensamiento social y urbano de ser sólo pensamiento,
viene la calma, que los de arriba taconean sobre
los de abajo como nosotros taconeamos sobre el
suelo.

Ya la nube amenazadora que enturbia la luz
roja del crepúsculo la arrastra por la noche una
bocanada de aire y a la nube de la agitación polí-
tico-callejera la arrastra cualquier cosa porque
una y otra nube son casi siempre humo, sólo humo, nada más que humo.

(*El País,* del 17-IX-1900)

DULCE HIPOCRESIA

La casucha estaba colocada en el centro de
Madrid, próxima a una iglesia, y hacía esquina a
una calle ancha y concurrida. Tenía sólo un piso,
el portal estrecho de tabuco, dos ventanas a una
callejuela y un balcón hacia la calle principal,
siempre con una persiana verde, corrida, echada
por encima de los hierros.

De noche, al pasar por allí, las hijas de los
honrados comerciantes de la vecindad, al regre-
sar del teatro, veían en el portal de la casucha

una mujer pintada, vestida con traje claro, con el pelo suelto y junto a ella, una vieja repulsiva oculta en la sombra.

No sé lo que pensarían las señoritas de las familias de los honrados comerciantes de la vecindad al pasar por allá, no lo sé, sólo sé que miraban de reojo al portal estrecho y escuchaban después de pasar, con atención, los siseos que se oían en la calle.

Hace un par de meses esta casucha quedó desalquilada, la persiana verde del balcón se levantó por primera vez, y las señoritas al pasar por allí de noche con sus familias ya no veían a la mujer vestida de blanco, con el pelo suelto ni a la vieja repulsiva escondiéndose en la sombra.

Después comenzaron a derribar la casa, y cuando quedó sin paredes, se suspendió el derribo y quedaron los cuartos al descubierto. Ahora se ve aquí una salita tapizada con papel verde, allí la cocina, más allá la alcoba y la casa parece un animal con las tripas al aire.

A mí se me figura que estas paredes están impregnadas del espíritu de la depravación, de la tristeza de lo que fue esa casa; un harén miserable a donde una sociedad que se cree justa encerraba unas cuantas estúpidas y desdichadas hembras con el fin último de que pudiera subsistir una pobre idea del honor sexual.

Ahora, cuando veo pasar alguna familia de honrados comerciantes del barrio por delante de la casucha que enseña cínicamente sus entrañas, me fijo y filosofo.

El otro día, el domingo por la mañana, pasaron como siempre a oír misa dos hermanas, muy bonitas, sonrosadas, delante de ellas iban los hermanitos, detrás sus padres, por la otra acera sus novios o, por lo menos, sus pretendientes; era una comitiva patriarcal. Al pasar por delante de la casa, las dos señoritas la miraron atentamente, y después cambiaron entre sí una mirada de inteligencia, los hermanitos contemplaron la casa con curiosidad, los padres con ojos severos.

Los pollos se miraron también y uno de ellos murmuró al oído del otro:

—Oye, ¿te acuerdas?

—Calla —replicó el compañero sonriendo.

Y los niños, las muchachas, los padres y los dos pollos entraron en la iglesia y se arrodillaron fervorosamente para oír misa.

(El País, del 21-IX-1900)

LAS VIDAS TRISTES

¡Cuántas hay! ¡Cuántas! Más de las que nos figuramos nosotros. Hay vidas aplastadas por la miseria, vidas turbadas por el dolor, vidas de amargura, vidas de vergüenza, pero ninguna de ellas me da tanta lástima como las perturbadas por las desesperación y por el análisis.

Yo odio el análisis como el mayor enemigo del mundo, sin embargo me siento dominado por él;

como los niños que rompen el juguete para ver lo que tiene dentro, así hacemos en la vida los imbéciles que nos preocupamos de la esencia de las cosas.

Nos emocionan algo, hay que averiguar por qué nos turba; perdemos el tiempo estudiando mecanismos que no comprendemos, excitado el cerebro con eternas incógnitas, y en ese perpetuo estado de observación de nosotros mismos y de lo que nos rodea, en ese reforjar constante de imágenes y de ideas contradictorias en el cerebro, los conceptos claros se borran, y la voluntad se va perdiendo y aniquilando y se agita sin rumbo como las ramas caídas en el remolino de los torrentes.

La culpa de todo esto es de la educación imperfecta, brutal, a que nos someten. Nos rellenan la inteligencia de nombres, de fechas, de datos; olvidan el músculo, olvidan el nervio, olvidan el sentido; al cabo de los años de padecer esta educación, el hombre ha perdido ya todo, no le queda ni alegría, ni espontaneidad, ni nada.

Yo, como todos, salí de esos antros de imbecilidad que llaman Universidades, a los veintiuno o veintidós años, con el título de doctor, y fui a ejercer mi oficio de médico a un pueblecillo de Guipúzcoa. Hice el hurón durante algún tiempo y un día que me invitaron a ir a una romería en un pueblo cercano, fui allá.

Aquel día comprendí mi insignificancia; los demás muchachos que venían con nosotros sabían bailar, yo no sabía; los demás jugaban a la pelota, yo no; los demás tenían agilidad y yo no;

los demás eran jóvenes y yo, con su misma edad,
era viejo.

De noche, después que bailaron varias veces *el
aurresku*, en la plaza del pueblo, y se quemaron
fuegos artificiales, volvimos todos hacia casa.

¡Cómo recuerdo aquella noche! A lo lejos, sobre los montes, se oían los *irrintzis*, gritos como
relinchos salvajes. En la espesura brillaban los
gusanos de luz como estrellas, y los sapos lanzaban su nota de cristal en el silencio de la noche
serena.

Yo iba al lado de una muchacha bonita, joven, valiente y tímida al mismo tiempo, y apre-
taba su mano en la mía; en nuestro derredor vibraba la noche llena de misterios, mi corazón estaba turbado por vagas sensaciones intensas.

—Ahora hago como los demás —murmuraba yo
de vez en cuando, aunque el último de todos, no
represento un papel desorientado. Lo creía así,
cuando la muchacha, mirándome con sus ojos que
brillaron en la obscuridad, me preguntó:

—Y usted, ¿por qué está tan triste?

—No, si estoy muy contento —la dije, y tuve
que contener las lágrimas de rabia al sentirme
viejo, al sentirme triste, allí donde los demás se
sentían jóvenes y alegres.

(*El País,* del 25-IX-1900)

GALDOS VIDENTE

Hay hombres que tienen la terrible misión de representar el mundo de las ideas y de los hechos. Su vida no es vida de pasiones ni de esperanzas ni de cariños; como las cumbres de los grandes montes, están rodeados de soledad y de silencio.

La vida de Galdós era de estas vidas, reflejaba su mundo; de vez en cuando, por debajo de sus ideas y de sus personajes, sosteniéndolos como el subsuelo al suelo, aparecía en sus obras algo profundo, íntimo, grande; corriente subterránea que vivifica sus pensamientos.

Era frío, reflexivo, calculador, viejo —decían algunos—; yo en mi fuero interno encontraba a veces su arte cauteloso y reservado.

Pero de pronto desaparece su reserva, se abre su alma y salta como un torrente lleno de nubes de espuma rompiendo diques y salvando obstáculos. Se abre su alma y nace *Electra*. La idea-reflejo se ha hecho idea-aspiración, se ha convertido en fe, en entusiasmo, en fuego.

El hombre analítico se ha hecho hombre vidente.

Galdós ha saltado de las cimas de Dickens a las infinitas alturas de Shakespeare; hombre genial, ha auscultado el corazón de España dolorida, triste, que desea salir de su letargo y no puede, ha señalado el mal, ha iniciado el remedio.

El remedio, sí, el remedio verdadero y no porque sea éste un plan, ni un dogma, ni una fórmula, sino porque es entusiasmo, rebeldía, amor, fe.

Hay en la generación actual, entre nosotros, una ansia inconsciente, un ideal sin forma, algo vago, indeterminado que solicita nuestra voluntad sin rumbo fijo. Sabemos que debemos hacer algo y no sabemos qué, sabemos que hay una luz, pero no sabemos dónde; tenemos la aspiración de concretar nuestros ideales para encontrar el elemento común que nos une a todos los rebeldes y no lo encontramos.

Sentimos la necesidad de que nuestros anhelos tomen carne espiritual, se hagan conciencia, y por una extraña paradoja, los alientos de juventud, las vibraciones de nuestro espíritu van a formar su nido en el alma del novelista que tiene fama de indiferente, de pío, de hombre que clasifica las almas como un botánico clasifica las plantas.

Hoy en Galdós nuestras afirmaciones han tomado conciencia, mañana quizás adquieran en otro voluntad.

Electra es grande, de lo más grande que se ha hecho en el teatro. Como obra de arte es una maravilla, como obra social es un ariete. Luchan allí dos principios que se agitan en nuestra sociedad moderna: la rebeldía, por un lado, que sueña en la conquista del mundo para el bien, para la ciencia, para la belleza, para la vida; el dogma, por el otro, que quiere afirmar la vida, para ganar el cielo, con los rumores del órgano; tiene la inmensa poesía de las decadencias, de las cosas que han sido.

En *Electra* el rebelde vence al creyente, pero no lo aniquila, no lo mata; sabe que en el cerebro de su contrario hay una idea grande también y que esa idea no puede morir por la violencia.

Y no debe morir, tenemos todavía en nuestra España un sentido religioso en el espíritu, vago e incierto; un rumor de iglesia en el alma; y ese rumor de iglesia, esa fe, no debe permanecer inmóvil en el cauce frío de una religiosidad hierática, sino que debe elevarse y elevarse cada vez más y servir de aureola a nuestra vida.

La obra de Galdós en un país como el nuestro, que no es más que un feudo del papa, en donde el catolicismo absurdamente dogmático ha devorado todo, arte y ciencia, filosofía y moral; en un país borrado del mapa, porque el hecho histórico de España casi no existe ya; en un país que si tuviera que calificarse con exactitud habría de llamársele estado pontificio, la obra de Galdós es una esperanza de purificación, es la visión vaga de la "Jerusalén nueva" que aparece envuelta en nubes.

El Galdós de hoy, el *Galdós vidente,* adquiere ante nosotros, ante la juventud que busca su ideal y no lo encuentra, un compromiso grave, una terrible responsabilidad, no impunemente se puede ser la conciencia de una multitud.

Y mientras tanto, aplaudamos a *Electra,* que rompe las trabas que la aprisionan en su medio social, y como ella rompamos nosotros los dogmas en mil pedazos para fundirlos en el crisol de nuestro corazón, en el crisol de la vida, del amor, de la luz...

(*El País,* del 31-I-1901)

NOTAS A BAROJA EN "EL PAIS"

La vida de este diario republicano y anticlerical fue larga y se distribuye en las dos vertientes de ambos siglos. Las fechas límites son 1887-1921. La colaboración de Pío Baroja empezó el 20 de marzo de 1899, a poco tiempo de salir una hoja literaria en el periódico. Se nos antoja añadir a las colaboraciones firmadas las que vienen con el seudónimo de Pío Quinto. Acaso sus colaboraciones volvieron a salir más allá de las que aquí adelantamos; para otras recopilaciones de de artículos quedará.

Jorge Campos, en este caso también, dio lo esencial en un *Censo de colaboraciones peridísticas,* suplemento en *Baroja y su mundo,* recopilación de estudios hecha bajo la dirección de Fernando Baeza. Completamos su recuento e indicamos a continuación las nuevas, las refundiciones y las pascadas a libro, sea en "Vidas Sombrías", sea en "El Tablado de Arlequín".

Además diremos algunas palabras del proyecto de novela colectiva, ofrecido en dicho diario por Baroja, Maeztu, Valle Inclán y Bargiela. El título de la novela era el siguiente: "La guerra del Transvaal y los misterios de la Banca de Londres".

Descartaremos primero los textos ya publicados y dados anteriormente, textos que no ofrecen peculiaridad o novedad alguna, y que ya se mencionaron en notas anteriores: *Errantes* (núm. 4.299, del 17-IV-1899); *Noche de médico* (núm. 4.313, del 1-V-1899); *La Institutriz* (núm. 4.320, del 8-V-1899); *Marichu* (núm. 4.348, del 5-VI-1899); *El Reloj* (núm. 4.355, del 12-VI-1899);

Pachi (núm. 4.362, del 19-VI-1899); *De la fiebre* (número 4.376, del 1-VII-1899); *El gluglú de la olla* (número 4.383, del 10-VII-1899); *La venta* (núm. 4.489, del 24-X-1899); *Vidas humildes* (núm. 4.591, del 3-II-1900).

Y luego vienen los textos publicados por primera vez en este diario:

(1) *Casos de conciencia,* que en "Vidas Sombrías" llevará el título de *Conciencias cansadas,* con el número 22. Hay poquísimos cambios en el texto definitivo.

(2) *Figurines literarios.* Figura por primera vez este texto, que repetirá luego en *El Motín,* del 8-IX-1900.

(3) *Caídos.* Está en "Vidas Sombrías", con el número 25.

(4) *Las dentaduras de Mr. Philf.* Es un texto que, a pesar de su novedad, el lector podrá leer en "Aventuras, inventos y mixtificaciones de Silvestre Paradox", páginas 87 a 90, del tomo II de las Obras Completas. Naturalmente; la historia es idéntica, pero su amoldamiento a la novela le obligó a don Pío a ciertos cambios en varios párrafos.

(5) *Hogar triste.* Que saldrá luego en *El Nervión* de Bilbao, del 16-10-1900, representa aquí la primera presentación del cuento.

(6) *Vidas humildes.* Tampoco ofrece cambios notables.

(7) a (10) *Al extranjero; Humo; Dulce hipocresía; Las vidas tristes*: son estos textos "nuevos", nunca recogidos en libro.

(11) *Galdós vidente.* Es un texto "nuevo" y muy importante, en cuanto a la visión de Galdós por la "juventud del 98", según la perspectiva que certeramente ha presentado con audacia, Carlos Blanco Aguinaga, o sea, el comprometimiento de aquella juventud.

(12) *Cabrioles: En el Museo.* No se reproduce aquí, por estar, sin modificación, reproducido en *El Tablado de Arlequín* (O. C., V, págs. 65-66).

Los números (1), (3), (5) no se reproducen aquí por parecerse casi totalmente a los textos de *Vidas Sombrías.* El (12) igualmente.

BAROJA Y LOS DIARIOS MADRILEÑOS EN "EL GLOBO"

SEXTA PARTE

BAROJA Y LOS DIARIOS MADRILEÑOS

EN "EL GLOBO"

LA FORMA ES TODO

—La idea es lo principal —decía yo con la regularidad de un péndulo.

—La forma es todo —replicaba el amigo con la misma regularidad.

Discutíamos acerca del arte, una de esas discusiones en las cuales se empeña el amor propio y se repite sin cansarse una porción de veces la misma tontería.

Seguramente ninguno de los dos sabía a punto fijo lo que se decía, porque si ahora que han pasado los años volviéramos a discutir, no saldríamos de idénticas o parecidas vulgaridades.

El amigo y yo estudiábamos Medicina. Estábamos de practicantes en la misma sala. El apuntaba sus observaciones medicofilosóficas en un cuaderno; yo no apuntaba nada por desidia y parte de pereza.

Teníamos por entonces en la sala un caso muy curioso de adherencia del pericardio, una diablura tramada por el saco en donde se encierra el corazón, que se había ido estrechando hasta convertirse en una cáscara fibrosa, que no dejaba ni moverse a la máquina traviesa encerrada en su seno.

Aquel bonito caso, según el dictamen de algunos médicos, ocupaba la cama 13 y era un pobre muchacho taciturno, el cual no debía de tener familia, porque nadie iba a visitarle.

Su historia era vulgar, muy vulgar, pero muy triste.

Había sido mozo de un café de las afueras; el amo, un hombre muy listo, en vez de pagarle, le despidió de su casa.

El le pidió dinero varias veces, y viendo que no conseguía nada con sus peticiones, una noche amenazó a su antiguo amo con hacer una barbaridad. El otro le dijo que era un *pagüé* y un *primo*, y nuestro hombre le machacó la cabeza con un bastón de hierro que llevaba "ad hoc".

Cuando fue a cumplir su condena al Abanico, le acometió, al verse encerrado entre cuatro paredes, una melancolía punzante, un gran deseo de volver a su hermosa tierra gallega y de disfrutar la sombra de sus castañares; y ante la morriña y el mal trato empezó a "tosir", a "tosir", como decía él, y cuando salió de la cárcel no tenía alma ni para moverse.

Entonces empezó para él una vida de golfo. Hambriento, desfallecido, sin estar bastante mal para que le admitiesen en los hospitales, repletos de carne podrida, sin encontrar un rincón en donde descansar de la fatiga de vivir, y de vivir enfermo, quizá renegó de la Providencia. Pero la Providencia no le olvidó, y cuando se estaba muriendo, hizo que entrara en nuestra sala y nos lo encomendó a nuestros solitarios cuidados.

Era una historia triste la suya, una historia lamentable; nos la contó el amigo, y a mí, una mañana alegre de invierno, mientras lo reconocíamos, entonando con los ruidos de aquel pulmón que parecía una caja de música.

Debíamos de habernos conmovido al oír aquella historia, ¿verdad? Pues nada, como si tal cosa. Y no es que fuéramos insensibles. Y la prueba es que a mi amigo, al recitar una poesía de Paul Verlaine, le tiembla la voz, y a mí, al oírle, me temblaban también las lágrimas en los ojos.

Era que aquel hombre no encontraba, al referir sus desgracias, el ademán justo, la inflexión de voz propia del momento.

Además, pensábamos en lo instructiva que sería su autopsia, y la palabra forma, la forma...

Al cabo de algún tiempo, cuando se murió ese enfermo, ocupó su cama un chiquillo de la Inclusa; lo más miserable, lo más horrorosamente miserable que puede existir. Al verle se experimentaba cierta compasión, pero más repugnancia que compasión; hay que confesarlo.

Un día le compadecimos de veras; era el día de Reyes. Estaba el niño en la cama jugando con unos cartones de cajas de cerillas, mirándonos de vez en cuando con sus ojos hundidos y tristes.

El médico aquel día se sintió romántico, recordó que los niños tienen en esa época del año juguetes, regalos, caricias maternales. La frase estaba bien dicha; cada uno de los que estábamos

allí aportó un sentimentalismo más, nos conmo-
vimos. ¡Ah!, la forma, la forma...

Con el corazón lleno de sentimientos piadosos
y caritativos salimos del Hospital. Un pobre nos
importunó en la calle con la cantilena de que tenía siete hijos y la mujer enferma. Era un tío con
un aspecto de bruto y unas manchas rojas en la
cara; le mandamos a paseo y no tuvimos inconveniente alguno en suponer que era borracho.

—Con esa cara no se debe salir a pedir.

La forma, la forma es todo —murmuré, y pensé que mi amigo tenía más razón que yo, que *la
forma es casi todo, que la idea es casi nada.*

Después he visto llorar a una madre, revolcán-
dose en el suelo, dando alaridos, desmelenada, fu-
riosa, junto al cadáver destrozado de su hijo, que
cayó de un andamio a la calle. En las personas
que la contemplaban no se veía más que indiferencia, una indiferencia mezclada con la irrita-
ción de aquel a quien no le dan lo que se le ha
prometido.

Hubiera bastado con que el hijo fuese militar,
aunque no tuviese más que un ligero rasguño, para
que toda aquella gente que formaba el grupo hubiese llorado acongojada.

Luego, he visto, como todo el mundo, el respeto por una sociedad podrida, porque es elegante; el culto, por el bandido político, si es gracioso;
el desdén por el trabajador, por el obrero, por el
burgués.

La forma, la forma siempre; por ella pasamos
por la mayor irregularidad, por la mayor torpeza,
si encontramos una.

Hace unos meses, antes de la guerra, hubo políticos y periodistas que hablaban del fin de España, y daban a entender que mejor que el desdén de las naciones era la muerte, con tal de que la vieja Patria encontrase una postura grandiosa en su agonía y lanzase un grito sublime que asombrase al mundo.

Hoy, con un Ejército vencido, con una Marina destruida, antes de pensar en la regeneración silenciosa del trabajo, buscamos el golpe teatral, la postura bonita en la traslación de los restos de Colón. Los poetas y los pintores tendrán un brioso motivo para sus obras, y quizás, quizás las demás naciones, que nos han despreciado al ver nuestra desgracia unida a nuestra imbecilidad, nos incensarán y nos halagarán, y volveremos a ser hidalgos.

Porque esta despedida de España a la ingrata América será artística, hermosa, y ¡como la forma es todo!...

(El Globo, del 17-X-1893)

EXPOSICION DE CARTELES

Esto de vagar por las calles de Dios es muy entretenido, digan lo que quieran esos señores sesudos y malhumorados, para los cuales es un verdadero crimen la debilidad que padecemos algunos, que en lo mejor de nuestra vida se nos quitan las ganas de trabajar.

Ayer noche, vagando para no perder la costumbre, vi en la calle del Príncipe un letrero sobre el portal de una fotografía, y en el letrero, escrito con letras negras: "Exposición de carteles".

Entré en el portal, siguiendo a la gente, y como nadie cerraba el paso, me encontré en una
sala llena de carteles, colgados en la pared, grandes o pequeños, bonitos o feos, y en todos, botellas de Champagne, y copas y pámpanos y hojas
de vid.

—Ahora lo comprendo todo —he dicho en tono dramático, y he recordado que la casa Codorniú abrió un concurso para anunciar su vino,
ofreciendo varios premios, entre ellos uno de 1.500
pesetas.

Al olor de esos céntimos han acudido una infinidad de pintores con sus trabajos. Unos, los
pobrecillos tímidos, se han contentado con presentar dibujos al lápiz, en general bastante malos; otros han recurrido al cuadro al óleo, que
tiene su martingala, y los más valientes se han
dedicado a la pintura al temple.

En casi todos estos últimos la nota prerrafaelista se destaca —¡lo que es la evolución!—, se
podría decir, actuando de Calino, aquellas figuras
artísticas de Dante Gabriel Rosseti y de Millais,
después de pasar por las hojas de las ilustraciones alemanas y francesas, han venido a servir,
andando el tiempo, para anunciar vinos y papeles de fumar.

Los carteles presentados no tienen firma, y sí

un tema que en casi todos está en catalán, como es lógico.

No sé si los críticos serios se ocuparán de esta exposición; debieran hacerlo, primero, porque lo merece, y segundo, porque sería cosa de ver, si no podían tomar informes las hermosas planchas que habrían de hacer esos señores profesores de estética cuando se supieran los nombres de los autores de los carteles.

El local de la Exposición está dividido en varias salas. En la central, sobre la puerta de entrada, hay un cartel, con el lema "Natura", bien hecho, de estilo prerrafaelista puro. Regularmente los que tengan que figurar en el Jurado encontrarán ese cartel poco significativo, pues poner una mujer sentada a una mesa, con una copa en la mano, y a lo lejos una fábrica, simboliza bastante imperfectamente lo que parece que se debe querer simbolizar en un anuncio de vino.

En la sala de la derecha hay una figura de mujer, "Extasis", pero vulgar, de esas muy vistas en las ilustraciones extranjeras.

Junto a este cartel se ve otro que tiene como lema "Todo por España", y el autor, siguiendo su divisa, ha encontrado bonito el pelo de una figura de un anuncio del papel *JOB* y se lo ha tomado. ¡Todo por España!

Otro, próximo a éste, es el de uno que firma *Soch fill de Catalunya*, en catalán, para que sepan y mueran de envidia los castellanos. Este cartel es llamativo, pero nada más.

Viene después a llamar la atención otro cartel
con la leyenda *Anant per llon,* una figura de mujer interesante, que no tendría nada de particular fuera de algún discípulo aventajado de Rusiñol o de Casas. Como es natural, no hay un tono
rojo en el cartel; todo es gris y azul, y esto será
muy impresionista, pero es un poco triste. Esa
firma de *Anant per llon* sería más propia para la
cubierta de un libro.

El Doctor Pascal, que no sabíamos que también
pintara, ha hecho un cartel sin figuras, la mar de
sobrio y la mar de bien compuesto. Un doctor tan
simpático como el de Zola no puede menos de ser
algo bueno.

Se le abandona a Pascal, y se ven dos carteles.
¡Qué dos carteles! Dos cuadros, y buenos. Los dos
del mismo autor.

El uno, llamado *Ambar y Espuma,* es superior;
representa una mujer sentada en un sofá de forma moderna, tendiendo el brazo con la copa en
la mano, y detrás del sofá tres señores de frac,
sin cabeza, no porque la tengan cortada, sino porque no hay sitio en el cuadro para que se les vea,
y uno de los señores, con la botella en la mano,
va llenando la copa.

El otro cuadro del mismo autor, *Lola Plumet,*
es la misma figura de mujer, esta vez de frente,
sentada en un sofá de igual forma, enseñando
una cara preciosa. Me pareció tan bonita la cara
y tan acabada, que me acerqué a verla de cerca,
y vi que estaba hecha al pastel.

Junto a esos dos cuadros hay un *Brindis* que
parece una colección de caricaturas, copiadas de

Caran d'Ache, y un *Esbozo*, que es un boceto de impresionista que no tiene gran cosa que ver ni con el Champagne, ni con el Codorniú, ni con nada.

Otro, *Inspiración*, bonito, pero algo triste, y después el último, uno que lleva como lema *Labor*, que aunque esté en el rincón de los mamarrachos, es muy curioso.

El autor debe ser catalán, porque en vez de escribir *Champagne*, ha escrito *Champany*, como se escribiría si éste fuera catalán, y se pronunciase como se pronuncia. Sobre un tonel lleno de espuma se ve un niño escuchimizado, con sus alas verdes de mariposa, llevando una botella en la mano derecha y una copa en la izquierda. Hay en esa figura inspiración y fantasía, no tiene otro inconveniente este cartel más que el de ser algo fúnebre. Si en vez de ser anuncio para Champagne fuera un anuncio para Ajenjo, sería un cartel tipo.

En resumen, una exposición bonita, sin tendencia al modernismo grande, y mezclándose esa tendencia de procedimientos impresionistas, con composiciones del prerrafaelismo; y, por último, para que haya otro *ismo* en la Exposición, un catalanismo rabioso. Y no va más.

(*El Globo,* del 22-X-1893)

LOS REGENERADORES

El paisaje es negro, desolado y estéril; sombrío y angustioso como imagen de una pesadilla.

En la sombra de la noche se destacan vagamente los contornos de una fortaleza grande, de extraña magnificencia, rodeada de altas y espesas murallas, defendidas con profundos fosos, puentes levadizos y cadenas de acero.

Las ventanas iluminadas del castillo vierten su luz en la noche obscura, y proyectan resplandores en la superficie, negra y lisa como el ébano, del agua tranquila de los fosos.

Ante los cristales de las ventanas pasan sombras fugaces, siluetas elegantes de movimientos ligeros y graciosos. A veces se escucha el lejano rumor de una orquesta en el silencio de la noche.

Afuera, en la llanura, alrededor de la fortaleza, penachos de llamas y de chispas salen de las chimeneas de las fábricas, iluminando el cielo; y en los inmensos talleres, alumbrados por las luces eléctricas y el resplandor de los hornos, corren de un lado a otro manadas de hombres tiznados por el carbón y dirigen las amenazadoras máquinas que rugen, y aúllan y silban con energía de titanes en presencia de la noche negra y preñada de amenazas.

Había encendido una hoguera de yerba seca junto a la empalizada del foso el viejo obrero, y se calentaba las manos y miraba pensativo las columnas de humo que subían en la pesada atmósfera.

Era un hombre pálido y triste; en sus ojos hundidos, de mirada inmóvil, se veía el reflejo del espíritu más que el reflejo de las cosas; en los surcos de su cara se leían las mayores angustias y los mayores dolores de una vida miserable; su frente era alta, ancha y arrugada; demasiado sombría para ser de un dios, demasiado augusta para ser de un pensador.

Dos viajeros embozados en sus capas, salidos de la fortaleza, se acercaron a él después de hablarse al oído. El uno era viejo, con el pelo blanco, las rodillas vacilantes y la voz cascada; el otro era joven, fuerte y lleno de vida. El viejo dirigió la palabra primeramente al obrero:

El viejo.—¿Quién eres?

El obrero.—Soy *Uno.*

El viejo.—¿No tienes nombre?

El obrero.—Me llaman también *Miseria.*

El joven.—¿Qué haces aquí?

Uno.—Descanso, si no os molesta.

El viejo.—Hace frío. ¿Por qué no te recoges?

Uno.—¿Adónde?

El viejo.—A tu casa.

Uno.—No tengo casa.

El joven.—¿Por qué no trabajas?

Uno.—No puedo. Además, ¿para qué?

El joven.—¿No tienes familia? ¿No tienes hijos?

Uno (*señalando el castillo con amargura*).—Mis hijos están ahí. Son fuertes y defienden esas mu-

rallas de alguna locura de nosotros, los miserables.

El joven.—¿Y tus hijas?

Uno.—Me las quitaron también. Eran hermosas.

El viejo.—Veo que protestas.

Uno.—No, me resigno.

El joven.—La resignación es un delito mayor
que la protesta.

Uno.—A pesar de eso, me resigno.

El viejo.—Oye, Uno. Hasta ahora has sido már-
tir, de hoy en adelante serás dichoso.

El joven.—Venimos a regenerarte. Ven con
nosotros, te necesitamos. ¿Qué es lo que quieres?

Uno.—Quiero *un ideal*...

El viejo.—¡*Un ideal*! Déjate de eso. Tendrás
los mismos derechos, las mismas preeminencias
que nosotros.

Uno.—No. Dadme *un ideal* y os seguiré.

El joven.—Vivirás la vida intensa de placeres,
gozarás de la sensación refinada, de la aniquila-
dora voluptuosidad...

Uno.—No, no. *Un ideal.*

El viejo.—Disfrutarás del reposo del campo,
de la calma de la apartada aldea, de sencillas costumbres.

Uno.—No, no. *Un ideal.*

El joven.—Te confundirás con el torbellino de
la gran ciudad, como esas hojas caídas se revuel-
ven al aire.

Uno.—No, no. *Un ideal.*

El viejo.—¿No tenéis fe en Dios?

Uno.—La tenía (señalando al joven). Estos me
han arrancado esa idea del alma.

El viejo.—¿Y la fe en la humanidad?

Uno.—¡La humanidad! El Dios viejo con traje nuevo.

El viejo.—¿Y la fe en la Patria?

Uno.—Es una fe bárbara y sangrienta.

El viejo.—¿Y la fe en el progreso?

Uno.—El progreso es una mentira.

El joven.—¿No crees en la vida?

Uno.—La vida es el dolor.

El joven.—¡Ba! ¡Locuras! No hagas caso de ideales. Ven. *El ideal* es mentira; *el ideal* es el humo. La verdad es gozar, la verdad es vivir...

Uno.—No. Sin *ideales no hay esperanza; sin ideal no hay nada.*

* * *

Allá en el castillo siguen pasando las sombras por delante de las ventanas iluminadas, mientras en la llanura los hombres sirven como esclavos a las amenazadoras máquinas que rugen y aúllan y silban con energía de titanes, en presencia de la noche negra y preñada de amenazas.

(*El Globo*, del 23-XII-1898)

EL ALMA CASTELLANA

Cuando vi el título del último libro de Martínez Ruiz en los escaparates de las librerías, sentí gran curiosidad por leerlo.

¡El Alma Castellana!... Burgos, León, Vallado-
lid, Salamanca, Toledo... una raza enérgica que,
exaltada por la fe, levantó inmensas catedrales
en la tierra, una raza fuerte, silenciosa, sombría
y grande.

He leído el libro de Martínez Ruiz y he sufrido un desencanto, a pesar del brillante estilo, de
la erudición vasta, de la amenidad que a su relato sabe dar el autor. Yo esperaba en esta obra
un cuadro de la vida espiritual de Castilla en los
siglos XIV, XV y parte del XVI; antes de que Carlos hiciera enmudecer las Cortes castellanas, antes de que el Emperador derrotara a los caballeros de la Santa Liga y llevase al cadalso a los
Comuneros. Esperaba un bosquejo de aquella época de fe y de trabajo, en la cual los pueblos de
Castilla eran pueblos industriales, en donde trabajaban y vivían toda clase de artistas pintores,
arquitectos, orfebres, espaderos, cinceladores, re-
jeros, escultores, decoradores, tallistas de piedras
y de maderas, que se esforzaban todos en expresar el genio artístico de su religión y de su raza.
Esperaba también capítulos que señalasen la vida
del espíritu en las Universidades de Salamanca y
de Palencia, y otros que indicaran los movimientos literarios del tiempo de Alfonso X y de Juan II.

Pero Martínez Ruiz no ha querido cantar glorias, sino desventuras, y ha ido a escoger para
mostrar el desenvolvimiento del alma castellana
una época de ruina nacional, cuando en Toledo,
en Segovia y en Ocaña, y en otros mil puntos,
las fábricas se cerraban; cuando en las ciudades
de Castilla y en todas las españolas se empezaba

a vivir de la industria extranjera, del arte extranjero, con las costumbres y las modas y los usos de Francia, de Italia y de Alemania.

Ha escogido el autor para indicar los caracteres del alma castellana los siglos XVII y XVIII. ¿Es ese el momento, un período de decadencia, para estudiar el espíritu peculiar a una región? Yo creo que no.

Martínez Ruiz trata de la hacienda de la casa, de la vida doméstica, del amor, de la moda, de la vida picaresca, de la Inquisición, del teatro, de los conventos, del misticismo de los literatos y de la prosa castellana en el siglo XVII, y de la opinión, de la moral, del amor, de la moda, de los literatos y de la crítica del siglo XVIII; y a mi modo de ver, en todo esto (excepto, quizá, en la vida mística), no hay en esos siglos nada de esencial y netamente castellano.

Si hay algo todavía en ellos de matiz castellano en algún arte, en alguna manifestación del alma, es en la pintura.

Yo, que no soy erudito, y que apenas conozco la literatura, he sido sorprendido siempre al ver la divergencia, la disparidad absoluta de las obras de nuestros grandes pintores: el Greco, Pantoja, Sánchez Coello, Carreño, Tristán y Velázquez, con las de nuestros literatos: Garcilaso, Lope de Vega, Moreto, Alarcón, etc...

He vivido en Castilla y he visto al castellano serio, grave, altivo, silencioso, igual a como lo representan nuestros pintores; distinto, diametralmente distinto, a como lo describen nuestros literatos. A mi modo de ver, el alma castellana late

y vive en los siglos XVII y XVIII en nuestros
cuadros y no en nuestros libros; en la literatura,
sólo en períodos anteriores, en aquellas poesías
sencillas de Gonzalo de Berceo, de Jorge Manrique, del marqués de Santillana y de otros que pre-
cedieron a Boscán y Garcilaso, parece verse el
espíritu sobrio y austero que animó los pinceles
de nuestros artistas.

Esa vida que describe Martínez Ruiz en su libro, no es castellana; es la vida de Madrid, es
un reflejo de la manera de ser de las demás cortes europeas; y como la vida, la literatura de la
época es también un reflejo. Ni Lope, ni Moreto,
ni Tirso, ni Quevedo, son espíritus puramente
castellanos, y menos Calderón, el mayor pedante
y alambicado de los hombres de genio.

Y si ese siglo XVIII, como lo dice el mismo
Martínez Ruiz, comienza ya a experimentar el
influjo extranjero en su industria, en su arte, en
su vida, en todo, ¿qué puede quedar de castellano
en la vida y costumbres de la corte de España
en el siglo XVIII, cuando ya todo se hacía a imi-
tación de Francia, y unos cuantos leguleyos diri-
gían la opinión, y unos cuantos frailucos domi-
naban al pueblo?

No. El libro de Martínez Ruiz no debe llamarse
Alma Castellana (suponiendo que cada región
tenga un espíriu definido por razones de raza o
de medio ambiente), debía de llamarse: *La Vida
Cortesana en el Siglo XVII y XVIII.*

Yo no soy castellano; por eso mi entusiasmo
por Castilla no puede ser sospechoso, y creo que
esa alma, de un idealismo exaltado y ardiente,

que levantó catedrales como la de Burgos, la de León, la de Toledo, la de Cuenca; ese espíritu que animó las obras de Berruguete, del Greco, de Pantoja, de Maino, de Tristán y de Velázquez, es de los más grandes del mundo.

Pero ese espíritu castellano está hoy muerto; por lo menos aletargado.

A mí modo de ver, tres hombres ahogaron el alma castellana, o por lo menos contribuyeron a debilitarla: Lutero, Colón y Carlos V.

Lutero, por contragolpe, hirió profundamente a Castilla. El sombrío monje se llevó con él el espíritu austero y grande de la religión cristiana; y sin ese elemento, Roma, afeminada, fue tomando miras raquíticas, mezquinas, paganizándose cada vez más, y la religión de Cristo se convirtió por su obra y gracia en el catolicismo de nuestros días; un fetichismo sin ideales, con el cual una tierra austera como Castilla no podía producir nada.

Colón y los conquistadores de América contribuyeron también poderosamente a la inercia que se apoderó de Castilla, como de toda España. No se trabajó en esas épocas, porque las minas de plata de Méjico y del Perú daban bastante para adquirirlo todo en el extranjero.

La obra funesta de Colón la completó Carlos V con la espada, haciendo enmudecer para siempre a los caballeros castellanos, matando la influencia de los Municipios y cerrando las Cortes; Cortes como aquellas de Carrión de los Condes en donde el estado llano deliberaba con la nobleza.

El alma castellana dormía ya en los siglos XVII y XVIII, como duerme hoy. No ha despertado con la Constitución de Cádiz; sigue aletargada. Quizá algún día despierte para bien de España, con toda su intensidad y su fuerza.

(*El Globo,* n.º 8.959, del 15-VI-1900)

TEATRO ESPAÑOL

(*La Musa por Salvador Rueda*)

Después del entremés *Los dos habladores,* comenzó el idilio en tres actos y en prosa de Salvador Rueda.

En la casa de campo de un señor duque andaluz se han ido a hospedar dos pollos extranjeros, Carlos y Arturo, dos enemigos de las mujeres, los dos fatigados de la vida. El duque les echa un *speech* acerca de la Naturaleza, del campo, de la vida virgiliana y se anuncia la llegada de María, la Musa.

La Musa concibe el plan de arrastrar a los dos pollos extranjerizados y modernistas al culto de la Naturaleza, y lo consigue efectivamente; al uno le hace tirar de una noria, al otro le vuelve loco de amor y a los dos convierte a su culto después de burlarse de ambos.

La obra es sencilla, muy falsa; por eso Rueda la llama idilio, con algunos trozos de verdadera poesía, con otros de un sentimentalismo un tanto *fané*.

El primer acto es bonito y sencillo, un tanto acromado; recuerda los cuadros de Muñoz Lucena, los dibujos de García Ramos, y también los sainetes de los Quintero. La entrada de la Despensera en este acto, es bonita y de gracia.

En el segundo acto la cosa ya decae. La Musa trata de convencer a Carlos y a Arturo de las sublimidades del culto de la Naturaleza; habla demasiado de ritmo, de compás, de Dafnis y Cloe; más que una musa, parece esta dama catequista, doña Emilia Pardo Bazán disertando en el Ateneo. El segundo acto termina con la Musa tocando en el piano las notas que las golondrinas marcan en el pentagrama de los hilos del telégrafo, ocurrencia que me parece fatal.

En el tercer acto se acentúa más la nota del discreto panteísta, y gracias a la salida de la gitana a echar la buena ventura a la hija del duque, se rompe con una nota pintoresca y real la falsedad del diálogo de Carlos y de María.

Yo creo que Salvador Rueda es un poeta, pero es un poeta campesino, y el idilio suyo trasciende a aldeano de una manera terrible. La tal Musa está soñada por un poeta montaraz de la serranía de Córdoba; estos dos pollos decadentes, que vienen de París hablando mal de las mujeres, no pueden existir más que en el cerebro de un chico.

Yo creo que Rueda debía de dejarse de intelectualismos decadentes y de superhembras, y representar lo que le gusta y siente.

Toda esta obra de Rueda es infantil, lo que no quita que haya en ella trozos hermosos de poesía. Tiene, además de su puerilidad, algunas frases que indican una buena fe extraordinaria en el autor.

—Quisiera que fueses de azúcar para chuparte. Sólo Unamuno, que es partidario de derramarse en público, podía aceptar frases como éstas. Hay una relación del gracioso acerca del olor de las mujeres, que no sé cómo la tomarán las señoras de los lunes de moda.

María Guerrero, en su papel de *Musa*, estuvo admirable; a mí, en ninguna de las obras que ha representado este año me ha parecido tan bien como en ésta.

La señorita Cancio estuvo bien en los dos papeles que representó, y la señorita Blanco graciosa y desenvuelta, pero muy mal vestida.

Después de la representación todos los críticos fuimos en apretado haz al teatro de la Comedia, pero *El amor en el teatro* estaba concluyéndose.

(*El Globo*, n.º 9.856, del 7-XII-1902)

RODRIGUEZ SERRA

Bernardo Rodríguez Serra, el editor de la gente joven, nuestro editor ha muerto.

Hace unos días paseaba yo con él; tenía un mundo de proyectos y de planes en la cabeza.

La muerte le ha sorprendido en lo mejor de su vida, en el principio de su carrera, cuando comenzaba a vencer por su trabajo y por su constancia los obstáculos que se opusieron a la realización de sus empresas.

Ha muerto a los treinta años. Era un luchador, un hombre joven, fuerte, lleno de vigor. Respiraba salud e inteligencia.

Llegó a Madrid sin grandes recursos, luchó, se agitó hasta llegar a organizar una casa editorial, y cuando empezaba a gozar del fruto de su trabajo, muere.

La vida es demasiado imbécil, la muerte muy cruel.

Rodríguez Serra, era joven por su edad, joven por su alma entusiasta.

No había para él tarea difícil ni empresa imposible; tenía una actividad y una energía grandes.

Era un hombre nuevo, con ideas nuevas. Era de los nuestros.

Rebosaba en él una alegría franca y serena: sentía un odio grande por todo lo que representase injusticia, preocupación, una antipatía profunda por todo lo arcaico, lo seco y la valetudinario. Siempre le vi, por espíritu de generosidad, al lado del vencido. Ponía en todas las empresas calor y entusiasmo. Era, en el fondo de su alma, un libertario.

Por simpatía hacia lo nuevo, se interesaba con los ensayos de los escritores jóvenes.

—Yo no quiero —solía decir— más que encontrar gente a quien lanzar. Los que suban me ayudarán después a mí. No contaba en su ingenuidad con la ingratitud.

Rodríguez Serra fundó *la Vida Literaria,* la *biblioteca Mignón,* la de *Sociología y Filosofía.* Con el tiempo hubiera revolucionado la vida editorial nuestra.

Todos los jóvenes le deben algo; por todos hizo lo que pudo: Benavente, Marquina, Unamuno, Martínez Ruiz, Acebal, Gómez Carrillo, Orts y Ramos, yo. A todos nos publicó libros, nos alentó para trabajar. Yo, por mí, si algo llego a hacer alguna vez, se lo deberé a él; él me sacó a la superficie publicando dos novelas mías, de las cuales una no se vendió apenas nada.

—No importa —decía— que no se venda; para llegar al público hay que escribir mucho. El y Martínez Ruiz me presentaron en *El Imparcial,* y él me presentó a los escritores más notables.

Era un amigo leal, un hombre de un corazón de niño. Entre nosotros, la mayoría sin decisión ni constancia, su presencia era como un tónico que reanudaba la voluntad.

Descanse en paz el pobre amigo, en quien todos veíamos un luchador victorioso, camino del triunfo, un alma buena, noble y sencilla; descanse en paz.

(*El Globo,* n.° 9.870, del 21-XII-1902)

NAVIDAD

Cuando sus íntimos amigos —en París, en Noruega, en la misma Alemania— recibieron una carta suya en que les decía que él "era el Cristo y era el mundo", sintieron una gran tristeza.

Porque sospecharon que el maestro se había vuelto loco. Y sí que se había vuelto loco. Cerca de veinte años estuvo enfermo; vivió solo; escribió numerosos libros; suscitó entre sus coetáneos el asombro y la indignación. Y, por fin, murió al finalizar ese mismo siglo, que vio, en sus comienzos, morir a Manuel Kant.

En ese siglo se han hecho muchas cosas grandes; pero la obra de este alemán que murió loco, supera a todas. Unos hombres observadores que manejan tubos llenos de misteriosas preparaciones, que se inclinan reflexivos sobre las retortas, que pesan diminutas porciones con doradas balanzas, nos han dicho que la vida no puede nacer espontáneamente, puesto que ellos han probado que todo ser procede de un germen anterior.

Y he aquí establecido definitivamente uno de los principios fundamentales de la metafísica moderna: *la vida no es un resultado, sino un principio...* Otros hombres igualmente observadores, que han medido en los cielos distancias fabulosas, que han levantado planos fantásticos, nos han comunicado que la materia es una y la misma en todo el universo, puesto que ellos han hecho pasar a través de sus prismas las luces misteriosas de los astros remotos, y han comprobado que Sirio es de la mismo complexión que el Sol y el Sol de la misma que Mercurio. Y he aquí otro gran principio esencial de nuestra filosofía: *la materia es igual; uniforme, infinita en todas las creaciones del universo; la materia es una y eterna.*

Con estas dos verdades fundamentales, hay bastante para honrar la historia de un siglo. Ellas solas han transformado todas nuestras ideas. Pero el hombre no es sólo idea, es también sentimiento. Y si se ha transformado la metafísica, era preciso transformar asimismo la moral. Esta obra la ha llevado a cabo ese hombre que murió loco. Se había realizado una profunda revolución en la política, en la filosofía, en el arte; cayeron el derecho divino, el dualismo de los viejos teólogos, la fórmula del arte instructor y pedagógico; pero al propio tiempo que se pensaba de un modo nuevo, se continuaba pensando como hace dos mil años. La contradicción era enorme; no podía continuar por más tiempo; multitud de pequeños hechos, en las relaciones de individuo a individuo y en las relaciones de pueblo a pueblo, venían ya continuamente a contradecir la concepción moral en uso.

Faltaba un espíritu que se atreviese a deshacer la contradicción entre la idea —nueva— y el sentimiento —viejo—. Y ese hombre surgió en Alemania e inició la gran obra...

La moral que ahora predomina —decía él— es la moral de los débiles. Ellos la han elaborado a través de multitud de siglos. Se sentían impotentes, se sentían pobres, se sentían miserables. Y, como era preciso vivir, concurrir con los fuertes, disputarles la vida, ellos consiguieron decir que la vida no es la fuerza, ni el placer, ni la audacia, ni la prepotencia. Y a su debilidad le llamaron *resignación,* y a su miseria le pusieron el nombre de *modestia,* y a su incapacidad de revolverse contra el fuerte le titularon el *perdón de las ofensas.* El bien, la paz, el sosiego de espíritu no es de los fuertes; los fuertes son los perversos y los impíos. Nosotros, que nos conformamos con el destino, que somos modestos, que somos piadosos, que olvidamos los agravios, nosotros somos los buenos de la tierra...

Así, siglo tras siglo, se fue formando una moral guardadora y amparadora de mezquindades y vilezas. La humanidad había ido recogiendo —¡obra de piedad!— todo lo enfermo, lo feo, lo inútil, lo malsano. Y este bagaje enorme constituía un obstáculo insuperable para el desenvolvimiento de los fuertes. No era posible seguir así. ¡La fuerza es la belleza y la generosidad! La fuerza es la audacia, la plenitud de goce, la negación de toda idea de pecado y de remordimiento...

Una moral del más puro y desinteresado altruismo resurge de la idea de fuerza. Montaigne, Hobbes, La Rochefoucauld, han preparado su advenimiento a las relaciones humanas. Federico

Nietzsche ha acabado de proclamarla como eficaz y salvadora.

Y ésta es la causa de que, mientras en estos días se evoca la memoria del fundador de la moral antigua, evoquemos nosotros el recuerdo del fundador de la moral novísima.

(*El Globo*, n.º 9.874, del 26-XII-1902)

LA GUERRA CIVIL EN MARRUECOS

FUERTES Y DEBILES

Estos eran unos hombres pacíficos, sencillos, bíblicos. Sí, ante todo eran bíblicos. Esos enormes libros que se llaman Enciclopedias, cuentan de ellos que llevaban nombres sagrados del Viejo y Nuevo Testamento, que tenían una antigua Biblia sobre "la ancha mesa redonda que orna el salón", y que todas las noches, reunida la familia, se cogía este sobado infolio —si era infolio— y se iba leyendo en él con voz sonora y reposada.

Sin embargo, estos hombres, al decir de las mismas Enciclopedias, no eran tan bíblicos como parecían. En realidad eran unos solemnes bárbaros. "Se les reprocha la severidad con que han tratado a los indígenas, de los cuales son aborrecidos".

Y, según esto, ¿qué derecho tenían a nuestra simpatía estos hombres? ¿Cómo hemos podido reprochar a los ingleses su conducta para con un pueblo grosero y bárbaro? Los boers eran un pueblo más civilizado —no mucho más— que los indígenas de la región en que acamparan, y los destruyeron; luego llegaron otras gentes más cultas que los boers, y los han aniquilado. En esto no hay nada de extraño; es más, no hay nada de censurable. Se ha realizado una intensa y hermosa obra de civilización. Los pueblos fuertes tienen el deber, por altruismo y por civilización, de destruir a los débiles. La debilidad implica miseria, fanatismo, horror a lo nuevo, resignación infecunda; la fuerza representa magnanimidad, goce de la vida, audacia, amor, sensualidad, rebeldía. La debilidad es un obstáculo para el desarrollo progresivo del hombre. Y es natural que sea sacrificada por la fuerza.

Ahora en el problema —que no es problema— de Marruecos, se presenta un caso concreto. ¿Es posible que pueda continuar por más tiempo a las puertas de Europa, un pueblo de salvajes? ¿Cómo no se le ha destruido hace dos o tres siglos? El caso es el mismo del pueblo boer. Sólo que aquí el aniquilamiento de los marroquíes no suscitaría las gárrulas indignaciones de los patriotas. Se ha promovido en el Imperio del Moghreb una guerra civil; no debe importar a Europa inquirir de qué lado cae la razón. Ninguno de los dos bandos la tiene ante nosotros. Los dos han de ser sometidos y deshechos. La culpa está en su miseria y en su barbarie. Es preciso que la fuerza haga camino al progreso.

Y la fuerza —que es la vida, y *por lo tanto es el derecho*— triunfa en Europa como en Africa.

Así las naciones fuertes se imponen a las débiles. Y así en las mismas naciones débiles los elementos prepotentes —guiados por el más puro altruismo— se imponen a los arcaicos y reacios.

(*El Globo*, n.º 9.879, del 31-XII-1902)

EL PROBLEMA MARROQUI

¿Qué debe hacer España?

Nuestra opinión franca, clara, terminante, sin rodeos ni perífrasis, ahí va: tarde o temprano, ahora o más adelante, sola o en compañía de aquellas naciones que representan en Europa la tradición del progreso y de la fuerza, España debe contribuir a la destrucción del Imperio de Marruecos en su organización actual.

No debe existir a las puertas de España, a las puertas de Europa, un pueblo de salvajes gobernados despóticamente, entregados a la más abyecta condición.

Los pueblos fuertes, los pueblos cultos, tienen no sólo el derecho, sino el deber de imponer un medio superior de vida a los pueblos inferiores. Respetemos —son muy respetables— las creencias religiosas de los mogrebinos; integremos en su derecho sus haciendas, hoy sujetas al robo y al pillaje; pero cuando la necesidad lo demanda, cuando la dignidad lo exige, debemos prestar a la civilización y al progreso nuestro tributo contribuyendo a la desaparición del actual estado político y social de Marruecos.

No defendemos que deba ser precisamente España la que rompa ese vergonzoso statu-quo que mantiene en Marruecos el egoísmo sórdido y la rivalidad encarnizada de las potencias de Europa. No creemos que nos hagan falta territorios que conquistar ni guerras legendarias en que demostrar el siempre heroico valor del soldado español; no, no es éste nuestro sentido ni el fin de la política que España debe seguir en la cuestión africana, pero lo que sí importa a nuestro porvenir y tranquilidad dentro de la península es hacer desaparecer el peligro de que se establezca allende el Estrecho, a pocas leguas de España, una potencia cuyos intereses sean opuestos a los nuestros y cuyos ejércitos puedan defender con la fuerza esos intereses.

En el Congreso de Madrid en que tan activa parte tomara político tan perspicaz como Cánovas del Castillo, se defendió el statu-quo, pero ya es hora de que se inquiera por qué le conviene a España defender el statu-quo en lo política marroquí. Sin duda alguna para aplazar la resolución de un problema en que nuestra debilidad militar y diplomática no nos permite imponer una solución ventajosa. Pero ¿es que por defender nosotros este estado de cosas no lo romperán las demás potencias el día que convenga a sus intereses políticos? ¿Es que no lo habrían roto ya si estuviesen resueltos los demás problemas de política

africana, como son los referentes al Senegal y a
los territorios occidentales?

Claro está que nuestro derecho estriba hoy solamente en defender las posesiones del norte de
Africa; pero no habiendo avanzado nuestra acción
diplomática en Marruecos ni un ápice; no avanzando nuestra organización militar y naval lo que
proporcionalmente avanza la de las demás potencias, siempre que éstas quieran resolver el problema de Marruecos, estaremos en iguales o peores condiciones de inferioridad de las que estamos
hoy.

Si nuestra diplomacia, que fracasó en Cuba, en
Filipinas, en París, y ha fracasado en todas partes,
no nos sirve para obtener una ventajosa posición
entre las potencias que desean resolver la cuestión
marroquí, ¿para qué nos sirve?

LA GUERRA CIVIL EN MARRUECOS
DE MADRID A TANGER

Llueve de una manera molesta y hace un frío
horrible.

En el vagón donde entramos están los ocho
asientos ocupados; un cura que se siente Zara-
tustra se repantinga y, haciéndose el dormido, em-
puja al de al lado, para ocupar todo el calorífero.
Además, deja la ventana abierta porque él lleva
dos mantas y una capa.

En el otro extremo del vagón va un militar de alta graduación, rechoncho, regordete, con los ojos abultados como los de un pez, con su señora, y enfrente de ellos dos recién casados andaluces, que hablan con la más dulce de las melosidades.

Nos miramos todos con el odio característico con que nos miramos los españoles, y nos disponemos a dormir.

El militar lee en el "Heraldo" las noticias de Marruecos; le pregunto yo su opinión acerca de estas cosas, y hablamos. Este militar, regordete y todo, es un sauce llorón. Me dice con voz muy fúnebre que estamos en absoluto desprevenidos, que no tenemos armamento, ni barcos, ni nada preparado. En Sierra Carbonera, los ingleses no nos dejan hacer fortificaciones; el llano de Gibraltar lo han ocupado ellos sin derecho. Ceuta está malísimamente aprovisionada; un sitio de cuarenta y ocho horas * bastaría para dejar en absoluto sin víveres la plaza. Los moros ya no están armados de espingardas, sino de Remington y Winchester, y muchos de estos fusiles se los venden las fábricas de Barcelona y Eibar.

Mientras el militar perora, el cura saca su cara por entre la capa y dice, hablando en andaluz:

—Todo eso de la guerra de Marruecos es una filfa del Gobierno.

—Sí, pero ya verá usted cómo se aprovechan los ingleses para llevarnos algo.

—Así se nos lo lleven todo —dice el cura, embozándose nuevamente.

Atravesamos la Mancha; pasamos Despeñaperros de día, y el sol empieza a brillar; poco después se nubla de nuevo.

Antes de llegar a Córdoba, entran tres señoritos vestidos de corto, con sombrero ancho, faja negra y gran cadena de plata; hablan de sus molinos de aceite, de sus caballos y de sus juergas; luego charlan acerca de la feria de Sevilla.

Se ven extensiones enormes, grandes llanuras, limitadas por hileras de pitas, en donde pastan vacadas y rebaños.

—Todo esto es del duque —dice uno de los mozos; y a las dos horas vuelve a decir—: Eso también es del duque. —Después se ponen a hablar los tres señoritos del Guerra, con un grandísimo entusiasmo.

Llegamos a Sevilla. Está lloviendo y al mismo tiempo luce el sol **; la Giralda brilla humedecida por el agua. Desde Sevilla a Cádiz el cielo se presenta limpio, con algunas nubecillas alargadas.

El sol se va poniendo tras *** el horizonte; el cielo parece de porcelana azul hacia un lado; de nácar rojo, azul verde, hacia el Poniente. El crepúsculo es largo; pasamos por pinares extensos, con pinos altos de cabeza redonda; los charcos brillan morados en el suelo, y por entre los huecos y los palos cruzados de las altas piteras resplandece a última hora la luz opalina del crepúsculo. Un cementerio, de tapias blancas y altos pinares, se entrevé en la penumbra. Es el cementerio de Utrera.

En Jerez entran en el tren seis o siete muchachos como "bobbys" ingleses, una gorrita pequeña, un gabán largo, pantalón corto y medias. Hablan en inglés, pero tienen el mismo aspecto de gitanillos que los que vagan en las estaciones.

A lo lejos, en la obscuridad, brillan los faroles del Puerto de Santa María; luego, poco después, las luces de los barcos de la bahía de Cádiz.

Con un tiempo frío y desapacible salimos del hotel de París, de Cádiz, y vamos a la punta del muelle. Está lloviendo y ventea de un modo terrible.

—¡Menudo tiempo vais a llevar! —nos dice un marinero envuelto en un impermeable.

Bajamos a un barco auxiliar; en una cámara estrecha, a la luz de un farol redondo, hay cuatro ingleses que, por sus aspecto, parecen pintores, comiendo higos, que tienen en un saco de papel. Los cuatro tienen melena; uno, afeitado, lleva una gran boina. Va viniendo más gente, y sale el auxiliar por la bahía. Hace un viento horrible. Está amaneciendo. Nos acercamos al "Rabat"; pero este barco, según dicen, espera el aviso para llevar tropas, y vamos a buscar al "Mogador". Cádiz aparece muy blanco.

Salimos de la bahía en el "Mogador" con un viento muy fuerte y mucha mar. A medida que navegamos, el viento arrecia. El capitán, un vascongado muy serio, se pone en el puente.

El barco se balancea de un modo terrible; todo el mundo está mareado. El agua entra por los agujeros de los bordes y barre la cubierta del barco.

Uno de los tipos de Dickens, Marck Tapley, encontraría indudablemente que había algún mérito en ser jovial estando mareado y dándose de cabezadas de un lado a otro.

Un alemán pronostica mal del viaje: "A las once hará todavía más viento."

Pero sucede todo lo contrario. Sale el sol y se calma un tanto la mar. Se pone uno a secarse en los rayos solares.

—¿Cuánto tardaremos en llegar a Tánger? —le pregunto a un marinero.

—A las tres llegaremos.

—Pero, ¿no se llega normalmente a las once?

—Sí; pero se han pasado dos horas y media en poner el barco en rumbo por la mala mar. Además, este barco no corre nada. Está sucio, y es un barco de verano.

A eso de las dos comienza a verse la costa de Africa. Después aparece Tánger, muy blanco. Anclamos en la bahía y desembarcamos en un bote, tripulado por unos cuantos moros, españoles y negros, que gritan todos en árabe, armando una algarabía de dos mil demonios. Llegamos al puerto. Son las cuatro. Hemos hecho una travesía de 34 millas en nueve horas, a razón de tres millas y media por hora, como las "Cunards".

_____

* *largas*, en el libro añadido.

** *hace sol*.

*** tras *de las líneas rectas* del horizonte.

Nuestra información en Marruecos

(Telegrama de nuestro redactor corresponsal Sr. Baroja).

Cádiz, 30 (once noche).

Hemos llegado a éste sin novedad.

Aquí se tienen pocas noticias verídicas del estado de la guerra en Marruecos. Nos informan de que existen en Tánger, y sobre todo en Ceuta y Melilla, temores de agresión por parte de los moros fronterizos.

Aquí se cree que la situación del sultán es muy apurada.

Mañana salimos para Tánger y telegrafiaremos inmediatamente.

(*El Globo*, n.º 9.879, del 31-XII-1902)

Nuestra información en Marruecos (por cable)

(Telegrama de nuestro redactor corresponsal don Pío BAROJA).

CAUSAS DE LA DERROTA DE TAZZA

Tánger 31 (7 tarde).—Hemos llegado a ésta sin novedad. No ha llegado a esta bahía ningún barco de guerra. Se esperaba el "Infanta Isabel", que no ha llegado. En esta población es creencia general que El Roghi obtuvo la victoria principalmente por la amistad íntima que guarda con importantes jefes de las tropas del sultán, que facilitaron su acción.

Se considera muy grave la situación del sultán, y se teme que, a pesar de sus esfuerzos, no pueda resistir la acción de los insurrectos.

He hablado con nuestro representante, Sr. Cólogan, que está excelentemente informado de la marcha de la guerra.

Transmitiré sus impresiones, que considero muy interesantes.

LA OPINION EN FEZ

Tánger, 31 (9 noche).

Un rico comerciante de ésta, persona acaudalada y que comercia con Fez, me afirma que la opinión general de los habitantes de esta última población es abiertamente hostil al sultán, y que en el interior de Fez se conspira contra éste y se coopera a la acción de los insurrectos, a los cuales ayuda la mayor parte de la opinión del país.

Se cree que el sultán no persistirá en su propósito de resistir en Fez a las fuerzas insurrectas, y se dirigirá a algún puerto de la costa, el que ofrezca mayor seguridad.

La situación del Imperio es realmente grave, y todos los ministros han informado a sus respectivos países de la gravedad de la situación.

TETUAN EN PELIGRO

En previsión de un ataque

Tánger, 31 (2,30 tarde).

Las Legaciones extranjeras, en vista de las noticias que se reciben de Benider y otras kabilas que acusan gran efervescencia, han ordenado a sus respectivos agentes consulares que tomen las oportunas medidas para garantizar la vida de sus súbditos en Tetuán, cuya plaza se teme sea atacada.

DISCURSO DEL SULTAN A LOS SHERIFES

Tánger, 31 (12 noche).

El sultán considera muy apurada su situación y trata de reanimar a los jefes religiosos del Imperio.

Según me comunica el Sr. Cólogan, el emperador trata de retroceder en el camino de reformas que a instancias de Inglaterra emprendiera, y al efecto se cree que despedirá a todos los servidores europeos e implantará las costumbres marroquíes en su pureza.

Parece que llamó en Fez a los principales del ejército y ante ellos se sinceró de la inculpación de haber introducido costumbres europeas en la Corte y de estar sometido a la influencia de Inglaterra.

Les manifestó que jamás faltará a la religión de sus ascendientes y que es el más acérrimo defensor de la ortodoxia del Islam.

CASAMIENTO DEL SULTAN DE MARRUECOS

(Telegrama de nuestro corresponsal Sr. Baroja, recibido hoy a las dos de la madrugada.)

Recibido el telegrama que publicamos a continuación, hemos pedido a nuestro corresponsal señor Baroja, que nos confirmara algunas palabras, que no parecían muy claras en el telegrama que por cable y en clave especial que hemos establecido para el servicio de *El Globo* nos enviaba nuestro corresponsal, nos contesta el jefe de servicio en Telégrafos confirmando las palabras, cuya traducción es la que sigue y que es de extraordinario interés.

Tánger, 31 (8 noche).

Personas muy bien informadas de las interioridades de la Corte sherifiana atribuyen la causa principal de la guerra al odio que ha despertado en la aristocracia religiosa de Marruecos el propósito del sultán de querer contraer matrimonio con la hija del súbdito inglés Mac Lean, jefe instructor de las tropas del sultán.

(*El Globo*, n.º 9.880, del 1-I-1903)

NUESTROS TELEGRAMAS

Cuando —anteanoche— dieron las tres de la madrugada, todos nos miramos un poco tristes, un poco mohínos. Decididamente, los telegramas no llegaban. Habíamos pasado toda la noche esperando los papeles azules en que se leyera: *Tánger;* habíamos ido encontrando penosamente excusas a la negligencia de nuestros corresponsales; habíamos supuesto un accidente... Y no había negligencia, no había ocurrido ningún accidente. ¡Pío Baroja había telegrafiado por extenso! Entonces, ¿por qué no se nos han entregado? ¡Es que estos telegramas venían en un lenguaje terrible! En la dirección de Telégrafos, en el Ministerio de la Gobernación, estaban espantados.

Y se nos pasó un diminuto volante diciendo que nuestros despachos quedaban detenidos.

Venían en castellano; es verdad que este castellano era un poco incoherente y enigmático —algo así como un artículo de Sellés—, pero nosotros no veíamos razón, porque no la hay en ley escrita ni reglamento racionalmente dictado para que suscitasen el espanto del jefe de Telégrafos y del señor Ministro.

Y como en España el Código Penal es para los mandados, pero no para los que mandan, esta propiedad nuestra quedó violentamente en poder ajeno. Se habla mucho de moralidad íntima y pública; se llega al ministerio con gestos y ademanes de paladín heroico; se urden discursos copiando la sintaxis —no el espíritu— de Saavedra Fajardo... Y cuando llega el momento de sanear las corruptelas seculares, cuando se está en el trance de acoplar la obra con la palabra, entonces la energía falta, el ambiente anonada la personalidad y se es tan mezquino, tan vulgar, tan torpe, como los doscientos ministros que por allí han pasado.

Y es porque no se tiene presente que la entidad moral de un Gabinete no se ha de suponer de grandes y aparatosas hazañas, sino de diminutos hechos que vayan ensamblándose y por mera virtud perseverante y sincera. *Vivir honestamente; no dañar a nadie y dar a cada uno lo suyo*, eran las tres máximas fundamentales de los jurisconsultos romanos. ¿Cuántos jurisconsultos o gobernantes las practican hoy en España?

¿Dónde está la lógica, Sr. Maura? ¡Querer hacer la revolución y respetar el artículo de un reglamento que barrena la constitución! ¿Es éste su gran espíritu reformista?

A nosotros no se nos ha entregado en esta ocasión lo que era nuestro. La clave no se ha impedido. Y ya que volvemos a hablar de la terrible clave, ¿quiere saber el lector por qué la usamos? En Madrid, hay periódicos ricos, aunque no tengan iniciativas, y hay periódicos que no son ricos ni tienen iniciativas. Nosotros somos modestos; pero aspiramos a traer a esta prensa vetusta una ráfaga de aire fresco. Acabaremos, en lo que a nosotros respecta, con muchas rutinas e innumerables apocamientos. Ahora hemos enviado a Tánger no un reporter, como es costumbre, sino un literato, de tan original y profundo espíritu, como Pío Baroja. Y bien: no queremos que nuestros despachos —según antigua práctica— sean usufructuados antes de llegar a nuestros manos, por todos los jefes de despacho, jefes de gabinete, secretarios y adláteres que acampan en el ministerio encargados de fiscalizar lo que se dice en España violando el secreto de la correspondencia que nuestros abuelos reputaron como uno de los inviolables derechos individuales.

(La Redacción de *El Globo*)

LAS KABILAS DEL RIFF

(Telegrama de nuestro corresponsal señor Baroja).

Tánger, 2 (10 noche).

Se ignora aún si se ha librado batalla que se supone debía entablarse ayer. Por ahora reina tranquilidad en el campo de Fez. En cambio, empieza a preocupar aquí gravemente la actitud levantisca de las kabilas del Riff, que han cometido multitud de atropellos y han asesinado algunos europeos. Al parecer tiende a provocarse conflictos cerca de las posesiones españolas, para que sea esta potencia la que tenga que tomar primeramente armas en el asunto.

Han sido desvalijados muchos correos en los alrededores del campo de Fez y en el Riff.

Entre los riffeños existen santones que predican la guerra, y se cree que todas las kabilas del Riff irán a unirse con los moros. Alguna se le ha unido ya.

MULEY MOHAMED

Tánger, 1 (7,30 tarde, recibido en nuestra redacción con un retraso de 36 horas).

Acaba de llegar un correo de Fez, que alcanza hasta el día 26 de diciembre, por el que se tienen noticias de que la derrota de Abd-el-Aziz ha sido incompleta.

El sultán, atendiendo los consejos de los sherifes de Fez, ha llamado a su hermano Muley Mohamed, el Tuerto, que ya ha salido de Mequinez.

El llamamiento al Tuerto está inspirado por el afán de demostrar que el príncipe no es el caudillo de la insurrección, como asegura el pretendiente.

SIN NOTICIAS DE FEZ - HUIDA DE MAC LEAN

(De nuestro corresponsal, por cable.)

Tánger, 1 (6,10 tarde, detenido por la censura hasta el día 2 a las 10,45 de la noche).

Hace cinco días que no se reciben en Tánger noticias directas de Fez, siendo objeto de gran preocupación tal retraso en los momentos actuales.

Según noticias de carácter fidedigno, que me comunica un activo confidente, el general Mac Lean, jefe instructor de las tropas del sultán, vino aquí a caballo, huyendo y cubierto de barro, después de penosas jornadas, con intención de adquirir noticias personalmente, de las que también carecía.

PROPOSITOS DE LOS BENIDER:
ATAQUE A TETUAN
ACTITUD DEL GOBERNADOR

Se asegura que la kabila de Benider, una de las más importantes del Imperio, intentaba atacar la plaza de Tetuán después de la Pascua, con intención de libertar a los prisioneros que allí existen.

El gobernador de la plaza, con una entereza
digna de encomio y por todos celebrada, contestó a los emisarios de la referida tribu que esperaba tranquilo el ataque hoy a las puertas de la
plaza, dispuesto a escarmentar a los de Benider
si llegaban a realizar sus propósitos de atacar a
Tetuán.

EL TUERTO EN FEZ

Tánger, 3 (3,50 madrugada).

Aquí la tranquilidad es completa.

Recibimos poquísimas noticias de la guerra
por el estado verdaderamente infame de los caminos, que hace casi imposible toda comunicación.

Acabo de saber una de verdadera importancia:
la llegada a Fez de Muley Mohamed, el famoso
Príncipe Tuerto, hermano del sultán.

Se confirma la noticia, añadiendo que el Tuerto lleva cien caballos como depósito.

Lo que el sultán se ha propuesto, uniéndose
al príncipe, es demostrar que es falsa la afirmación de que el Roghi luchaba por colocarle a él en
el trono.

LAS PERDIDAS DEL SULTAN

Se conocen detalladamente y demuestran que no fueron exageradas las primeras referencias, porque, en realidad, son enormes.

Fue tal el pánico que sobrecogió a los bravos de Abd-el-Aziz que, en la loca huida, abandonaron cuanto llevaban... Armas, municiones, caballos, tiendas, dinero... Un gran botín.

Los muertos fueron 2.000; 17 los cañones perdidos; las tiendas, 10.000, y el dinero que había en ellas 50.000 duros.

Es decir, que el Roghí cogió un tesoro, el campamento entero, municiones para una campaña y armas para dotar espléndidamente a los salvajes que le siguen.

Algunas armas son buenas, fusiles Martin y cañones Krupp, regalados a Abd-el-Aziz por gobiernos europeos.

MOROS Y JUDIOS - EL GOBIERNO MARROQUI

Los moros que viven en Tánger no pueden ocultar su simpatía por los rebeldes, que defienden la verdadera doctrina, combatiendo a los europeos y a sus defensores.

Por sus simpatías, no tienen la fuerza suficiente para sacarlos de su egoísta pasividad.

Los judíos, el elemento ilustrado de esta sociedad, suspira por la intervención europea, pues saben, por triste experiencia, que en estas contiendas civiles siempre han sido ellos el yunque que ha sufrido todos los golpes.

El Gobierno del sultán ve el desfile de los acontecimientos con impavidez admirable.

El temor de una intervención europea lo utilizarán para abrir los bolsillos de sus felices administrados, imponiéndoles nuevas contribuciones.

DOS FIESTAS

Hoy no ha llegado ni una sola noticia de Fez; pero la ansiedad es grandísima esperando graves acontecimientos.

Anteayer: primer día de Pascua, empezaron las fiestas del Ramadán.

Ayer hubo otra fiesta para el sultán, fuera de la ciudad, acompañado por muchos fieles; rezó un *Alsalad,* sin duda pidiendo a Alah suerte para sus armas.

CARTA DEL ROGHI

Tánger, 2 (11 noche).

Se dice que en el santuario de Muley Driss se ha encontrado una carta del Roghi dirigida al sultán, en la que dice que no aspira a ocupar el trono, sino que su propósito es librar al emperador y al Islam de la tiranía de los europeos, y defender la pureza de la religión de sus antepasados.

LA DEMOSTRACION NAVAL EN TANGER

Tánger, 2 (3,45 madrugada).

Se comenta entre los europeos residentes en Tánger la llegada de las formidables máquinas de guerra que enviamos españoles y portugueses para proteger a nuestros súbditos.

El "Reina Amelia", juguete inofensivo, y el "Infanta Isabel", cascarón artillado con cápsulas viejas, tan avezado a las grandes correrías marítimas que, para llegar a Tánger, ha tenido que refugiarse en Tarifa y esperar el buen tiempo.

Se habla de esto; los hijos de las grandes naciones ríen viendo nuestra demostración naval, de una ridiculez épica...

(*El Globo*, del 3-I-1903)

(Telegramas y telefonemas de nuestros corresponsales.)

COMUNICACION DEL SULTAN

Tánger, 3 (12,45 noche).

En la gran Mezquita, en donde se habían congregado esta mañana las personas más importan-

tes de la población, se ha dado lectura pública-
mente, con las solemnidades de rúbrica en tales
casos, de una detallada comunicación de Abd-el-
Aziz, dando cuenta a su pueblo del descalabro sufrido por las tropas leales en su encuentro con
los partidarios de Bu-Hamara.

En dicha comunicación promete a sus súbditos
dominar la insurrección cuando pasen las Pas-
cuas si cuenta, como se cree, con el apoyo y sumisión de su pueblo.

Confía en que por el pronto le bastarán los
15.000 combatientes de que dispone, que se hallan
perfectamente equiparados (sic).

PROPOSITOS DEL PRETENDIENTE
ESCARAMUZAS, MUERTOS Y PRISIONEROS

Según noticias, al parecer fidedignas, que aca-
ban de recibirse de Marruecos, el Pretendiente se
propone por ahora mantenerse en una actitud de-
fensiva, aunque continuando el cerco a Fez.

Los sitiados han intentado en diferentes ocasiones verificar salidas de la plaza, librándose algunas escaramuzas entre las tropas leales y los
sitiadores, llevando éstos siempre la mejor parte;
pues han causado a los defensores de la plaza varios muertos y un gran número de prisioneros.

REUNION DE DIPLOMATICOS

En vista del estado anárquico que reina en Fez y de la inseguridad que allí existe, han celebrado una importantísima reunión todos los cónsules extranjeros residentes en la población sitiada.

La reunión fue presidida por el cónsul inglés, que es el decano, y en ella se tomaron los siguientes acuerdos, cuya gravedad es bien notoria.

LOS ACUERDOS

En primer lugar, convinieron en la necesidad de prevenirse ante el probable ataque a la población por parte de los insurgentes, tomando posesiones dentro de la plaza, fortificándose dentro de sus mismas legaciones.

Acordaron formular una protesta colectiva ante el gobierno del sultán, demandando, al mismo tiempo, la protección de las potencias y solicitando socorros.

El cónsul inglés quedó comisionado por sus compañeros para hacer presente al ministro de relaciones extranjeras del sultán los anteriores acuerdos, y otros, sin duda, más importantes, pero por su gravedad guardan sobre ellos la más absoluta reserva.

LA RECLAMACION
PROMESAS DEL GOBIERNO MARROQUI

El cónsul de la Gran Bretaña cumplió la delicada misión que sus compañeros le confiaran, recibiendo del ministro las mayores seguridades de que serían atendidas sus reclamaciones y que estarían garantizadas las vidas y haciendas de los extranjeros.

CONFIRMACION DE NOTICIAS

Se confirma por diferentes conductos que el Pretendiente da el carácter de guerra santa a la insurrección.

Sus emisarios van predicando por las kabilas la expulsión de los europeos, excitando las pasiones por medio del fanatismo.

FUERZAS LEALES COPADAS - DECAPITACION DE PRISIONEROS. FEROCIDAD DE BU-HAMARA

Un pequeño destacamento de tropas imperiales, que había salido de Fez, fue totalmente copado por fuerzas del Pretendiente.

Este ordenó la degollación de todos los prisioneros y encerrando las cabezas de las víctimas en sacos llenos de sal, los colocó a las puertas de Fez.

La ferocidad del Pretendiente no puede quedar mejor demostrada.

PROCLAMACION DE MULEY HALED

Confírmase por conductos autorizados que Muley Haled, tío del emperador Abd-el-Aziz, se ha hecho proclamar en Hyama.

LOS ACUERDOS DE LOS CONSULES
SUS CONSECUENCIAS

Los acuerdos tomados por los cónsules extranjeros, residentes en Fez, de que daba cuenta en uno de mis anteriores despachos, tienen una más relevante importancia porque se le atribuye a Inglaterra la iniciativa y dirección secreta de esta acción colectiva.

El cónsul inglés en Fez ha dirigido largos telegramas cifrados al ministro de las Colonias de su nación y al embajador inglés en una capital europea que pudiera ser Madrid.

ESPAÑA RECLAMARA - MISION FRANCESA

Acentuándose los rumores de que Inglaterra y Francia han convenido que sea España la que haga la reclamación en nombre de las demás, ante el gobierno del sultán, por ser España la nación que cuenta en Marruecos con mayor número de súbditos. También se asegura que muy en breve saldrá de Tánger, con dirección a Fez, una misión francesa que llevará instrucciones reservadas.

(*El Globo*, del 4-I-1903)

(*Por cable*)

EFECTOS DE LA GUERRA DE TANGER - LAS KABILAS DIVIDIDAS - LOS PROTEGIDOS DEL SHERIF DE WAZZAN - DESACATO AL GOBERNADOR Y CONFLICTO

Tánger, 4 (8 noche).

Un hecho que reviste caracteres de gravedad ha originado hoy alguna inquietud en esta población, efectos de la guerra.

La división de las kabilas fronterizas, excitadas por el giro que toman los acontecimientos y por lo mucho que se prolonga la lucha civil, inspira serios temores de disturbios.

Esta creencia la ha confirmado la actitud de la kabila Fras al entrar hoy en Tánger.

Protegida del sherif de Wazzan, la kabila muéstrase intransigente, negándose a acatar las órdenes del gobernador de la plaza.

En cambio, ha reconocido la autoridad del gobernador de Anghera, haciendo pública su resolución.

El conflicto creado por tal incidente entraña gravedad.

ACTITUD DEL GOBERNADOR - SOSPECHAS Y COMENTARIOS - APRESURANDO LA INTERVENCION

Créese que el gobernador en vista de las manifestaciones hechas por los jefes de la kabila Faz, negándose a reconocer su autoridad, intentará su expulsión.

También se sospecha que esta actitud de los moros ha sido aconsejada indirectamente por el sherif de Wazzan, interesado en dividir las kabilas para aprovechar en momento oportuno los antagonismos y las pasiones exaltadas.

Relacionando el suceso con las tendencias favorables a Inglaterra, que se han atribuido al sherif, se hacen muchos comentarios, casi todos ellos en sentido pesimista.

Entre otras versiones, circula la de que, no bastando la sublevación del Roghi para provocar una intervención inmediata, Inglaterra se propone insurreccionar a las kabilas que aún han permanecido neutrales.

¿MAC LEAN A RABAT? - MOTIVOS DEL VIAJE MOHAMED, CALIFA

Con insistencia circula el rumor de que el general inglés Mac Lean, jefe de instrucción de las tropas marroquíes, ha sido enviado a Rabat con una misión importante del sultán.

Se supone que éste intenta trasladarse a dicha población, pero no sin antes conocer la actitud de los pobladores y de las kabilas que rodean a Rabat.

De ser cierto que Mac Lean ha salido de Fez, es indudable que lleva encargo de explorar la voluntades para saber si el sultán estaría seguro en Rabat.

El hermano de Abd-el-Aziz, Mohamed el Tuerto, ha sido nombrado califa de Fez.

¿SE RETIRA EL PRETENDIENTE?

Acaso debido a esta actitud de las tribus, y según noticias oficiales que aquí se reciben, el pretendiente Bu Hamara, en vez de utilizar la victoria obtenida en días pasados, ha retrocedido, tomando el camino de Tazza.

OCULTANDO EL BOTIN

Los habitantes de la tribu Hyamas que acompañaban al pretendiente el día de la derrota de las tropas imperiales se han retirado a sus aldeas con intención de ocultar en sitio seguro el botín de la victoria.

APLAUSOS AL SULTAN - PRINCIPE ACLAMADO RECONCILIACION DE LOS HERMANOS

Es generalmente aplaudido el acto político realizado por el sultán haciendo ir a Fez desde Mequinez, donde se hallaba confinado, a su hermano mayor Muley Mohamed, que, como es sabido, es el candidato al trono que decía defender Bu Hamara.

La entrada de Muley Mohamed en la capital ha sido solemnísima, viéndose aclamado por la inmensa muchedumbre que se agolpaba a su paso, ávida de saludarle.

Después de una reconciliación pública con su hermano el príncipe, se instaló en el palacio sheriffiano.

MOHAMED, GOBERNADOR DE FEZ

Abd-el-Aziz ha declarado que nombraba gobernador de Fez a su hermano para hacer desaparecer la general creencia de que Mohamed aspiraba al trono.

SUMISION DE TRIBUS

A consecuencia de esta manifestación tan hábil, gran número de tribus inmediatas a Fez han acudido sumisas para ratificar su fidelidad al emperador, declarando unánimemente que, siendo Bu Hamara un impostor, le atajarán en su camino si quiere marchar sobre Fez.

(*El Globo*, n.º 9.884, del 5-I-1903)

CONFIRMACION DE NOTICIAS
SUMISION DE LOS HAINA

Tánger, 5 (6,35 tarde).

Se han confirmado plenamente y con carácter oficial las noticias optimistas que ayer comuniqué. Atribúyese este cambio en la opinión a haberse adherido al emperado la kabila de Haina, que es una de las más importantes del Imperio, con cuyo acto se ha debilitado notablemente la rebelión.

REFUERZOS DE GUERRA A FEZ

Hoy habrá salido de Mazagán para Larache el vapor "Gabriel Ríus" conduciendo grandes cantidades de armas y municiones, que serán reexpedidas para Fez.

ROBOS EN LOS CAMINOS

En el trayecto de esta capital a Fez se han cometido diferentes robos que las autoridades del sultán se proponen castigar con gran severidad.

RETIRADA DEL ROGHI

Coméntase muy favorablemente la noticia, ya comprobada de que el Roghi se ha retirado con sus tropas a Etsu, población que dista jornada y media de Fez.

¿DEVOLVERAN EL BOTIN?

La kabila Haina, que ha prestado solemne acatamiento a la autoridad del sultán, se asegura que, como prueba de completa sumisión, está dispuesta a devolver el botín obtenido en la memorable batalla en que fueron derrotadas las tropas del emperador.

DECLARACIONES DE UN TESTIGO PRESENCIAL

He estado hablando con un moro recién llegado de Fez, testigo presencial de esta guerra y que parece estar muy enterado de todos los pormenores de la misma, el cual me afirma que las tropas del Roghi, vencedoras de las del sultán, se han retirado a Etsu para repartirse tranquilamente el botín.

¿TERMINARA LA GUERRA?

Calcúlase, pues, que aquí no pasará nada y que todo el proceso de la guerra civil de Marruecos quedará reducido a la categoría de un camelo.

NOTICIAS CONTRADICTORIAS
¿OTRO COMBATE?

Tánger, 5 (7,20 tarde).

Recibo noticias de origen fidedigno manifestándome que el bajá de Ceuta reunió anoche en su residencia oficial a los moros más prestigiosos de aquella plaza, acordando adquirir armas y municiones en previsión de que las kabilas de Benider y otras fronterizas ataquen a la plaza en el caso de confirmarse la noticia que allí insistentemente corre, de que a dos leguas de Fez se ha celebrado en los últimos días de diciembre otro nuevo combate entre las tropas imperiales y las del pretendiente, del que resultó éste otra vez triunfante.

SANTONES CONTRA EL SULTAN

También me aseguran que algunos santones de prestigio recorren actualmente las tribus de Haus y Anghera, excitándolas a la rebelión y relatando los milagros que realiza el pretendiente.

Estas tribus también se preparan para combatir contra el Sultán, a cuyo objeto han adquirido armas y municiones.

(*El Globo,* del 6-I-1903)

NOTICIA CONFIRMADA
LOS PARTIDARIOS DEL ROGHI

Tánger, 6.

Se confirma la noticia que ya transmití, relativa a la retirada del Roghi, atribuyéndose ésta al desmembramiento de sus fuerzas, toda vez que se calcula que sólo le quedan unos 3.000 partidarios.

RESIDENCIA DE MAC LEAN

Supónese que Mac Lean, que, como ya indiqué, fue expulsado, se ha refugiado en Rabat.

MISIONES EXTRANJERAS A FEZ

Los correos que se reciben de Fez transmiten noticias más optimistas, en vista de las cuales se disponen a marchar mañana para dicha capital una misión francesa a la que acaso acompaña otra misión italiana y algunos comerciantes que tienen negocios en Fez.

COMISIONES EN TANGER
KABILAS QUE SE QUEJAN

Las kabilas de Benisuhar y Jahs, de los alrededores de esta ciudad, han enviado a Tánger co-

misiones armadas que acamparon anoche en el
llano Marshan.

Han sacrificado reses ante el palacio del gobernador, y se han quejado a Torres de la conducta del gobernador Amhesit, que agobia a las
tribus con peticiones de dinero y hombres para
guerrear.

REPRESALIAS DE LAS KABILAS

Se asegura que la kabila de Benisuhar, antes
de venir a Tánger, tomó represalias, quemando la
residencia de su Shej y apoderándose del ganado
que encontró en Ulad.

PROMESAS DE TORRES
DEBILIDAD DE LAS AUTORIDADES

Torres aconsejó a las citadas Comisiones que
regresaran a sus aldeas, asegurándolas que después de terminada la guerra actual, lo que esperaba sería en breve, haría que dieran a sus kabilas todo género de satisfacciones.

Esto demuestra que las autoridades moras, ante la anormalidad de las circunstancias, ceden débilmente a toda clase de exigencias.

TRANQUILIDAD EN TANGER - EL "STATU QUO"

Aquí reina completa tranquilidad, quedando demostrado ante el actual conflicto que las potencias europeas proceden con gran cordura, no despertando recelos para que no se rompa el "statu quo" por todos convenido y para todos conveniente.

(*El Globo,* del 7-I-1903)

ORIGEN DEL CONFLICTO

Tánger, 3.

Me despierta por las mañanas el sonido de las chirimías y dulzainas de unos moros que dan la serenata al sherif, que vive cerca. Ejecutan una larga y extraña melodía, que no concluye nunca; uno de los dulzaineros sostiene una nota aguda, y los demás llevan el acompañamiento.

Al llegar a una parte de la canción intervienen los tambores con una algarabía infernal.

Salgo de casa y voy a ver a un comerciante judío, a quien me ha recomendado un intérprete de la fonda.

Es un viejo con el aspecto clásico del judío. Habla en un castellano muy suave.

—El que esté un poco enterado de esta cuestión —me dice— sabe que Muley Hassán tenía dos hijos pretendientes al trono, el primogénito, Muley Mohamed, *el Tuerto*, y Abd-el-Aziz, hijo de una circasiana llamada Lalia Rekia.

Robada muy niña a sus padres, fue vendida en Constantinopla, y los ingleses se la regalaron al sultán.

Mohamed *el Tuerto* es un morazo de color casi negro, membrudo y fuerte, de talla media, de aire sombrío y expresión amenazadora. Es fanático y violento. Cumple sus prácticas religiosas con un rigor extraordinario.

A consecuencia de sus brutalidades, y por influencia de los visires, Mohamed fue encarcelado. Estando en prisiones, murió Muley Hassán y heredó la corona Abd-el-Aziz.

Abd-el-Aziz se ha echado en brazos de los cristianos.

Los ingleses han sido, durante el reinado del sultán, los que han gobernado la corte. Han tratado de convertir un emperador marroquí en un *sportsman*.

Todos los fanáticos están contra el sultán. Es, primeramente, el hijo de una circasiana que viste casi a la europea, y no de una mora de las montañas, como es clásico que sea un sultán. Hace fotografías, reproduciendo figuras animadas montadas en bicicletas; últimamente, andaba en un automóvil regalado por mister Harris, corresponsal del "Times", y agente diplomático de Inglaterra.

Con todas estas cosas iba caldeándose la atmósfera, y un hecho ocurrido hace poco exaltó los ánimos hasta el mayor grado.

Discurría hace meses un misionero inglés por las calles de Fez, cuando pasó un santón moro.

—¡Ya late! ¡Ya late! ¡Abominación! ¡Abominación! —gritó. Y lanzándose sobre el misionero le atravesó con un puñal, dejándole muerto. El santón, protegido por algunos moros, entró en la mezquita del santo tutelar de la ciudad, lugar de refugio seguro para los mayores criminales.

El emperador mandó sacarlo de la mezquita, y le preguntó:

—¿Por qué has matado a ese hombre?

—Porque es cristiano y me ha hablado.

—No es motivo bastante.

—Pues aún mataré veinte más.

Abd-el-Aziz mandó fusilar al santón en las afueras. Esto, unido a la noticia que echaron a correr los moros de Fez, de que Abd-el-Aziz iba a casarse con la hija del generalísimo Mac Lean, colmó la medida.

La rebelión comenzó. Se fueron reuniendo los rebeldes en el bajalato de Tatsa, y estos rebeldes comproban a los soldados del sultán los cartuchos, dándoles mujeres.

Los moros tangerinos, a quienes he preguntado acerca de estas costumbres modernistas del sultán, disimulan, bajo una indiferencia fingida, la indig-

nación que les producen. No protestarán jamás de
una manera violenta, y esto no porque el contacto
con la civilización les haya mejorado —pues desprecian toda mejora—; unos porque temen que de
hacer ellos una barrabasada, se presentaría en la
bahía de Tánger un poderoso barco de guerra que
los castigaría, ya ocupando la ciudad, ya lanzán-
doles unos cuantos saludos con bala de acero.

Estos temores, sin embargo, no son comunes a
toda la población indígena; hay una minoría res-
petable que tiene una idea falsa del poder europeo.

Les ocurre algo de lo que se creía en España
—y que, aunque triste es decirlo, fomentaron los
periódicos— cuando la guerra hispanoamericana.
Muchos creían que los yanquis correrían como lie-
bres delante de nosotros, y que sus barcos eran
mucho peores que los nuestros.

Pues en Tánger, cuando entra un barco en la
bahía y saluda con salvas a la fortaleza, apenas se
oyen cañonazos, y, en cambio, al disparar los vie-
jísimos cañones de la morisca batería, es tal el
estruendo que no queda un cristal sano en cien
metros a la redonda.

Entonces es de ver los gritos y el regocijo de los
moros, que dicen:

—Nuestros cañones son mucho mejores que los
de los barcos: meten mucho más ruido, y en cuanto se disparen con bala, no queda acorazado que
no vaya a pique.

De todas suertes, es conveniente, necesario, que
esto se arregle de alguna manera, sea inglés, fran-

cés, alemán o español el que lleve a cabo la empresa.

(*El Globo,* del 8-I-1903)

(*Por cable*)

Tánger 7 (7,10 tarde)

SALIDA DEL SULTAN.—EXPEDICION A TAZZA

Llega el correo inglés con noticias de Fez que acusan tranquilidad en la comarca.

Abd-el-Aziz saldrá hoy al frente de sus tropas con dirección a Tazza, encargándose después del mando su hermano Mohamed.

CARAVANA ASALTADA

Una cuadrilla de bandoleros ha atacado ayer una caravana en Ulhad Musa, cerca de Alcázar, robándole varios camellos con cargamento de víveres.

MISION A FEZ

Según ayer telegrafié, hoy ha salido para Fez la misión francesa, compuesta de un teniente coronel, dos capitanes y treinta y seis individuos, con sus correspondientes caballerías.

TANGER

2 enero 1903

Es difícil formar una idea clara de Tánger; parece, a primera vista, que España es la nación que tiene mayor influencia.

Para un español, el cambio de Andalucía a Tánger apenas podría notarse si los hombres de esta tierra no llevaran sus ropas árabes y no hablaran árabe.

El aspecto de la población es casi idéntico al de una población agrícola española. Una gran parte de los habitantes, los hebreos y españoles, hablan castellano; la moneda que circula es española; los letreros de las tiendas, en español aparecen; los anuncios en español, y el periódico que veo en manos de los que charlan en el zoco, está escrito en castellano también. La colonia española es numerosísima: bastantes miles de almas. Por cierto que se dijo en Madrid que España enviaba a Tánger al *Infanta Isabel* para que, en caso de un levantamiento de los indígenas, la colonia española se refugiase en el barquito de guerra. Es una idea graciosa.

Pues, a pesar de toda esta influencia española, parece que España es la que menos pito toca en este desafinado concierto tangerino.

Para un artista, claro es que este país es ad-

mirable; los espectáculos pintorescos se presentan
a cada paso. Cuando, desde el barco, llegamos a
la puerta de la ciudad, tuvimos que comparecer
con nuestras maletas delante de unos moros que
estaban sentados, formando tribunal, en la entrada de la Aduana.

Un viejo magnífico, que presidía, el jefe, nos
miró benévolamente; le habló al oído a un joven
de cabeza afeitada y ropaje amaranto; luego se
dignó echar una ojeada sobre nuestras pobres ca-
misas, y nos dejaron pasar sin más obstáculos.

Las calles de esta ciudad ofrecen un aspecto
abigarrado y pintoresco.

Como ayer, día primero del año, por rara coincidencia, fue día de fiesta para judíos, mahometanos y cristianos, todo el mundo se echó a la
calle, y era un ir y venir de moros, árabes, hebreos y negros, rifeños, admirables tipos de fiereza, que deben dormir con un fusil; judíos de
finísima cabeza y hopalandas obscuras, cubiertos
con el fez negro o azulado; mujeres moras envueltas en inmensos jaiques blancos; aguadores medio desnudos, de tipo egipcio, que proceden del
Sus, en los confines meridionales del Imperio;
soldados mulatos, y luego la muchedumbre europea.

De vez en cuando, pasan algún "gentleman"
a caballo, alguna "miss" espiritada, montada en
un borrico al que morazo que grita "¡Balac! ¡Balac!" hace correr a palos.

En las tiendas parece que lo que está en venta
es el tendero, generalmente un moro que ha en-

gordado con la inacción, y que ofrece al compra-
dor un semblante rollizo y barbudo, como el de
un fraile español; otras veces, entre las mercan-
cías amontonadas, se ve a un judío greñudo, que
mira con sus ojos tristes a la multitud abigarrada
que corre por la calle.

El Zoco chico es La Puerta del Sol de Tánger;
se charla, se fuma, se toma café y, sobre todo,
se miente, como en la famosa plaza madrileña.

El Zoco grande es una explanada que ahora
está intransitable de fango y porquería, rodeada
de tenduchos, y en el que las freiduras ponen un
olor insoportable de aceite de argán.

Al ver freír estos pastelillos y buñuelos que un
moro o un judío cochinísimo manosea, se encon-
trarían apetitosas las gallinejas del puente de
Toledo.

En los cafés moros, concurridos desde la mañana hasta la noche, se toma café con posos y
se fuma kif, una mezcla de tabaco, cáñamo índi-
co y salvia, bastante agradable, pero que ador-
mece a los moros y hace que sus cánticos sean
más lánguidos. El encargado del café va y viene
con sus pies descalzos entre las tazas de café
puestas en el suelo sobre una esterilla.

Los mendigos son horribles; nada tan espantoso como algunos de estos desgraciados, de
cuyo rostro apenas queda más que los agujeros
purulentos de los ojos y otra caverna en el lugar
de la nariz. Los hay de todos colores; pero principalmente mulatos; pasan la vida acurrucados

en un rincón pidiendo limosna con voz quejum-
brosa.

En algunas tiendas se ven unos moros con barbas blancas y anteojos; me dice un indígena que
son notarios, y un europeo, añade, sonriendo:

—Notarios y memorialistas de portal.

Esta mañana vi al célebre *Harris,* corresponsal del *Times,* según se dice, más bien agente diplomático de Inglaterra.

Parece que su retirada de Fez se debe a que
su presencia comprometía al sultán.

Los moros le llaman *el Diablo.* Es un hombre
delgado, bajito, de barbucha roja, puntiaguda;
tiene tipo de judío. Hace diez años que vive en
Tánger. Tiene una casa al otro lado de la bahía,
casi ya en la kabila. Debe ser hombre enérgico
y a propósito para la misión que desempeña. Inglaterra hace las cosas bien.

Veo a Canalejas con la plana mayor de su partido. Se pasea por las calles; yo creo que se habla
de política. En España no se hacen las cosas tan
bien como en Inglaterra.

Cuando supe que había noticias de Fez y todo
el mundo decía que los santones han aconsejado
a Abd-el-Aziz que llame a su hermano, *el Tuerto*
—cosa que, entre paréntesis, me parece que nadie
cree—, fui al telégrafo; era ya anochecido, y llo-
vía de una manera horrorosa.

El telégrafo inglés está fuera de la ciudad, y
no hay más remedio que telegrafiar por él, porque el español (cosa castiza) está roto hace días.

Pues en el camino del telégrafo encontréme con rifeños atléticos, tremendos con sus fusiles, que pasaron tranquilamente a mi lado. No ocurre nada; pero, sin embargo, al principio, la cosa impone.

Otro espectáculo hermoso:

Un rifeño, guapo chico, de veinticinco años, y una famosa inglesa, borrachos perdidos, haciendo eses por las calles.

¡Menuda ha sido la algazara que han armado los moros!

La inglesa se agarraba al rifeño con una fuerza que demuestra su entusiasmo por el mahometismo.

He notado que a los soldados los desprecian; dicen los moros paisanos que aquéllos venden el fusil y las babuchas por un tarro de ginebra.

Lo cierto es que, en parte, la sublevación de los Hiata ha sido debida al desenfreno de esa soldadesca desharrapada, que se entregó a toda clase de barbaridades cerca de Tazza.

Según se dice, cambiaban los cartuchos por comida, creyendo encontrarse en terreno amigo; pero un día agarraron cuarenta mujeres Kabilas y no hay imaginación calenturienta que se figure lo que allí ocurriría. Se armó una de tiros horrible, y aquello fue causa de que los Hiata formaran en la horda de ese Roghi misterioso, del que los moros tienen una idea tremenda.

Creen que es un hombre que posee artes mágicas, que obtiene dinero por medios ocultos a to-

dos los mortales. Sin embargo, algunos más avi-
sados aseguran que las armas de los sublevados
son de fabricación francesa, y que allí abundan
las buenas monedas de cinco francos.

(*El Globo* *, del 9-I-1903)

EUROPEOS Y MARROQUIES

4 de enero de 1903

Los marroquíes tienen un espíritu contrario a
la civilización moderna, al revés de los judíos, que,
habiendo estado tan aislados como aquéllos durante siglos y siglos, en poco tiempo adoptan costumbres, trajes, ideas europeas; en una palabra,
entran de lleno en la vida moderna.

Hasta desechan ciertas tradiciones no dogmá-
ticas, pero muy respetadas, cuando se oponen a
algún detalle de la vida civilizada.

Los marroquíes conocen la fuerza que tiene Europa, y convencidos de ella, exageran aún más su
impotencia, se hacen los chiquitos.

—La civilización no nos sirve a nosotros de
nada —me decía un moro—. Ya ve usted cómo
los cristianos han dejado a Marruecos. Es muy
pequeño, como la pisada de un camello, y ya no
se puede vivir. Conque figúrese usted si viniera

---

* Llegó esta crónica, la segunda, después de la tercera, origen
del conflicto, y se publicó al día siguiente: el 9 de enero de 1903.

más gente. Que los europeos nos dejen en paz, que aquí tenemos para vivir con modestia.

Claro es que esta tendencia refractaria de los moros al progreso nada significaría si Europa hubiera querido imponer la civilización; pero los celos de los países y esta estupidez de la diplomacia, que quiere hacer pasar como habilidad su reserva y sus tiquis miquis y su gitanería, no dan nunca resultado; se oponen a ello.

Paseando por un barrio de hoteles construido en una planicie cercana a Tánger, aparece ante la vista el Estrecho. A una distancia, no digo exacta, sino aparente, que es como la que hay de Madrid al Guadarrama, se ven los montes de España, y aun las casas de Tarifa enfrente. A la derecha, un cabo oculta a Gibraltar, y en la costa africana, el mogote altísimo de Sierra Bullones señala aproximadamente la situación de Ceuta.

Inmediatamente se nota que Tarifa fortificada y Ceuta fortificada, cierran la puerta del Estrecho; pero asimismo, Tánger y Gibraltar la cerrarían también, y formarían los cuatro puntos un cuadrilátero especie de puerta aspa.

Que España posea a Tarifa y a Ceuta, apenas tiene importancia; pero que Inglaterra adquiera Tánger, es demasiado.

Por cierto que en esta hermosa planicie, y en una de las casas más bonitas, vive la sherifa de Wazzan, aquella institutriz inglesa que ha llegado a ser santa en Marruecos. Algunos ingleses han hecho suerte en Marruecos, además de esta señora. El kaid Mac Lean era un sargento en Gibraltar, y la persona más allegada a él, según se dice, no se distinguió *in illo tempore* por sus virtudes, sino más bien lo contrario.

Hay quien asegura haberla conocido entre las hetairas de la colonia inglesa.

* * *

El difunto sherif, que se nacionalizó francés, a pesar de considerarse como descendiente legítimo del Profeta, era aficionado en demasía al champaña, pero en él se verificaba una verdadera transustanciación.

El vino en su boca era vino; pero en cuanto pasaba de la garganta se convertía en agua.

Así lo juran los fieles mahometanos.

Otro distinguido aficionado es un hermano de Abd-el-Aziz, hijo de una esposa negra de Muley Hassán; se llama Muley Omar. Cuenta el coronel italiano Ferrara, jefe de la fábrica de armas de Fez, a quien conozco, porque vive en el hotel, que el tal Muley Omar va a visitarle y le dice:

—Déme usted las medicinas —y como para él las medicinas son botellas de Borgoña, agarra unas borracheras formidables.

Sin embargo, dice que el tal descendiente de Mahoma es muy simpático, no como su hermano real Abdul, que es feo como un demonio, imberbe y con facha de imbécil.

Esto no producirá mucho efecto en los súbditos, poco apreciadores de bellezas físicas. Lo que sí causa verdadera indignación y ha dado muchos partidarios al Roghi, es que se haya reproducido su fea imagen montado en bicicleta, o cubierta con sombrero de copa. Hay moro que asegura haber visto una fotografía en donde aparece el sultán con una escopeta; al santón que mató al inglés y que se refugió en la mezquita de Muley Dris muerto en el suelo, y Harris, el corresponsal, asomando la cabeza detrás del sultán.

Es una composición formada en la imaginación fogosa de algún moro tradicionalista.

(*El Globo*, del 10-I-1903)

(*Por cable*)

Tánger 9 (4,45 tarde)

TENACIDAD DEL SULTAN

Se confirma cuanto telegrafié ayer respecto a la sumisión de una gran parte de la kabila Hyaina hacia el sultán.

Este, sin embargo, se niega a concederles el perdón. Si no devuelven todas las armas, municiones y dinero cogidos a las tropas imperiales en la batalla de Tazza.

PREDICACIONES DEL ROGHI

El pretendiente no descansa un momento, procurando atraerse el apoyo de nuevas kabilas, y sigue enviando emisarios por todas partes en busca de prosélitos.

Se asegura que ha conseguido la adhesión de las kabilas de Tazza, Niziats, Hyaina, Branes, Matiguas, Benizerual y otras.

PREPARATIVOS BELICOS.—EXCITACION EN LAS KABILAS

Las kabilas de Alcazarquibir y Arzila hacen grandes preparativos para la guerra, estando muy excitados los ánimos de las tribus limítrofes.

En los últimos días, han recibido grandes pertrechos de guerra.

Según me afirman, también han llegado a Larache más de quinientas cajas con veinticinco mil paquetes de proyectiles con destino a las tropas imperiales.

Además de las kabilas de Arzila y Alcazarquibir se encuentran muy alborotadas, deseando entrar en acción, las kabilas de Rabat y Casablanca.

AMENAZA DE BU-HAMARA. — PREPARATIVOS DEL SULTAN

El pretendiente, que demuestra ser hombre valeroso en extremo, al frente de un numeroso ejército, se ha acercado hasta Sidiaisa, distante cinco horas de Fez, y ha anunciado que entrará hoy en la capital.

El sultán ha repartido muchas armas a los
habitantes de la población, gastando en ello grandes sumas de dinero, para la defensa de la misma.

Las tropas imperiales se dividirán en tres grandes grupos para atacar al pretendiente y ver si
logran coparlo.

TEMORES DE LOS HEBREOS

Los judíos encerrados en el barrio hebreo de
Fez, no se atreven a bajar a la población, temerosos de ser objeto de atropellos por parte de los
moros.

Ni aun dentro de su barriada se sienten se-
guros, y los que tienen algún dinero u objetos de
valor, lo ocultan cuidadosamente en tapias y cis-
ternas.

LAS MISIONES

Ha salido para Fez una misión de religiosos
americanos.

La misión francesa que había anteriormente
llevaba instrucciones de gran importancia cerca
del sultán, pudiéndose asegurar que la influencia
francesa en los asuntos de Marruecos aumenta
por momentos.

PESIMISMOS

En la legación de dicha República, según me informa persona bien enterada de lo que en ella ocurre, se han recibido noticias muy pesimistas acerca de la marcha de los asuntos marroquíes.

La nota pesimista es la que hoy reina por todas partes, habiéndose hecho hueco en el público varios rumores graves que no han sido confirmados y que sólo telegrafío a título de información.

¿PRISION DEL PRINCIPE TUERTO?

Una de las noticias que más insistentemente ha circulado, pero que no está confirmada, ha sido la de que Abd-el-Aziz, temeroso de que los partidarios de su hermano Mohamed proclamaran a éste soberano, destronándole a él, lo hizo prender a la salida del santuario de Muley Driss, a donde había ido a orar en compañía del sultán.

EMISARIOS DE INCOGNITO

Procedentes de Orán llegaron a Tánger varios emisarios de las kabilas de la frontera de Argelia y marcharon a Fez, para hablar con el sultán y ofrecerle en nombre de las kabilas de Clianga, Beniznaten, Benifrimesh, Sendja, Benimehyo, otras del sur de Argelia y del Riff, la captura y entrega del Roghi.

Estos emisarios, que han estado dos días ocultos en Tánger, salieron acompañados de unos empleados de correos alemanes.

De ser efectivo este ofrecimiento, resultaría de una importancia indudable, porque el Roghi caería en breve en poder de las tropas imperiales, y se sofocaría inmediatamente la insurrección, toda vez que hoy está sostenida únicamente por los partidarios del pretendiente.

EXPEDICION PERIODISTICA SUSPENDIDA

En mi deseo de adquirir noticias más directas de la verdadera situación de Fez y del estado general de la guerra, pensaba haber salido hoy acompañado del corresponsal de *Le Journal* de París y de otros corresponsales de varios diarios madrileños; pero hemos suspendido la expedición en vista de las últimas noticias pesimistas que se reciben y de la imposibilidad de hallar guías que se atrevan a acompañarnos.

Saldremos lo antes posible.

(*El Globo,* del 10-I-1903)

(Por cable)

Tánger 10 (4,50 tarde)

NO ESTA PRESO

Acabo de recibir cartas de Fez, en las que se niega de la manera más rotunda y categórica, la noticia referente a la prisión del príncipe *Tuerto* a la salida del santuario de Muley Driss que ayer telegrafié a título de rumor y sin responder de su veracidad.

SALIDA SUSPENDIDA

También me aseguran que el sultán no saldrá de Fez para combatir a los rebeldes el día que tenía señalado, habiendo suspendido su salida sin fijar nueva fecha.

HUIDA DE LOS HYAINAS

Parte de los judíos Hyainas, temerosos de que el emperador haga en ellos un escarmiento ejemplar, huyen de Fez a marchas forzadas.

La agitación en el barrio Melah, donde habitan los hebreos, sigue en aumento.

EN LA FRONTERA DE ARGELIA

Confírmase en todos sus extremos la noticia que ayer adelanté, referente a la excitación de las kabilas fronterizas a Argelia, temiéndose que de un momento a otro surja un conflicto que pueda tener graves consecuencias, porque pudiera motivar la intervención de Francia.

AVANCE DEL ROGHI

El pretendiente continúa avanzando en dirección a Fez, con ánimos belicosos, habiendo pernoctado en Sidi Beutiza, que dista solamente media jornada de la capital. El pesimismo crece en Fez.

HABLANDO CON EL SHERIF WAZZAN

Hoy he conseguido celebrar una larga conferencia sobre asuntos de la guerra con el sherif Wazzan, que se muestra optimista, hasta el más alto grado, respecto al resultado de la actual insurrección.

Aseguróme que su salida de Tánger no obedecía a órdenes del sultán ni a la necesidad de ser portador de una carta para el emperador, como equivocadamente se ha supuesto.

El sherif me afirmó con frases que revelaban la más profunda convicción, su creencia de que Abd-el-Aziz lograría un triunfo completo sobre el Roghi, al que vencerá por contar con más armas y más dinero que el pretendiente.

DINERO A FEZ

A pesar de la afirmación que el sherif me ha hecho, es creencia general en Tánger, no exenta de fundamento, que la salida de Wazzan obedece al propósito de proteger con parte de su tropas el envío a Fez de un convoy compuesto de veinte camellos que conduce gran cantidad de dinero para el sultán.

AMABILIDAD DEL SHERIF

El recibimiento que me dispensó el sherif Wazzan fue cordialísimo, dirigiéndome gran número de preguntas relacionadas con la política de España, de la que parece estar muy al corriente.

HABLANDO CON MOHAMED TORRES

También he conseguido hablar con el célebre político marroquí Mohamed Torres, que me ha confirmado las noticias que me habían transmitido de Fez, referentes al príncipe *Tuerto*.

Supone Mohamed Torres que el hermano del sultán no pensó en destronar a Abd-el-Aziz, y que, por tanto, éste no tuvo necesidad de reducir a prisión a su hermano, suponiendo que, a lo sumo, el sultán habrá mandado vigilar al príncipe ante el temor de que, por su exceso de popularidad, llegase a promover un golpe de estado.

DESCONTENTO.—ATAQUE A FEZ

Es general el descontento que reina en Fez entre moros y europeos que culpan al sultán de una pasividad extremada.

Este, según noticias al parecer autorizadas, se halla refugiado en la legación inglesa y ha montado una guardia especial y permanente para no ser sorprendido.

Esta guardia ha sorprendido a treinta judíos Hyainas que intentaron entrar en la plaza, librándose entre éstos y la guardia imperial un pequeño combate, del que resultaron muertos diez Hyainas.

TRABAJOS DEL ROGHI

El pretendiente, aprovechándose del descontento que se nota por la apatía del sultán, hace correr la voz de que Abd-el-Aziz carece de fuerzas para combatirle, y asegura que tan pronto reciba los refuerzos que espera de las kabilas fronterizas de Argelia y del Riff, para donde hace días salieron emisarios, dará una batalla decisiva a las tropas imperiales y entrará en Fez.

La festividad de la Pascua del Ramadán, la ha solemnizado extraordinariamente el Roghi, obsequiando con esplendidez a sus tropas.

Parte de las del sultán han desertado pasándose a las del pretendiente.

KABILAS PIDIENDO AUXILIO

Las kabilas de Benider y otras fronterizas, han pedido auxilio al sultán, temerosas de ser atacadas por los insurrectos por haberse negado a secundar sus propósitos. El emperador les ha enviado varias ametralladoras y gran cantidad de municiones.

SITUACION DE FEZ

La situación de Fez no puede ser más crítica. Reina una ansiedad extraordinaria; el comercio vuelve a estar paralizado, y ante el temor de que el Roghi, que ya está cerca de la plaza, dé la batalla que anuncia; me aseguran que algunas legaciones extranjeras han abandonado la capital.

(*El Globo,* del 11-I-1903)

(*Por cable*)

Tánger 11 (6,10 tarde)

MISION DE MULEY HARAFA

Acabo de hablar con un familiar de Muley Harafa, el cual me asegura que su amo, que continúa siendo adicto al sultán, viene a Tánger a recoger dinero que conducirá luego a Fez.

Después irá al Riff para reclutar tropas, con las cuales se propone atarcar al Roghi allí donde se encuentre.

CARAVANA QUE VUELVE

En este momento veo pasar la caravana que, conduciendo dinero, salió ayer en dirección a Fez y que se ha visto obligada a retroceder en vista de la poca seguridad que encontraba en el camino.

HABLANDO CON UN DIPLOMATICO

Hoy he conseguido celebrar una conferencia con un distinguido diplomático residente hace pocos años en esta capital y gran conocedor de los asuntos de este Imperio.

Su opinión es que la situación en general es muy crítica. Duda que el sultán pueda sofocar la rebelión con las fuerzas de que hoy dispone, teniendo en cuenta que el pretendiente logra reunir cada vez mayor número de combatientes.

Hablándome de la situación de Rabat, me manifestó su creencia, en vista de las noticias oficiales que tenía, de que el cónsul español se verá obligado a huir de la población para evitar graves complicaciones si los insurgentes cometen desmanes con los cristianos.

TEMORES EN FEZ

Hoy ha llegado un correo de Fez con noticias en extremo pesimistas.

En cartas particulares recibidas por algunos comerciantes de esta capital, se dice que es general la creencia en Fez de que el sultán será derrotado por las tropas del Roghi.

PREGON DEL SULTAN

También se da cuenta en las citadas correspondencias de que el emperador, por medio de pregón lanzado en las plazas públicas y en la mezquita, ha ordenado que todos los europeos salgan de Fez.

Esta medida ha causado gran sensación en aquella capital, como la ha producido aquí, en donde se teme por la suerte que puedan correr los europeos al salir de Fez, estando como están tan cerca de aquella plaza las tropas insurrectas.

El pánico de los hebreos sigue en aumento y continúan éstos escondiendo cuidadosamente sus tesoros, temerosos de que penetren en Fez las tropas de Bu-Hamara.

PIDIENDO DINERO

El kaid Rha ha llegado a Tánger, siendo portador de una carta del gobernador de Fez, pidiendo dinero a Muley Harafa.

Este, como anteriormente ha telegrafiado, está dispuesto a proporcionar los fondos que se le piden y a reclutar fuerzas para enviarlas de refuerzo al sultán.

HUYENDO DE FEZ.—DINERO A LOS AGITADORES

Se asegura que una misión europea saldrá en breve de Fez con dirección a Melilla y que los correos se suspenderán por abandonar los empleados la capital.

Supónese que las tropas insurrectas recibirán uno de estos días doscientos mil duros que les enviarán de Fez.

RECONCENTRACION DE EUROPEOS

Se ha celebrado una importantísima reunión del cuerpo consular en esta capital, tomándose

colectivamente por todas las legaciones el acuerdo de recomendar a los súbditos europeos la re-
concentración general de los mismos en las poblaciones de la costa, en las que, en caso de peligro, podían ser auxiliados más eficazmente por
los buques de guerra de las potencias europeas.

SIGUEN LAS INSUBORDINACIONES

Acabo de recibir noticias directas de las tribus de Sherarda, que me permiten asegurar que
la mayor parte de las kabilas limítrofes se han
insubordinado contra el kaid, trabándose una lucha de la que han resultado gran número de víctimas de ambos bandos.

COMPARACION DE LOS RIVALES

Coméntase por todos la diferencia de aptitu-
des políticas y guerreras de Bu-Hamara y Abd-
el-Aziz. Mientras el pretendiente se retiró hacia
Tazza, con el fin de reforzar sus tropas, y apro-
vechó el tiempo enviando emisarios a todas las
tribus del Imperio, predicando la guerra santa,
el sultán perdió el tiempo lastimosamente forti-
ficando a Fez de mala manera.

La opinión en general, aun los menos adeptos
al Roghi, aplauden, sin reservas, su actividad e
iniciativas.

SE ACERCA EL ROGHI

Según noticias recibidas en una legación de esta capital, el pretendiente se encuentra en Adjhal, a treinta y cinco kilómetros al este de Fez.

Va al frente de grandes fuerzas bien equipadas, llevando además numerosos cañones.

CONVENIO INTERNACIONAL

Por informes particulares del mejor origen, me aseguran que, en caso de ser derrotado el sultán por las tropas del pretendiente, intervendría Francia de acuerdo con su aliada Rusia, para lo cual, se han cambiado entre ambos Gobiernos diferentes comunicaciones que han dado por resultado llegar a un acuerdo definitivo.

¿BATALLA DECISIVA?—¿TOMA DE FEZ?

A última hora me afirman que un moro llegado hoy de una kabila inmediata a Fez, asegura que el día 7, las tropas del pretendiente dieron una gran batalla a las tropas imperiales a pocos kilómetros de Fez.

Añade que las tropas del sultán son mucho más inferiores que las del Roghi, al que siguen numerosas kabilas, siendo de esperar que el resultado será desfavorable al emperador.

Estas noticias y otras más graves que circulan, como la entrada del Roghi en Fez, no están confirmadas y las transmito sólo a título de información.

La impresión que estas noticias causan es en extremo desconsoladora .

(*El Globo*, del 12-I-1903)

NUEVA DERROTA DEL SULTAN

(Informaciones de "El Globo")

(*Por cable*)

PREVISION DEL PRETENDIENTE

Tánger 12 (3,40 tarde)

El Roghi continúa dando muestras de su previsión extremada. Con el fin de que en un momento dado no se encuentren tropas sin víveres, ha establecido grandes depósitos de cereales en Elgoûr, población situada a pocas horas de Fez.

SITUACION DE SUS TROPAS

Las tropas que le siguen, que, como he indicado en telegramas anteriores, van bien equipadas y disponen de armamento moderno, están muy bien disciplinadas y acampan en las cercanías del río Tnauem.

La colocación de dichas fuerzas en la ribera del río obedece, sin duda, al plan de Bu-Hamara, de rodear la ciudad de Fez para copar al sultán.

NUEVAS KABILAS INSUBORDINADAS

Los emisarios del Roghi, que hace días anuncié habían partido en distintas direcciones para reclutar adeptos a la causa del pretendiente, han conseguido que se subleven contra el emperador kabilas tan importantes como las de Fichtalas, Sheradas, Aityushis y Ecarjusas, todas ellas inmediatas al río Bahudi.

Como se ve, cada día aumentan los refuerzos que recibe el pretendiente, en tanto que la causa del sultán pierde terreno.

DINERO PARA EL SULTAN

Me aseguran en la legación francesa que el dinero pedido por el emperador en carta, de la que fue portador el kaid Rha, será enviado desde Tánger a Larache para evitar sorpresas en el camino.

CORREO MORO.—EMPRESTITO DEL SULTAN

Acaba de llegar un correo moro de Fez, el cual me confirma la noticia ya transmitida respecto a la alarma que reina en aquella capital.

Los habitantes se encuentran sobresaltados ante la inesperada exigencia de Abd-el-Aziz de levantar un empréstito obligatorio entre los comerciantes ricos del Imperio, cuyo empréstito sería garantido con la renta de las aduanas imperiales.

COMENZO EL COMBATE

El mismo correo me dice que había comenzado el combate entre las tropas del Roghi y las imperiales, afirmando que las tropas del pretendiente llevaban la mayor parte en la lucha que se supone haya sido encarnizada.

HUYENDO DE LA QUEMA

La mayor parte de los europeos residentes en Fez abandonaron la plaza antes de comenzar la batalla.

GRAVES RUMORES

Circulan con gran insistencia algunos rumores que encierran gravedad suma y que, aunque no están confirmados, tienen grandes visos de veracidad.

Se asegura que el ministro de Relaciones Extranjeras, Mohamed Torres, ha dado orden de confiscar todas las caballerías del Imperio para enviar refuerzos a las tropas del emperador.

SUBLEVACION DE FEZ

También se afirma que los habitantes de Fez, disgustados con la política del sultán, se han sublevado contra éste y a favor del pretendiente.

De confirmarse esta noticia, es casi seguro que el sultán se verá muy comprometido para salir victorioso, pues tendría necesidad primero de apaciguar con sus indisciplinadas tropas, la sublevación interior, y después, combatir a las huestes del Roghi, que, con buenos cañones, modernos fusiles y víveres en abundancia, se hallan escalonadas en los alrededores de Fez ocupando estratégicas posiciones.

NOTICIA CONFIRMADA

Se ha confirmado oficialmente que el Fondak-Rha de Sherarda salió con dirección a Fez conduciendo fondos.

GRAVES NOTICIAS - GRAN COMBATE

Los pesimismos de que me hacía eco en mis telegramas anteriores tienen plena confirmación.

Según noticias que recibo de Fez en este momento, hace cuatro días tuvieron un encuentro la vanguardia del ejército del pretendiente y las tropas imperiales.

Estas, divididas en dos grandes cuerpos, salieron de Fez, pasando el río Sebú con ánimos de atacar a las fuerzas del Roghi por el frente y por el flanco derecho.

Más de cuarenta mil insurrectos se encuentran en la orilla de Hadjera Khal, distantes no más de tres horas del núcleo de las tropas imperiales.

Según noticias que me comunica un correo alemán, llegado hoy del interior, después de sufrir grandes penalidades por el camino, las tropas de los dos rivales habíanse encontrado en las cercanías de Fez, librándose un combate que aún continuaba, y cuyo resultado final se juzgaba contrario a las tropas imperiales.

LA REVOLUCION EN FEZ

Confírmase, igualmente, que la población de Fez se ha sublevado, dividiéndose sus habitantes en dos bandos, unos que aclamaban al Roghi y otros al príncipe Tuerto.

Este, como en un principio telegrafié, fue reducido a prisión por las tropas del sultán.

TEMORES EN RABAT

Según noticias oficiales, reina verdadero pánico en Rabat. Los europeos están aterrorizados esperando de un momento a otro que los moros los ataquen, pues cada vez se muestran más insolentes con los cristianos, dirigiéndoles todo género de amenazas.

CONSECUENCIAS DE UNA ORDEN MINISTERIAL

Por efecto de la requisa de caballerías ordenada por Mohamed Torres, los dueños de caballos se niegan a alquilarlos a los europeos que quieren trasladarse al interior.

IMPOSIBLE VIAJAR

Como si esa dificultad no fuese suficiente para imposibilitarnos de acudir al teatro de la guerra, con objeto de dar más pormenores de cuanto allí ocurría, los ministros extranjeros se niegan rotundamente a facilitarnos los necesarios salvoconductos para viajar y cumplir con los deberes periodísticos que tenemos.

NUEVAS INSURRECCIONES
COMBATES PARCIALES

Los moros de la kabila Slot se han sublevado también contra el sultán.

Los soldados del gobernador de Alcazarquibir quisieron reprimir la insubordinación y se trabó un combate, que duró todo un día, del que resultaron gran número de víctimas.

LA CONCENTRACION

En vista del solemne acuerdo tomado por los cónsules europeos residentes en Fez, salieron de dicha capital hace tres días una misión anglicana, otra alemana y gran número de europeos.

(*El Globo,* del 13-I-1903)

LUCHA ENTRE KABILAS
SUSPENSION DEL COMBATE

(*Por cable*)

Tánger, 13 (5,30 tarde).

En mi deseo de recabar noticias directas que puedan ser de interés para los lectores de *El Globo,* y teniendo conocimiento que habíase trabado un combate entre las kabilas de Tanger-Valia y de Fas, salí a caballo con dirección a la playa.

He presenciado el combate que se ha reducido a un nutrido tiroteo por parte de ambas kabilas, sin que haya habido que lamentar grandes pérdidas.

La lucha comenzó a consecuencia de las diferencias que existían entre las kabilas mencionadas sobre cuestiones relacionadas con el bajalato.

El combate se suspendió al recibir las kabilas una orden terminante del mismo Mohamed Torres.

LA SITUACION DEL ROGHI
JEFE IMPERIALISTA

Por informes de carácter fidedigno se sabe que el pretendiente se encuentra actualmente en Zokeljemis Uergha y que el ala izquierda del ejército del sultán lo manda Muley Omar, jefe de gran prestigio entre los fieles.

HUIDA DEL SULTAN - EUROPEOS EN FEZ

Un correo de Fez que alcanza hasta el día 9, recibido en la legación inglesa, trae noticias de aquella capital que considero interesantes.

Se asegura que el emperador con sus tropas ha retrocedido ante las fuerzas que siguen al pretendiente.

En Fez no quedan más europeos que cinco súbditos ingleses, el escocés Mac Lean, los hermanos Vernon, el cónsul francés Gaillard, un médico español y un individuo de nacionalidad italiana, habiendo salido, entre otros, el matrimonio Simpson.

MINISTRO QUE PERECE

Acaba de llegar también un correo alemán de Rakkas, portador de una noticia sensacional que ha producido aquí penosa impresión.

El Ministro de la Guerra, Menehbi, se afirma que ha perecido ignorándose fijamente la causa, pues mientras unos informes aseguran que murió en el campo de batalla a manos de las tropas del pretendiente, otros suponen que ha sido envenenado por un grupo de traidores de las tropas del emperador.

OTRA KABILA INSURRECCIONADA

El gobernador de Alcazarquibir ha salido para combatir a las kabilas de Garb, que también se han sublevado defendiendo la causa del Roghi.

NOTICIA CONFIRMADA

Por diferentes conductos recibo la confirmación de la noticia de la retirada de Abd-el-Aziz, ante las tropas de Bu Hamara.

Como se ve, los propósitos y las esperanzas que que el emperador tenía de combatir y derrotar al pretendiente han resultado fallidos, y en la primera ocasión que se le ha presentado ha vuelto grupas, pensando tal vez en la belleza de la hija de Mac Lean.

(*El Globo,* del 14-I-1903)

ENVIADO DEL ROGHI ANTE EL SULTAN
EL EMPERADOR NO ACEPTA EL RETO

(Por cable)

Tánger, 14 (2,15 tarde).

Acaba de llegar el correo de una de las legaciones de esta capital, con el que he hablado.

Me asegura que un confidencial del Roghi pasó el río Sebú, a una hora de Fez.

El enviado del Roghi prometió, en nombre de éste que el pretendiente estaba resuelto a entrar en Fez sin entablar la lucha, pacíficamente y respetando a los cristianos que se hallaban en la población.

Retó al sultán a que saliera al campo con sus tropas para dirimir de una vez la cuestión pendiente, negándose a ello el emperador, que continúa con su inactividad acreditada.

El vecindario de Fez, enterado del ofrecimiento del pretendiente, espera tranquilo y confiado que realice sus propósitos.

EL MINISTRO NO HA MUERTO
LAS VICTIMAS DEL COMBATE

Noticias de carácter fidedigno me permiten asegurar que el ministro de la Guerra, Menehbi, no ha muerto, sino que únicamente resultó herido en el combate de que ayer di cuenta.

En dicha escaramuza, a pesar de lo que en contrario han telegrafiado otros corresponsales de diarios madrileños, perecieron cuatro moros y resultaron tres heridos.

AMENAZA DE INTERVENCION

El ministro francés en Tánger envió ayer mismo un aviso a Mohamed Torres, diciéndole que impida, por todos los medios que estén a su alcance, hechos análogos a los de ayer, comunicándole que, de no impedirlos, se procederá a la intervención europea.

SALIDA DE TROPAS - COMBATE INMINENTE

Según una carta enviada por un comerciante alemán, establecido en Fez, salieron de aquella capital tres escuadrones de Caballería y varios batallones de Infantería del sultán, con dirección al puente del río Sebú.

Manda las fuerzas Muley Amhani, guerrero prestigioso del ejército del sultán, y se espera que, muy en breve, se encontrarán las fuerzas rivales, considerándose inminente un gran combate.

SARGENTOS QUE LLEGAN
REUNION DE CONSULES

Tres sargentos ingleses que han llegado hoy a Tánger, acompañando a una misión africana, me aseguran que los cónsules de Fez, en reunión magna a la que todos asistieron, acordaron, por unanimidad, abandonar la ciudad en vista de que la situación se agrava por momentos.

(*El Globo*, del 15-I-1903)

ESPERANDO UN COMBATE - EMPIEZA LA LUCHA - INTERVENCION DE LOS ASKARIS BUSCANDO REFUGIO

(*Por cable*)

Tánger, 15 (6,15 tarde).

Desde anoche esperábamos con la natural ansiedad que hoy se iniciara la lucha entre las kabilas de las cercanías de esta capital, porque los moros fronterizos habían encendido grandes hogueras en los cerros inmediatos, con cuyas señales acostumbran a convocarse los marroquíes en momentos difíciles.

No nos equivocamos en nuestros vaticinios, y pudimos asistir al combate que se ha celebrado hoy en las cercanías de esta capital.

Comenzó la lucha, que fue muy encarnizada, por las tribus de Chart Ardis y Tanger-Valia, que se tirotearon bizarramente.

En lo más rudo de la pelea intervinieron los áskaris, que alcanzaron un gran triunfo, tomando a nuestra vista las kabilas de Mogoga y Alguebira.

En el puente de Mogoga, donde se encontraron

las tribus rivales, fueron recogidos, después del combate, gran número de heridos y muertos.

Muchas mujeres, justamente alarmadas por el fragor de la batalla, se refugiaron en casa de Harris Farhias.

Los combatientes se dispersaron; pero se teme que la lucha se repita mañana.

PRECAUCIONES DEL BAJA

Ante el temor de algún ataque por parte de las kabilas rebeldes, el bajá ha reforzado la guardia de la plaza.

Los ánimos están muy excitados.

TROPAS QUE REGRESAN

Las tropas que habían salido mandadas por el bajá han regresado sin hacer nada contra las kabilas combatientes, recogiendo tan sólo algunas cabezas de ganado de las kabilas incendiadas.

(*El Globo,* n.º 9.895, del 16-I-1903)

SIEMPRE LO MISMO

(*Por cable*)

Tánger, 16 (6 tarde).

Persona de confianza que llega de Fez me asegura que las fuerzas del Roghi se han apoderado de dos ametralladoras pertenecientes a las tropas del sultán.

A este hecho se le da gran importancia, no obstante su pequeñez, porque demuestra que siempre que las tropas del pretendiente se acercan a las del sultán, alcanzan alguna victoria.

HABLANDO CON COLOGAN

Hoy he conseguido celebrar una conferencia sobre el actual conflicto con nuestro ministro, señor Cólogan, que se muestra optimista respecto al resultado de las operaciones que, seguramente, habrán de realizarse.

El señor Cólogan me asegura que el emperador tiene un ejército muy numeroso que ha colocado en las inmediaciones del Sebú para impedir que se acerquen las fuerzas del pretendiente, lo que se cree que conseguirá por la topografía de aquella comarca.

PREPARANDOSE PARA EL ATAQUE

Las tropas del sultán han vadeado el río Sebú por diferentes sitios, dispuestas a atacar a la retaguardia de las tropas del Roghi.

A pesar de estos propósitos, se duda que pueda conseguirlo, porque el pretendiente se ha parapetado en las montañas de Tazza, y las proximidades del Sebú están intransitables a consecuencia de las lluvias, tan pertinaces en esta época del año.

LUCHA SUSPENDIDA

A pesar de los preparativos bélicos de las kabilas fronterizas a esta capital, que hacían suponer que hoy se trabaría entre las de Fahs y Tangervalia un serio combate, éste no ha llegado a verificarse.

Sin embargo, eran tales los temores que existían, que las mujeres de la kabila de Suanias se refugiaron en la posesión titulada "Villa Valentina".

NUEVOS TEMORES

Se nota gran agitación entre los moros de la kabila Benimakada y se teme que mañana promuevan alguna algarada.

Para evitarlo e impedir que la citada kabila cometa grandes desmanes han salido de esta capital gran número de áskaris que van a apostarse en la huerta de la aduana.

GRAVES RUMORES
ESPEREMOS LA COMPROBACION

Varios rumores corren que, aunque todavía no están confirmados y por tanto deben ser puestos en cuarentena, los transmito a título de información.

Según dichos rumores, Abd-el-Aziz, considerándose impotente para luchar contra las tropas del

Roghi, por estar sus fuerzas indisciplinadas. ha salido secretamente de Fez acompañado de algunos de sus ministros.

El emperador se supone que se dirige hacia Casablanca, afirmándose, aunque insisto en que no respondo de la autenticidad de la noticia, que el pretendiente hará en breve su entrada triunfal en Fez sin que nadie se lo impida.

Por último, corre el rumor de que el sultán se propone renunciar al trono a favor del pretendiente.

Como se ve, son demasiado graves estas noticias para que las creamos sin una detenida y completa comprobación.

EN ESPERA DE REFUERZOS

Las ametralladoras que las tropas del Roghi cogieron a los imperiales, y a las que me refiero en telegrama anterior, procedían de una remesa de quince ametralladoras que el sultán había recibido de Alemania y que las tropas del emperador no saben manejar.

(*El Globo*, n.º 9.896, del 17-I-1903)

KABILAS QUE SE SUBLEVAN Y QUE SE SOME-
TEN - AMENAZAS DE INCENDIO - EN AUXILIO
DE UNA KABILA AMIGA

Tánger, 17 (10,15 mañana).

La kabila de Abda, al mando de Sidi-Aïsa-Ban-Omar se ha sublevado.

En cambio la tribu de Beni Makada, que se había levantado en armas contra el sultán, se ha sometido por completo y los jefes de tres aduares de Fash se han ofrecido también a Sidi Mohamed Torres.

Parte de esta tribu ha salido con ánimos de incendiar los aduares de Beni-Makada y soldados de la guarnición de esta capital se apresuran a interponerse entre ambas tribus para evitar el derramamiento de sangre.

VISITA A UN CAMPAMENTO

Hoy hemos salido a las cercanías de esta capital con el fin de ver el campamento de los áskaris, establecido en la colina de Sidi-Dris, que están preparados para atacar a la kabila de Fahs.

El aspecto del campamento es pintoresco en alto grado. Está formado por doce tiendas de campaña y tienen montadas dos ametralladoras alemanas y un cañón, y alrededor de las tiendas vense agrupados muchos fusiles, en forma idéntica a como los colocan nuestros soldados en los momentos de descanso durante las maniobras.

La actitud de los áskaris es resueltamente belicosa.

LAS TROPAS DEL SULTAN AL ENCUENTRO DEL ROGHI

Hoy se ha recibido la noticia oficial de que Muley Amrhani, al frente de numerosas fuerzas imperiales, ha salido en busca del Roghi.

Este, según se asegura, cuenta con 10.000 hombres, creyéndose que son muchas las kabilas que se le han ofrecido para defender su causa.

CONFERENCIAS DIPLOMATICAS SIGUE LA GRAVEDAD

Hoy se han reunido nuevamente los representantes extranjeros para cambiar impresiones.

Sobre los acuerdos que han adoptado guardan absoluta reserva.

Sigo creyendo que la situación del sultán es gravísima.

CASTIGO A LOS REBELDES PROXIMO COMBATE

Tánger, 17 (9,50 noche).

Mañana domingo los áskaris del sultán castigaron a las kabilas que en estos últimos días se han mostrado rebeldes, proponiéndose atacar las aldeas de Bahrain, Bugdur, Zinat, Handak, Zarzor, Gzeunay, Fraihn, Nelasel, Aindalia, Delayalats y Beniseid.

El castigo promete ser severo y la lucha encarnizada.

Mañana llegará el gobernador de Larache llamado El Jaljaae y algunos refuerzos de Abderranian, ex-gobernador de Fez.

(*El Globo*, n.º 9.897, del 18-I-1903)

OPINION DE UN DIPLOMATICO

(Cablegrama de nuestro corresponsal Sr. Baroja, núm. 1.437.)

En las primeras horas de la madrugada recibimos un extenso despacho de nuestro redactor don Pío Baroja:

La extraordinaria importancia que revisten sobre todo para nuestra nación las declaraciones del diplomático inglés, cuyo nombre ha reservado nuestro distinguido compañero, por razones fácilmente comprensibles, nos inducen a publicar, en lugar preferente, el cablegrama, sin ampliación ni comentario.

* * *

Tánger (6,30 tarde).

Acabo de celebrar una importantísima interviú con un diplomático inglés que ha llegado a ésta recientemente.

Considera tan grave la situación de Marruecos que opina será absolutamente necesaria la intervención europea. Deplora ver un país fértil y abundante en minas de oro, como las que existen cerca de Fez y de Marrakesh, entregado a la anarquía, con un gobierno retrógrado. hostil al progreso y al desarrollo económico.

Dícese que la sublevación actual es resultado de los manejos de la diplomacia francesa, que excita al jefe de los fanáticos argelinos de la secta de Snussi y le ayuda con recursos materiales para promover el levantamiento de las tribus más fanáticas del imperio de Marruecos, a fin de destruir al sultán, cuyas simpatías anglófilas excitaron los celos y las inquietudes de Francia, a pesar de lo cual, afirma ser inexacto que predomine en Marruecos la influencia inglesa.

El sultán es un niño grande fácilmente engañable con baratijas, como bicicletas, fotografías, automóviles y otros objetos madernos, que despiertan su curiosidad, pero es rebelde a los beneficios positivos de la civilización. La fuerza de Marruecos —añade— reside en la debilidad y desacuerdo de las potencias.

La diplomacia europea quisiera resolver definitivamente la cuestión; pero nadie se atreve. Inglaterra desea principalmente abrir Marruecos al comercio y a la actividad europea, considerando convenientísimo para ello la unión con España. Inglaterra daría a España "el hinterland" de Ceuta, Melilla, el Rif marroquí, y el Garbiz; y pediría la ocupación por tropas inglesas, y en caso necesario, por tropas internacionales bajo la inspección de las grandes potencias, de algunos territorios del Imperio, tales como Tánger, Larache y Rabat, que serían declarados puertos francos.

Opina que Inglaterra declararía bajo su protectorado a Fez, Mequinez y Marrakesh, y dejaría a Francia la ocupación y posesión de las provincias limítrofes a la Argelia, en el suroeste de Marruecos, con Mogador; pero Inglaterra preferiría el protectorado colectivo sobre Marruecos, dejándole un Gobierno de autoridades musulmanas bajo la alta inspección de los representantes de Inglaterra, Francia, España y Alemania, pudiendo las potencias, si lo deseaban, administrar la hacienda y ejercer funciones gubernamentales, como Inglaterra practica en Egipto, dejando a los naturales que tengan gobiernos suyos propios para todos los asuntos de régimen interior. Por el innegable interés de las opiniones transcritas, las he considerado dignas de ser transmitidas.

LA "RAZZIA" CONTRA LOS FASIAS

A las tres de la tarde de hoy se ha formado en la alcazaba de Tánger una columna compuesta de trescientos a cuatrocientos áskaris, armados de carabinas Winchester y un piquete de jinetes que escoltaban al gobernador de la ciudad. Se trató de unir a la columna una ametralladora, un cañón de montaña; pero a última hora hubo dificultades, y las piezas de artillería llegaron al sitio de la acción cuando había terminado.

Se trataba de castigar a los habitantes de unos aduares de la tribu de los Fasias, cercanos a la ciudad, que los días pasados habían atacado a los Fasias de Tansa el Valia (Tánger la Vieja), habían degollado algunas reses y pegado fuego a unas chozas del aduar.

Sería largo de explicar el motivo de la lucha entre dos aduares pertenecientes a la misma kabila. Baste decir que los de Tansa el Valia acatan al gobernador de Tánger, y los otros, separándose del bajalato de la ciudad, han reconocido la autoridad del bajá de Anghera.

La columna salió de la alcazaba a las dos; un sol espléndido brillaba en el cielo. Al frente del piquete de caballería marchaba un portaestandarte, llevando la enseña roja del sultán, y detrás de él caracoleaban los soldados de caballería, armados con rifles y espingardas, y con los sables, ceñidos muy altos a la cintura. Los tambores batían un redoble desentonado, pero marcial, y un corneta soplaba con toda su alma una guerrera tocata. La columna atravesó el Zoco grande, y por un camino en cuesta desembocó en la playa. En el mismo Zoco alquilé un caballo y seguí de lejos a la columna, que atravesó el *Red Falk* (Río de la pesca), y dejando los arenales, se internó en el campo. Delante de mí se desarrollaba un panorama de montañas. Desde el cabo de Torre Blanquilla, este de la bahía de Tánger, subí al monte hasta las alturas de Anghera, habitada por los terribles guerreros que tanto lucharon con Muley Hassan. En las últimas estribaciones que lindan con el valle está Talya el Bahia, que ahora no es más que un montón de cenizas. Todavía vemos la columna de humo que se eleva al cielo.

Hacia la izquierda se abre el valle de Mogoda-Eladir. Mogoda, que dicen los moros, cerrado por la parte de Tánger por un cerro de poca altura llamada El Schaf.

Para mejor ver el panorama, subo en mi penco al cerro, y allí me encuentro con un tropel de aficionados que han venido de la ciudad, moros, judíos y europeos, que miran desde la altura, escondidos entre gigantescas pitas y chumberas, cómo la columna de soldados atraviesa el río por un puentecillo, se dirige por en medio de los fangales a ganar otro puentecillo blanco que se ve en el centro del valle. A mi lado galopa un moro en un magnífico caballo, y un corresponsal inglés montado en un penco de alquiler, que se desespera porque el moro no puede responder a sus preguntas. En cambio, a mí me viene de perilla este encuentro, porque el moro habla el español como un andaluz, y me dice los nombres y detalles del paisaje que veo.

La columna, entre tanto, alcanza el puente y se dispone a atacar un aduar de poquísimas chozas, que, según me dicen, es Mogoda, la pequeña. Los áskaris, sin desplegarse en guerrilla, sino en montón, suben hasta las afueras, y sin disparar un tiro les pegan fuego, espantan hacia el valle a unas cuantas reses y se vuelven a incorporar a la columna.

Los jinetes galopan por la llanura, y hasta la altura en donde estoy llegan sus gritos.

Envalentonado con la poca resistencia que veo en las kabilas, propongo al moro que habla español que nos acerquemos al campo de batalla. Acepta la proposición y bajamos a galope tendido la cuesta de Gehaf y llegamos al llano.

La columna ha rebasado entre tanto Mogoda-El-Guebira un poblado compuesto de muchas chozas cubiertas de paja, que domina el llano desde una loma; cuando llegamos a alcanzar a los áskaris, éstos se separan en grupos y se preparan al combate.

El aduar parece desierto; el sol poniente ilumina, con su luz dorada, las enormes chumberas que salen entre las rocas; por la llanura vense galopar a los soldados de caballería, que cargan los fusiles a la carrera o persiguen al ganado que los áskaris encuentran en las primeras chozas. Unos cuantos corresponsales y cuatro señoritas inglesas, armadas de sus *Kodaks* correspondientes, enfocan el aduar desde sus monturas.

De repente brilla una llamarada. Han pegado fuego a una choza, después de saquearla. Luego a otra; se oye una gritería atroz; los soldados se disputan el botín, y entre tanto, el grueso de la columna comienza a acercarse a Mogoda-El-Guebira, batiendo tambores con un toque rápido. En una loma calva y amarilla, que se destaca de las demás, llena de verdura, aparece un grupo de moros armados. Uno de ellos, cubierto por una chilaba amarilla, que el viento agita como una bandera, contempla, apoyado en un rifle, el destrozo que los áskaris hacen en el aduar. Es una figura magnífica. De repente hace una seña y desaparecen los moros en un barranco. Los áscaris de la avanzada se agazapan entre las chumberas y corren a guarecerse tras los troncos de los olivos que hay en la vertiente.

Entre tanto, la columna sigue su marcha, y cuando está enfrente del barranco, recibe una descarga cerrada. Contar el pánico que se produjo entre los curiosos me es imposible; salimos a galope tendido en todas direcciones; a mi lado pasó una miss con una velocidad increíble; un corresponsal, gran jinete por cierto, parecía montado en un galgo. A mi caballo, con la violencia del esfuerzo para ponerle al galope, se le torció la silla, y tuve que apearme a colocarla en medio de un tiroteo y una gritería ensordecedora. Aquello fue espantoso. Cuando nos pusimos fuera del alcance de las balas era de ver la satisfacción que denotaban los rostros de todos los curiosos, que creían asistir a un simulacro y se encontraban con que la cosa iba de veras.

Ya desde lejos vimos que los áskaris tomaban las alturas a la bayoneta, y que los Fasias rebeldes huían al interior. Los jinetes árabes trepaban por las rocas como si cabalgaran en cabras monteses, y disparaban con una rapidez vertiginosa.

Por el valle se extendía un tropel de ganado de todas clases, y el aduar era una inmensa hoguera. Volvió a formarse la columna, que emprendió la vuelta a Tánger. Al llegar al puente blanco vimos la ametralladora y el cañón, que, por fin, había podido montarse, pero que llegaba tarde.

Cada soldado llevaba un botín; vi vender una ternera por cuatro pesetas, una magnífica espingarda por diez y una bandeja de bastante mérito por dos.

A un pobre moro curioso que había ido al combate a distraerse le dieron un tiro en un brazo; salieron heridos tres áskaris y se hicieron dos prisioneros. Los Fasias de Mogoda perdieron todo lo que poseían y murieron de quince a veinte de ellos.

El resultado útil suele ser encarnizar los odios y aumentar el conflicto. Mañana también habrá tiros, porque los disparates, o gordos o no hacerlos.

(*El Globo,* del 15-I-1903)

CASTIGO A LOS REBELDES
LOS DECAPITADOS - LUGUBRE TROFEO

(Por cable)

Tánger, 19 (2,45 tarde).

La columna de tropas del emperador manda-
da por Omar Fussi, que había salido de Fez para
castigar a los rebeldes, tuvo un encuentro con la
kabila de Beniguayray adicta al Roghí.

Omar Fussi decapitó a seis prisioneros y envió al sultán, como trofeo, las cabezas de los seis
ejecutados que fueron arrastradas por las calles
de Fez.

También envió a dicha capital a dos rebeldes
prisioneros para que presenciaran los actos de
bárbara justicia que realizaban con los mutila-
dos cadáveres de sus compañeros.

DESERTORES DEL SULTAN

Son tantos los desertores del ejército del sultán que han sido presos que resultan insuficientes
las cárceles de Rabat y Salé para contenerlos a
todos.

¿OTRA VICTORIA DEL SULTAN?

Según me afirman, sin que pueda responder
de la noticia, la vanguardia de las tropas del sul-

tán ha derrotado, en un nuevo encuentro a la kabila Benider, haciéndole varios prisioneros y cau-
sándole gran número de víctimas.

(*El Globo*, n.º 9.899, del 20-I-1903)

MISION A FEZ - VIAJE DEL ROGHI A MEQUINEZ ¿NUEVA DERROTA? - CONTRA EL CORRESPONSAL DE "THE TIMES"

(*Por cable*)

Tánger, 20 (8,50 noche).

Hoy sale con dirección a Fez la misión francesa de Readuolo.

Dícese que el Roghi, al frente de su numeroso
ejército, irá en breve a Mequinez, con intención
de hacerse proclamar sultán, pudiéndose dar el
caso, no nuevo en este imperio, de que existan
dos emperadores.

Corre el rumor, hasta ahora no está confirmado, de que nuevas tropas del sultán, mandadas
por Omar Fussi, han sido derrotadas en las inmediaciones de Fez.

Una numerosa comisión de la kabila de Anghera ha visitado a Mohamed Torres para protestar contra la conducta de Harris, corresponsal
en esta ciudad de "The Times", a quien acusan
de instigador de las luchas de las kabilas de Fash,
habiendo llegado a pedir al ministro, aunque sin
conseguirlo, el derribo de la casa del citado corresponsal.

ALARMA EN MARRAKESH - FAMILIAS QUE HUYEN - SALIDA DEL CALIFA

Recibo noticias directas de Marrakesh, dándome cuenta de la alarma que en aquella capital reina por la efervescencia que se nota en las kabilas fronterizas, siendo varias las familias que han abandonado la población.

El califa del emperador en Marruecos ha salido al campo al frente de algunas tropas, con el fin de restablecer el orden y castigar a la kabila de Rhamma, que se ha sublevado y que es una de las que siempre ha sido más adicta a la política del príncipe Tuerto.

NOTICIA CONFIRMADA - FALTA DE TROPAS PREVISION DEL GOBERNADOR - INFUNDIO

Tánger, 20 (9,30 noche).

Las noticias transmitidas en mi anterior telegrama, respecto a la alarma en Marrakesh, las confirmo por autorizados conductos.

Las numerosas familias que abandonan la capital buscando refugio en las ciudades de la costa lo hacen en vista de que en la capital existe poca tropa y las fuerzas de que dispone el gobernador no respoden de la seguridad del vecindario.

Me aseguran que en previsión de que las kabilas fronterizas organicen un ataque a la capital, el gobernador de Marrakesh ha ordenado la reparación de las murallas, mandando colocar en ellas algunos cañones.

Puede calificarse de verdadero infundio el rumor que insistentemente ha circulado, y del que se han hecho eco algunos corresponsales, respecto a la prisión del famoso pretendiente.

(*El Globo,* n.º 9.900, del 21-I-1903)

ANTECEDENTES DE UNA KABILA

(Por cable)

Tánger, 21 (7,35 tarde).

La kabila de Ramnah, de las cercanías de Marrakesh, que se han sublevado contra el sultán, no es la primera vez que se insurrecciona, puesto que a la proclamación de Abd-el-Aziz hizo armas contra el nuevo emperador, siendo entonces arrasadas todas las casas de la tribu.

El ministro Mohamed continúa mostrándose optimista, y declara que la actual insurrección no tiene la importancia que se le atribuye, ni la tendrá a menos que el pretendiente obtenga una victoria completa y definitiva.

PERTRECHOS DE GUERRA
ESPERANDO ACONTECIMIENTOS

Cien mulas, cargadas con importantes pertrechos de guerra, llegadas de Mazagán por el vapor

"Reus", han salido ya de Larache con dirección a Fez.

Según noticias recibidas del campo del pretendiente, estamos en vísperas de importantes acontecimientos.

En Fez ha ocurrido un serio altercado entre el antiguo vizir Garnit y el instructor de las tropas del emperador Mac Lean.

DINERO A FEZ - DESERCIONES - PANICO

Se han recibido en ésta unos cuarenta cajones de dinero alemán, que en breve se remitirá a Fez, a disposición del sultán.

De aquella capital me afirman que numerosas tropas imperiales han desertado, llevándose gran cantidad de armas al campo rebelde.

Entre los capitalistas de Fez reina gran pánico, por considerar no están garantizadas sus vidas ni sus bienes.

PRESENCIANDO UN COMBATE

Estaba anunciada para el amanecer del día 17 la salida de las tropas mercenarias, que con dos ametralladoras y un cañón irían a saquear y a quemar los aduares del Fas, que desobedecían al bajá de Tánger.

Pensando que este programa no se cumpliría puntualmente, me levanté tarde, a las diez de la mañana, tomé mi caballo y fui a la alcazaba, donde todavía esperaba ver los preparativos de la marcha. Efectivamente, así ocurría.

La plaza de armas de la alcazaba presentaba un maravilloso aspecto. Una inmensa multitud blanca, que se movía confusamente, y de la que salía un murmullo agudo, llenaba los extremos de la plaza; eran las moras. En aquel torbellino de telas blancas, se veía de vez en cuando algún brazo negro adornado con pulseras de plata, que se alzaba para sujetar sobre la cabeza el montón de pliegues derrumbado. Los moros acurrucados en el suelo se agrupaban, separados de las mujeres. Los chiquillos pululaban por todas partes, mostrando muchos de ellos en sus sarnosas cabezas una coleta sumamente rara, dejada crecer sobre una oreja o en la coronilla. La coleta primera es distintivo de los handusi, y la corta de los aisaua.

En el centro de la plaza, seis mulas sostenían sobre sus lomos las ametralladoras, y, agrupados en círculo, alrededor de las mulas, se veían hasta doce caballejos blancos con gualdrapas rojas.

Los áskaris, tan desharrapados, como siempre, corrían de un lado a otro con un aire desgarbado, se despedían de sus mujeres y de sus amigos.

Examinando los rostros de estos soldados, quise sorprender en ellos alguna emoción. Era de creer que la muerte de su compañero, ocurrida en la razzia contra Mogoda les preocupara. No encontré en ellos ni el menor rastro de manifestación semejante. Quizá las emociones no se reflejen en el rostro de un europeo de igual manera que en el de un barbarote de éstos, y para mí pase desapercibida.

Al toque de la corneta se formaron los áskaris en tres compañías: los de a caballo formaron a la derecha, custodiando al estandarte rojo. Estos soldados llevan el mismo uniforme que los infantes, pero cubierto con un jaique blanco, lo que les da un aspecto sumamente airoso. No tienen el tipo miserable de los áskaris de a pie, los que, formados en líneas, presentan muchos curiosísimos detalles de indumentaria para un observador. Algunos llevan botas de calle, con botones; otros borceguíes; el de aquí, babuchas y medias rotas; el otro hunde los pies desnudos en botas de triple suela; otro va descalzo; algunos llevan guerrera, que fue blanca *in illo tempore*, y pantalones azules, tan sucios, que casi tienen el mismo color de la guerrera. Las borlas del fez las llevan mucho los áskaris anudadas formando una especie de moño sobre el gorro.

Desde las azoteas y ventanas de las casuchas moriscas que forman la plaza de la alcazaba, las moras ricas presencian el espectáculo; algunas descubren el rostro; veo mujeres negras y mulatas que tienen marcado tipo egipcio; recuerdan el perfil tradicional de los dibujantes faraónicos; gesticulan con gracia, manteniendo siempre la mano alta, sosteniendo el jaique sobre la cabeza y cuando tienen las manos ocupadas, muerden la tela para taparse la cara. Fue ayer el día en que vi más mujeres, moras, satisfaciendo así mis deseos. Era una preocupación para mí, como creo que lo debe ser para todo europeo que llegue a país mahometano. Hasta llegué a figurarme que las moras se tapaban tanto porque eran muy feas.

Ayer me convencí de que muchas son hermosísimas, y de que la costumbre de pintarse los ojos con khol debe recomendarse a las europeas.

Es admirable el efecto de lánguidos que prestan a un rostro estas intensas pinceladas negras en los párpados inferiores.

De la contemplación del bello sexo marroquí me sacó la llegada del caíd; sonaron los tambores y los áskaris desfilaron de dos en dos, llevando los fusiles sobre el hombro izquierdo al revés de los soldados españoles. Al final de la columna marcha el caíd, luego luego el estandarte real y, por fin, la artillería y los bagajes.

Como la expedición es para varios días, llevan tiendas de campaña.

En este momento empieza a llover.

Atraviesa la columna el Zoco, y tomamos el camino de Fez. ¡Qué camino! Unas veces es un arenal, de arena muerta, en el que mi caballo apenas puede andar; otras se convierte en un fangal.

Los soldados cantan el credo mahometano.

Al llegar al aduar de los snani vemos a sus habitantes armados hasta los dientes, agrupados alrededor de una bandera roja. Son rifeños que tienen fama de valientes, muy adictos, por ahora, al bajá de Tánger, y enemigos declarados de los Fasias. Subo hasta la loma donde están los guerreros y veo entre ellos a un tipo viejo, con sombrero cordobés y peinado a lo flamenco, que charlaba en español con los moros.

—Lo moro y lo cristiano semo uno: ¿vosotros no eztuvistez cuatrosientos ziglos en Ezpaña?, pues ahí vez —le decía a un morazo, grande como un castillo, que era el eberque del aduar.

Oyendo las explicaciones del compatriota me entretuve un rato.

La columna, entre tanto, había traspuesto las lomas cercanas, y yo, abandonando el aduar, puse mi caballo al trote, y al poco rato alcancé a los áskaris.

Salvamos arroyos y, atravesando fangales, subimos a una loma, en la cual está la *kubba,* o sepultura del santón Sidi Driss.

El caíd dio la voz de alto. Los áskaris pusieron los fusiles en pabellones, se clavó en el suelo el asta-bandera del sultán, y se comenzaron a levantar las tiendas. Las ametralladoras se pusieron en facha, mirando hacia el prosaico aduar de Baharain.

Entre tanto se presentaron los guerreros de Tánger Valia. El caíd los recibió con un continente y una prosopopeya admirables. Era de ver cómo adelantaba la mano para que se la fueran besando los guerreros, con qué dignidad se la llevaba a los labios y luego al corazón.

El espectáculo era maravilloso. La tienda del caíd, blanca con dibujos azules, se destacaba sobre el fondo del cielo sombrío; el estandarte, que termina en una gran bola de cobre, flameaba al

viento; en el horizonte lejano, las estribaciones
del Atlas se divisaban a través de una tenue ne-
blina, precursora de la tempestad. Los aduares
cercanos estaban desiertos, y desde la colina, llena de soldados que gritaban, disputándose las mejores tiendas, animados por las exclamaciones gu-
turales de las acemileros, se divisaba una enorme
extensión solitaria. Ni una humareda, ni un grito:
los aduares parecían amenazadores, en medio de
la soledad, defendidos por valles erizados de pitas
y chumberas.

Algunos áskaris comenzaron a hacer la comida; otros, tendidos en tierra, fumaban el kif, indiferentes a todo.

La noche se presentó tempestuosa. En medio
del silbido del viento, creíamos escuchar gritos lejanos; quizá las kabilas enemigas nos iban a atacar, aprovechando la obscuridad. Asomábamos la
cabeza por el agujero de la tienda, y podíamos
distinguir, confundidas con el redoble de la lluvia,
los pasos del centinela, que juraba entre dientes.
A lo lejos se distinguían las luces de Tánger, y las
de los barcos surtos en la bahía.

A eso de las tres alguien dijo que Muley Harafa, el tío del sultán, estaba cerca, con los quinien-
tos caballos que nos enviaban de refuerzo.

Resultó que los áskaris no habían visto nada.

Al amanecer se presentaron dos de los jefes de
los Fasias. Ninguna de las kabilas amigas vino a
ponerse a las órdenes del caíd; degollaron reses y
pidieron el amán.

El gobernador, temiendo una sorpresa, ordenó
que volviéramos a la ciudad.

A las diez volvíamos a Tánger, después de pasar inútilmente una noche toledana.

(Campamento de la colina de Muley-Dris, 18 de enero.)

(*El Globo*, del 23-I-1903)

MARRUECOS

La situación del vecino Imperio, no sólo no se aclara, sino que parece tomar un giro peligroso.

Las noticias oficiales de Fez capturan, aprehenden y matan al Roghi; pero lo cierto es que el pretendiente sigue vivo, libre y campeando por su respeto.

Los proezas del Melehbi, sus grandes victorias sobre los rebeldes, no convencen a nadie. El único hecho cierto y probado (sic) es que la anarquía reina en el Imperio marroquí.

Las kabilas que se consideraban en actitud favorable respecto al sultán vuelven a insubordinarse; se provocan conflictos en Maquinez; todos los días hay escaramuzas entre árabes y bereberes; el contrabando de armas y municiones sigue en gran escala y los bandidos ocupan los campos y se sitúan al paso de las caravanas.

De Tánger a Fez un jefe de bandoleros, Erraisuli, intercepta todos los caminos; y mientras nosotros, los españoles, permanecemos en la más indiferente de las actitudes, siguen luchando fran-

ceses e ingleses por la preponderancia en Marruecos.

El escocés Mac Lean sigue siendo el generalísimo efectivo de las tropas de Abd-el-Aziz, bajo la
capa del ministro anglófilo el Menehbi. Los en-
cargos de armas y de municiones siguen haciéndose a Inglaterra, y el único conducto para las
noticias son las informaciones que Harris da en
"The Times".

Por otra parte, los franceses trabajan para encender la rebelión, y el viaje de M. Loubet a la Argelia podría coincidir con extraños acontecimientos en la frontera de Marruecos.

Algunos banqueros españoles, belgas y franceses han creído hacer un gran negocio con sus
empréstitos al sultán, soñando con enormes divi-
dendos y con concesiones admirables, sin pensar
que, en el caso de que la anarquía se enseñoreara
del Imperio marroquí, sería muy probable que, no
sólo no pudiesen hacer los negocios que esperan,
sino que aun recobrar su capital les sería difícil;
y si la situación de Marruecos se normalizara, Inglaterra tendría interés en impedir que los acree-
dores obtuviesen ventaja alguna del sultán, pre-
firiendo, con mucho, pagar las deudas del Imperio
y ser ella la única acreedora, con lo que quedaría
afianzado aún más su poder en Marruecos.

(*El Globo,* n.º 9.902, del 23-I-1903)

LA OBRA DE LOS POLITICOS

Un lector nos dice:

—La frase de Costa, hablando de los políticos españoles, es manifiestamente exagerada.

Nos los sabemos a todos de memoria, escribe el ilustre sociólogo. Y yo encuentro que hay, entre los nuevos regidores de los negocios públicos, ministros, exministros, jefes de partido, aspirantes a jefes de partido, algunos —no muchos— con leales intenciones y felices atisbos.

Y nosotros hemos contestado:

—No, no; Costa tiene razón. Todos los políticos, nuevos, viejos, hidráulicos, hidrófobos, son lo mismo. La política representa, siempre, en todas ocasiones, una reacción en nuestra historia. *Nos los sabemos de memoria.* Nos los tenemos aprendidos desde hace cuatro siglos. Los intelectuales lanzan ideas, observan, estudian, escriben, enseñan; los políticos, superficiales, frívolos, ambiciosos, venales, vienen luego en reacción inmediata, y hacen estéril la obra de los especuladores. A un movimiento sigue otro; a lo largo de cuatrocientos años, la vida española discurre en este perpetuo y perdurable flujo y reflujo.

Se ha constituido la unidad nacional. Comienza a iniciarse la decadencia económica, mientras —paradoja que se repite en todas las decadencias— la floración intelectual asciende. La Filosofía, la Etica, las disciplinas del Derecho, crecen y cobran auge; el arte produce las filigranas del gótico florido, la literatura retoza en los versos del Arcipreste de Hita —*donneador alegre*— y se plañe en las coplas divinas de Manrique. Y una clase de hombres doctos, graves, silenciosos, austeros, cuyos retratos vemos hoy en los paraninfos y en los claustros, se inclina sobre los infolios en las largas vigilias y va trazando sobre los grandes pliegos sus reflexiones. No son políticos, no pertenecen a los Consejos, no pretenden, no ambicionan. Aman la Patria, y a ella dedican sus desvelos. Y son filósofos, como Luis Vives; frailes, como León de Medina; ingenieros, como Antonelli; médicos, como el doctor Herrera.

Esta generación —puramente intelectual— traza planos e imagina arbitrios para remediar los males, cada vez más crecientes, de nuestra España. Finaliza el siglo XVI, y Felipe II, gran burócrata, primer monomaníaco del expediente, echa las bases a la centralización administrativa. La reacción política va a nacer en contraposición al esfuerzo de los intelectuales. Y un catalán, Gaspar de Pons, será precisamente el iniciador en el ramo de Hacienda del sistema brutalmente fiscal y exactor que, desde el siglo XVI hasta el XX, implantarán todos nuestros ministros. Felipe II, en 1595, forma una *Junta de consejeros* para recurrir a las calamidades de la Patria. Se piensa en todo; se recurre a todo —venta de alcabalas y tercias, venta de bienes confiscados a los moriscos, creación de censos—; se imagina todo, menos la protección y el fomento reproductivo de la agricultura y el comercio. Los consejeros concluyen —en frase que brindamos al señor Villaverde— recomendando al rey "que se recoja con la mayor brevedad, el más dinero que fuese posible".

Esta tendencia perdura a través de toda la decadencia austriaca; los políticos, ya en el siglo XVII, se han apoderado del Poder y han hecho imposible toda obra de regeneración. Han fabricado —y éste es el arte único que han tenido antes, ahora y siempre—, han fabricado profusamente leyes y más leyes. Ya en 1587, una mujer, Oliva de Sabuco, autora de atinadísimas reflexiones sobre el problema agrario, se queja de que los libros y las leyes urdidos por los políticos, "pasan de veinte carretadas"; treinta y dos años más tarde, en 1619, otro escritor preocupado con las cuestiones agrícolas, Sancho de Moncada, reputa como una de las causas de la decadencia de España, la muchedumbre y confusión de las leyes existentes. Contábamos entonces al pie de *cinco mil leyes;* unas sueltas, como las pragmáticas y disposiciones nacientes cada día, otras compiladas y amazacotadas en los infolios varios del Estado, de Toro, de las Partidas, del Ordenamiento Real, del Fuero Real, del Fuero Juzgo...

¿Cómo era posible progresar con tanta balumba legislativa, con tan riguroso y mezquino espíritu financiero en los regidores de la Hacienda? He ahí patente la obra de los políticos. España se despuebla; los campos quedan yermos; la ruina de villas y lugares iniciada a fines del siglo XVI, acaba de consumarse; se duda de si los habitantes de la nación llegan a tres millones. Cuanto se diga sobre este agotamiento será rápido y menguado; léanse las novelas, repásense las cifras de los economistas; échese la vista, para colmo de desconsuelo, sobre los vivos y sugestivos *Avisos* de los Pellicer y Barrionuevo.

Y, andando el tiempo, las energías muertas empiezan a resurgir. Ha llegado el siglo XVII. A la reacción de los políticos ha sucedido de nuevo la acción de los intelectuales. No es posible exponer en breves y ligeras palabras la enorme cantidad de energía y de observación acumulada durante este período en los libros y en la Prensa periódica, que entonces nació. Feijóo, Sarmiento, José Rodríguez, Martín Martínez, Velázquez, Bowles, físicos, geólogos, críticos, economistas, laboran, investigan, preparan una era de prosperidad y engrandecimiento.

Un instante, los intelectuales se acercan al Poder; Campomanes, Olavide, Floridablanca, Aranda, Cabarrús, Jovellanos, Macanaz van a traducir en reformas palpables y fecundas, las ideas en el libro y en la revista difundidas... Y la obra esperada, aparte de laudables y errátiles amagos, no se realizará. Jovellanos es desterrado; Floridablanca es recluido en un convento; Olavide remata su tormentosa vida confinado en un rincón provinciano; Macanaz es sentenciado por los hoscos inquisidores, y acaba humildemente sus días escribiendo un bochornoso panegírico del Santo Oficio. Han vuelto a triunfar los políticos. Durante sesenta años, la nación va a zozobrar entre revueltas, motines, elecciones tumultuosas, cambios de dinastías, probatas de nuevas formas de gobierno, intrigas y expedientes de políticos perturbadores.

Y así como a la infecunda generación política del siglo XVII siguió la intelectual del XVIII, del mismo modo, ahora, a los expedientistas y discurseadores, seguirán otros hombres que han buscado sus inspiraciones en un misterioso y austero filósofo tudesco y han llevado a las especulaciones de la Filosofía y del Derecho, lo mismo que al comercio de la vida diaria, una sinceridad, una sencillez, una rectitud, una probidad que han servido de norma y vivo espejo a las nuevas generaciones.

De esta grande y patriótica escuela —fundada por Sanz del Río y representada por Giner—, han salido las bases para la reconstitución de España. Las nuevas doctrinas pedagógicas, la política hidráulica, las flamantes concepciones del Derecho y de la Higiene social, lanzadas y vivificadas han sido por otra pléyade de filósofos y sociólogos.

Y otra vez, en ritornelo perdurable, durante estos últimos tiempos, los políticos se han apoderado de las ideas de los intelectuales, y conmueven la nación con sus agitaciones estériles y sus voces livianas. La política agraria —iniciada y sustentada por Costa— es el tema de las vehementes predicaciones. Una nueva reacción nos amaga más tremebunda y deplorable que la pasada. He aquí por qué nosotros, repetimos con el ilustre sociólogo, al final de esta fugitiva excursión por nuestra historia, que nos muestra que todo es uno y se reproduce en la sucesión del tiempo inexorable; he aquí por qué nosotros repetimos, profundamente convencidos, que *a todos los políticos, nos los sabemos de memoria,* y que no son ellos, no, los que han de traer, para nuestra patria, las bienandanzas suspiradas.

(*El Globo* de Madrid, del 16-II-1903)

LO QUE NOS IMPORTA

Hay en la vida española, reflejada en lo que se llama los órganos de la opinión, un convencionalismo y una falsedad estúpidos. Se asesina inicuamente a unos muchachos en la Universidad de Salamanca, y hay periódico que clama más contra la profanación del Claustro que contra el asesinato de esos pobres muchachos.

Se maltrata y se atropella en las calles a transeúntes pacíficos, y los periódicos hablan de las torpezas políticas de Maura o de Silvela.

¿Qué nos importa a la mayoría de los españoles el que esos políticos sean hábiles o torpes mientras sus habilidades o sus torpezas no trasciendan a nuestra vida?

A nosotros, a los que queremos vivir tranquilamente de nuestro trabajo, nada nos importa que ese Silvela se crea un genio de la literatura y de la política, ni que Maura se figure ser un Mirabeau porque ha aprendido el arte de decir vaciedades en el Charladero Nacional y ha asombrado con su oratoria presuntuosa y relamida a los papanatas de la Magistratura.

En un país como éste de imbéciles, las condiciones de charlatán lo hacen todo.

A nosotros, los que vivimos modestamente, no nos importan estas cuestiones políticas que no nos atañen; lo que sí nos importa es que se atropelle a la gente y se dispare a mansalva sobre la muchedumbre indefensa; lo que nos importa es ver niños muertos a balazos, mujeres atropelladas, jóvenes apaleados.

A nosotros no nos importa que se profane una Universidad, aunque ésta sea la de Salamanca, porque sabemos que las Universidades en España no son más que centros de estupidez y de pedantería; lo que sí nos importa es que se asesine a los jóvenes en la Universidad, en la calle, en el teatro, en cualquier parte.

Que se hunda la Monarquía o que se levante la República para nosotros es igual; siempre habrá los mismos conventos, los mismos curas, los mismos generales, los mismos magistrados; siempre habrá funcionarios que puedan decir ante eso que llaman el altar de la Patria: *Ave, Patria, los que van a comer te saludan*.

A nosotros los que no nos metemos en política ni hemos de prosperar con sus martingalas y sus farsas, nos tienen sin cuidado los éxitos o los fracasos de éste o del otro hombre público.

Lo que sí nos importa, lo que no podemos consentir, es que en las calles nos atropellen y nos traten como a borregos.

Y que lo sepan Maura, Silvela, el gobernador, Dios padre. Si esos brutos de polizontes siguen atacando a la gente tranquila, nosotros, los hombres sin partido político alguno, los que no queremos más que vivir y trabajar en silencio, seremos los que contestemos. Y a esas advertencias saludables del Mauser, necesitaremos contestar con la réplica no menos saludable del revólver.

Firmado X.

(*El Globo*, n.º 9.974, del 5-IV-1903)

NUESTRA DENUNCIA

Nuestro querido amigo don Pío Baroja, director interino de *El Globo*, se presentó ayer tarde en la Casa de Canónigos ante el juez instructor del distrito de Palacio.

Don Pío Baroja declaró ser el autor del artículo *Lo que nos importa*, que el fiscal denunció en nuestro número del día 5 de este mes.

El señor Baroja quedó a disposición de la autoridad, y el juez del distrito de Palacio dictará o no, según proceda, el acta de procesamiento.

(*El Globo*, La Dirección, n.º 9.978, del 8-IV-1903)

DE POLITICA HIDRAULICA

Un banquete

Sevilla, 12 (10,25 n.)

El senador señor Ibarra obsequió con un banquete en la venta de Eritaña a los señores Gasset, Burell, García Plaza, Maeztu y Baroja.

Al banquete asistió el gobernador.—Cañaveral.

Telegrama de Baroja

LLEGADA A JEREZ.—EL RECIBIMIENTO

Llegamos a Jerez. El recibimiento ha sido verdaderamente entusiasta. En el andén estaban varias bandas de música y numeroso gentío. Nos recibieron el duque de Almodóvar, diputados provinciales, el Ayuntamiento en pleno, los presidentes de las Cámaras y de los Gremios de Ganaderos, y los marqueses de Casa Pabón, Casa Bermeja y Aboloduej.

La Prensa local y las Comisiones de las Sociedades obreras han publicado una hoja sobre el pantano de Guadalcacín.

COMIENZA EL MITIN.—LOS PRIMEROS DISCURSOS

Jerez, 12 (4 t.)

A las tres en punto llega el Ayuntamiento al teatro Eslava, siendo recibido a los acordes de la música.

Bajo mazas atraviesa el paseo central de las butacas y sube al escenario, siendo ovacionado por el público.

A los pocos momentos llega Gasset, al que acompañan los presidentes de las Cámaras de Comercio y Gremios de Labradores y el Duque de Almodóvar.

Fue recibido con estruendoso aplauso.

Se leen las adhesiones, y se levanta a hablar el alcalde, saludando a todos los que asisten a la reunión, elogiando el objeto del mitin, en el que se trata un asunto del que espera su salvación la comarca, y dedicando frases de encomio al marqués de Mochales y al señor Gasset.

Termina alentando a los concurrentes, sin diferencia de partidos, para que trabajen en pro de la construcción del pantano de Guadalcacín.

Habla después el duque de Almodóvar, asociándose a lo que pide el pueblo de Jerez, ensalza a Gasset, diciendo que los Poderes públicos acogerán favorablemente la petición que motiva el mitin.

Pinta la triste situación de Jerez, diciendo que hay que hacer cuanto se pueda por remediarla, y termina diciendo que tal obra es, no sólo beneficiosa, sino digna de la Patria.

El marqués de Mochales se adhiere a lo dicho por el duque de Almodóvar, y afirma que los burgueses están dispuestos a sacrificarse.

Los tres oradores son muy aplaudidos.

DISCURSOS DE MORENO MENDOZA Y LUQUE

Moreno Mendoza habla en nombre de 25.000 obreros, que se sacrifican, aun teniendo hambre, por el bien de la Patria, recomienda a la prensa madrileña que rechace a los que calumnian a los obreros jerezanos, tachándolos de asesinos o incendiarios, y dedica un sentido recuerdo al organizador del mitin, Saiz Bustamante. Es ovacionado.

Luque dice que el pantano de Guadalcacín beneficia a la región y representa la regeneración social.

Elogia a Gasset, dedicándole palabras de cariño y admiración.

DISCURSO DE BARRON

Jerez, 12 (4,15 t.)

Barrón, jefe de los republicanos, saluda y encomia a Gasset.

Elogia la necesidad de las obras del pantano, hablando de la ventaja de ellas, tanto en Jerez como en España entera.

Las ventajas de dichas obras son muchas —dice—, pero no se podrán alcanzar mientras los gobernantes se consagren a discursear y no a obrar.

Todos han sido ovacionados.

DISCURSO DE GASSET

Jerez, 12 (4,30 t.)

En medio de grandes aplausos se levanta a hablar el señor Gasset a las 4,30.

Primeramente, el joven ex-ministro saluda a

Jerez, la ciudad del trabajo, símbolo de nuestra España, un día próspera y hoy abatida.

Explica los motivos del aplazamiento del mitin.

Si se hubiera celebrado en la primera convocatoria, cuando la atención pública y del Gobierno estaba solicitada por los alborotos y revueltas de los pasados días, nadie habría parado mientes en las razones que aduce Jerez para pedir la construcción del pantano.

Se ratifica de varios puntos de vista expuestos en Ciudad Real, por virtud de los cuales se evidencia la necesidad de atender urgentemente a la difusión de la Enseñanza y al mejoramiento de la Agricultura.

"Ese —dice— es el único pedestal que puede sustentar la enorme pesadumbre de Marte, cubierto de hierro. Sin la escuela establecida a la moderna, según solicita Melquiades Alvarez, y sin una industria agrícola remuneradora, no hay manera de formar un pueblo fuerte.

Después del desastre, debimos, en la medida de nuestras fuerzas, imitar a Francia, que el año de Sedán inauguró 25.000 escuelas, y destinó seis millones para construir obras de interés general; y lejos de eso, continuamos con los desgraciados maestros al frente de las escuelas, que cobran 60 céntimos diarios, obtienen menos que los golfos dedicados a la mendicidad, y pondrán parte de la tierra sometida a tributos que superan a las cosechas, de donde se deriva el número infinito de fincas embargadas por falta de pago de la contribución y otros tributos.

Habla de la política hidráulica, de la que dice no es la solución total al problema agrario, pues éste sólo se resolverá, cuando tengamos tratados de comercio hechos con algún celo, transportes rápidos y económicos, enseñanza agrícola, abonos baratos, etc...; pero el aumento de los riegos es un factor importantísimo para lograr el desarrollo de la riqueza de la tierra.

Advierte cómo algunos autores españoles y franceses se contradicen de sus obras, pues si en algunos capítulos sostienen que España tiene un suelo irremisiblemente condenado a la esterilidad, en otros afirman que, por virtud de las obras hidráulicas, se han realizado creaciones maravillosas, trocando planicies insalubres y pobres en verdaderos vergeles.

El pantano de Guadalcacín —dice— es la obra reintegrable, que proporcionará el aumento de la tributación.

Explica que, contra lo que muchos creían, entre lo que sustenta el señor Villaverde en su política de nivelación y lo que el orador defiende tocante al desenvolvimiento de los intereses materiales, no hay desacuerdo alguno.

Indica con toda claridad que la política de protección a la agricultura la seguirá amparando don Raimundo Villaverde, uno de los hombres más serios y prestigiosos de la España nueva.

Mientras los hombres de Gobierno olvidan problemas tan capitales como la mejora de la principal fuente de riqueza, sólo advierte el país el esfuerzo intelectual de los que le dirigen por las frases de ingenio que producen al combatirse. Entretanto caemos más y más en la decadencia.

La historia de nuestra destrozada nación, escrita por nuestros hijos, juzgará el cobarde proceder de hoy, diciendo algún día:

"España murió a manos de los que no acertaron a gobernarla. La grandeza de los pueblos no se crea con frases."

A las cinco y cuarto termina su discurso el señor Gasset, confiando en que iniciativas como las que Jerez defiende, encontrarán amparo, para bien de la Patria, en la Patria misma.

Los aplausos tributados al señor Gasset durante todo su discurso y al final han sido verdaderamente extraordinarios y como hacía tiempo no se tributaban a orador alguno. La impresión imparcial es que este acto tiene una grandísima importancia.

(*El Globo*, del 13-IV-1903)

DESDE JEREZ

(Telegramas de Baroja)

BANQUETE.—VISITA A LAS BODEGAS

Jerez, 13 (7,50)

En el real de la feria se ha celebrado un banquete en honor de los iniciadores del mitin para solicitar del Gobierno la concesión del pantano de Guadalcacín.

Brindaron el presidente de la Cámara Agrícola, el señor marqués de Mochales, Burell, Maestre, Balcázar, marqués de Bonanza, García Plaza y Gasset.

Por la tarde visitamos las bodegas de González Byass, donde fuimos obsequiados con un espléndido *lunch*.

Hubo discursos.

UN MUSEO.—A SEVILLA

Jerez, 13 (9,53 n.)

Hemos visitado el museo del marqués de Bonanza. La instalación es admirable. Hay cuadros excelentes. Mañana remontaremos el Guadalquivir desde Sanlúcar de Barrameda a Sevilla.

(*El Globo*, n.º 9.982, del 14-IV-1903)

(PARA ANGEL GUERRA)

Querido amigo:

Yo todavía no he llegado a comprender bien la utilidad de la Academia. Por ahora, me parece una de las muchas entidades, corporaciones, asociaciones o lo que sea, que no sirve para nada.

El lenguaje es una cosa viva que degenerándose y cambiando y descomponiéndose, va marchan-

do y enriqueciéndose, y el querer sujetarlo y redu-
cirlo me parece una simpleza.

Ahora hay la costumbre de llevar a la Academia a los hombres ilustres por las letras, y entre
éstos, entre los de ahora, entre los que no han
entrado todavía en la docta Corporación, los de
más méritos y prestigio, me parecen la Pardo
Bazán y Palacio Valdés. Doña Emilia no puede
entrar en razón de su sexo; entre don Armando
Palacio Valdés.

(*El Globo,* n.º 10.520, del 26-X-1904)

NOTAS A "BAROJA Y *EL GLOBO*"

(1) Hay dos épocas en las colaboraciones de Baroja en *El Globo*. Una en dos momentos, anterior a su entrada como redactor y redactor-jefe, cuando no director interino, en la plantilla, y la segunda a partir del cuarto trimestre de 1902, cuando cumple este oficio y el de enviado especial y corresponsal de guerra en Marruecos.

En el periódico leemos el texto siguiente:

"Deseoso *El Globo* de contar con el concurso de esa estudiosa juventud que por modo tan directo contribuye, desde el periódico y el libro, al renacimiento intelectual de España, ha solicitado la colaboración de distinguidos literatos, entre ellos el autor de "Silvestre Paradox", con cuyo artículo, *Burguesía socialista,* honramos hoy nuestras columnas.

Esta colaboración será todo lo asidua que nos permitan las concesiones que la Prensa diaria ha de hacer forzosamente en *obsequio a los asuntos de actualidad.*" ("El Globo")

Del primer período son:

1.º *Textos que se publicaron en la colección de cuentos de* "Vidas Sombrías", como: *Lo desconocido* (núm. 20 de V. S.), en el diario del 7-X-1898, núm. 8.349.

Los Panaderos (4 de V. S) en el 10-X-1898, número 8.352.

La Playa en otoño (6 de V. S.) en el 7-XI-1898, número 8.380.

El Trasgo (9 de V. S.) en el 3-II-1899, núm.

En estos cuatro textos hay variantes con los del libro, que corresponden con lo que hemos dicho ya en las anteriores notas de "La Voz de Guipúzcoa", etc.

2.º *La publicación en folletín,* aproximadamente semanal (menos los seis últimos que se publicaron en una semana), del 21-IV-1900 al 24-II-1901 de "Aventuras, inventos y mixtificaciones de Silvestre Paradox", recogido luego en un libro editado por M. Romero, impresor de "El Globo", Libertad, 31, en Madrid. El texto es muy distinto del que saldrá en libro. Sólo se menciona aquí el hecho bruto, la salida de la novela por entregas semanales, anunciada en el número del 21, empezando el 30-IV-1900.

3.º *La publicación de textos "nuevos",* algunos nunca reproducidos, otros sí. Se darán completos aquí, por sus numerosas modificaciones, *La Forma es todo* (está en Tablado de Arlequín); *Los Regeneradores* (que pasarán a "Vidas Sombrías", con el título de *Nihil,* núm. 17).

Son nuevos:

Exposición de carteles (22-XI-1898).

El Alma Castellana, artículo crítico del libro de Martínez Ruiz, salido entonces. (Está en el número del 15-VI-1900.)

Rodríguez Serra (un artículo necrológico sobre su amigo y editor (en el número del 21-XII-1902).

Navidad (del 28-XII-1902).

Publicados en el tomo VIII de las O. C., entre los Ensayos, páginas 826-833, dos artículos sobre *Cuadros del Greco* (21-VI y 9-VII-1900).

En el segundo de los *Cuadros del Greco* notamos por párrafos, a partir de la edición de las Obras Completas, las diferencias:

(9)   de vez en *cuando* (y no de vez en *vez*)

(13)   Y a medida que avanzaba la tarde *calurosa* (y no *calmosa,* que no tiene sentido).

En *Entierro del Conde de Orgaz:*

(2)   en el texto en latín, *rex admiranda et insolita divus* (en vez de "*res admirando et indelito divus*"), y luego: *augustinianos* sodales, y no *augustinionus*) =

(4) Y *a la* cual le falta (no: y *al cual* le falta). Por
fin los párrafos 15 (y 16, nuevo) están destrozados y
conviene leerlos así:

"*Después de éste, asoma la cabeza un hombre de
unos treinta años, de frente despejada* [*y barba en punta, que mira apasionadamente al Cielo. Es, según dicen
los cicerones de Toledo, el mismo Greco. Tras de él,
está un señor de unos sesenta años, de aspecto noble,
nariz aguileña, barba blanca, frente despejada*], vestido
de negro y sin golilla, que mira a la fosa con tranquilidad filosófica.*"

No es poco lo que le faltaba al texto, por mala lectura, salteada. Luego, el texto es idéntico hasta el final.

* * *

Del segundo período mucho más importante son sus
Crónicas teatrales, vueltas a publicar con prólogo de
Azorín en "Crítica arbitraria"; sus artículos de corres-
ponsal de guerra en Marruecos y varios artículos sueltos.

1.º *Teatros.*—Sólo faltaba un texto entre los publicados en "Crítica arbitraria": *La Musa,* de Salvador
Rueda.

Los demás textos han sufrido poco en la edición
de O. C., como se va a ver:

a) "Aurora", de Dicenta. Párrafo 5.º, el matrimonio no es sólo de inclinación. En el libro se añadió: el
matrimonio *proyectado.*

Párrafo 8.º: con que *le* va a dar a Manuel noticias
(*le,* suprimido).

Párrafo 13: no es de *la misma manera, ni de* la misma forma arcaica (suprimido en el libro).

Párrafo 22: todo el patio de butacas quedó *silencioso* (en el libro: quedó *en silencio*).

Párrafo 26: *Al final* de los actos (en vez de *Al fin*
de los actos).

b) en "La dicha ajena", de los Quinteros. Sólo hay
una diferencia: En Guadalema, el pueblo *en donde* se
desarrolla (≠ *donde*).

c) en "Debuts", de la Bartet. Aparte dos erratas: me decían, en vez de "me decíaa", en el primer párrafo, y de un "algunos", añadido al final del segundo, lo único importante es la frase que falta en el octavo, que termina así: "No sale el drama espontáneamente de la vida (como esas maravillosas figuras de Rodin, que parecen brotar del mármol apenas desbastado); el drama se desarrolla matemáticamente, inexorable..."

d) En "Francillon". Hay un adjetivo absurdo, que conviene corregir en la frase: "Aquel hombre extraño y negativo (En vez de "pensativo"), al principio para calificar al rey Luis XI.

e) en "El marqués de Priola". Ha desaparecido un "cínicos", en "que no recuerda, a pesar de sus alardes cínicos, ninguna de esas grandes figuras del mal que aparecen en las literaturas" (pág. 534, 2.ª colec., bajo).

f) en "Malas herencias", de Echegaray. También una menudencia: "La casa de Don Basilio... de esas casas en que todo el mundo entra y sale", añadiendo Baroja: "todo el mundo, amigos y extraños".

g) en "Alma triunfante", de Benavente. Tres cosillas de nada. Dos artículos: "No soy un entusiasta de Benavente (párr. 1), y en el párrafo 12: "en que cada punto blanco es un glóbulo de pus". Al final: "La señorita Bremón en el segundo (cuadro del primer) acto... (y no: "en el segundo acto").

h) en "La escalinata de un trono". Falta un párrafo entero, por confusión entre el tercer y el cuarto acto. Se restablece aquí el texto:

"El tercer acto es un cementerio; unos cuantos sepultureros charlan, borrachos; dicen que va a llegar Roger. Llega éste acompañado del criado, el traidor, que le sugiere la idea de que su novia ha sido deshonrada por el tirano. Al ver Roger a su novia, la rechaza violentamente, y ella, indignada, para vengarse, dice que será la esposa del tirano.

El cuarto acto es una logia..."

2.º Los artículos de corresponsal de guerra y enviado especial a Marruecos. Se reproduce aquí todo el conjunto, por ser una contribución periodística interesante y moderna en un literato a quien tanto le preocupó el acontecimiento diario, bruto, extraordinario o interesante, por ínfimo que sea el protagonista. Además, convendría estudiar de muy cerca los editoriales y artículos de fondo de "El Globo", en los meses que van de octubre 1902 a abril de 1903. Tiene que haber contribuido en ellos más de lo que se cree Baroja, redactor-jefe o director interino.

3.º *Los artículos sueltos.* Ver en el cuadro cronológico final las fechas de: *Burguesía socialista; El Culto del yo; Vieja España. patria nueva; Psicología política; Mala Hierba; Los Desarraigados; El éxito de Nietzsche; El caso Borbón; Los Humbert; Blanchard o el precursor de Madame Humbert; Almas de príncipe; La santa austeridad; Ideas o ejemplos; Indiferencia; Espíritu de subordinación; Poncio Pilatos.*

Todos estos textos fueron reproducidos en "Tablado de Arlequín, o en *el tomo VIII de las Obras Completas,* en una parte intitulada: "Ensayos". Varios de estos textos sufrieron errores y erratas, al pasar a dicha edición. Sólo señalo el hecho por ahora.

Artículos "nuevos" son:

1) *La Obra de los políticos.*

2) *Lo que nos importa* y *Nuestra denuncia,* artículo violento de Baroja y denuncia gubernamental por él, después de la muerte de estudiantes en la Universidad de Salamanca, y de la noticia de haber resultado herido Miguel de Unamuno en aquellos incidentes. Como director interino de *El Globo* quedó denunciado Pío Baroja.

3) *De Política hidráulica* y *Desde Jerez* son fruto de una invitación y un viaje a esta ciudad, y a Cádiz, en donde se celebró un mitin, con Rafael Gasset, con ocasión de la creación de un pantano en Guadalcacín. De ahí saldrá *Primavera andaluza,* publicado en el verano siguiente en *El Pueblo Vasco,* y acaso todas aquellas *Postales respaldadas* a propósito del Album de Cádiz. En Itzea hay, de entonces, postales enviadas a la familia.

"La Busca" (que incluye a "Mala Hierba") sale en folletín seguido, a partir del núm. 9.942 del 4 de marzo de 1903, para concluir con el núm. 10.027 del mismo año. Había sido anunciada en el número 9.935 del 25 de febrero, o sea, una semana antes de empezar con la introducción. Un cotejo y edición crítica de esta versión se hará en breve, así como de "Camino de Perfección", que se publicó en *La Opinión,* un periodicucho nacido en 1899 y dirigido por Alba Salcedo, en Muñoz Torrero, 6, principal. Baroja sacó esta novela en folletín entre el 30 de agosto y el 8 de octubre de 1901, del núm. 899 al 932.

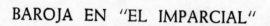

BAROJA EN "EL IMPARCIAL"

NIETZSCHE INTIMO

I

En el camposanto del viejo monasterio de El Paular pasábamos las horas de siesta mi amigo el doctor Paul Schmitz y yo hablando, discutiendo, dejando en pleno libertinaje a la imaginación y al sueño.

Es el camposanto del monasterio tranquilo, reposado, venerable; huerto con arrayanes y cipreses en donde palpita un recogimiento solemne; un silencio sólo interrumpido por el murmullo de una fuente que canta invariable y monótona su eterna canción no comprendida.

Los cipreses obscuros, inmóviles, soñadores, como si ellos guardasen el alma huraña de los monjes, perfilan sus agudas cimas verdes sobre la dulce serenidad del cielo inmaculado. Se oye a veces vagamente un grito largo, lastimero, quizás el canto lejano de un gallo. En las avenidas cubiertas de losas de granito, donde descansan las viejas cenizas de los cartujos muertos en la paz del

claustro, crecen altas hierbas y musgos amarillen-
tos y verdosos. Un perfume acre, adusto, se desprende de los arrayanes recortados, de los verdes
cipreses; la mariposas blancas revolotean volup-
tuosas al sol, cruzan el cielo algunos gavilanes...
y sigue cantando la fuente invariable y monótona
su eterna canción no comprendida.

* * *

—¡Nietzsche! no hable usted mal de Nietzsche
me dijo mi amigo—. No le conoce usted; no le
puede usted conocer.

—Lo confieso, lo conozco mal, por traducciones; sin embargo, sé de él bastante para que su
figura me sea repulsiva; su desprecio por la piedad y por la compasión, antipático; su egotismo
y su entusiasmo por la fuerza, desagradable.

—Es que no hay tal cosa. A Nietzsche hay que
saber leerle entre líneas. Es difícil de representar-
se un hombre de naturaleza más ética; difícil
hallar un hombre tan puro, tan delicado, de conducta tan irreprochable. Precisamente tengo aquí
el primer tomo de las cartas de Federico Nietzsche
coleccionadas por dos de sus discípulos.

Me enseñó el libro, cuyo título es "Friedrich
Nietzsche; gesammelte Briefe. Erster Band. He-
rausgegeben von Peter Gast und Dr. Arthur Seidl".
Ojeé las páginas y se lo entregué a mi amigo.

Estas cartas —dijo él— dan idea de lo que es
Nietzsche, esclarecen muchos de los puntos oscu-
ros que se han encontrado en sus obras.

Vi en mi amigo cierto afán de hacer prosélitos para lo que él creía bueno y justo, y le pedí la lectura del libro. Lo fue leyendo y traduciendo. Yo transcribo aquí algunas de las cartas coleccionadas, que dan idea del carácter de Nietzsche, del poeta-filósofo tan discutido en nuestro tiempo.

En una carta del 29 de julio de 1888, que Nietzsche dirige al doctor Karl Fuchs, entre otras cosas dice lo siguiente: *Si alguna vez llega usted a ocuparse de mí —ya sé que le falta a usted tiempo, mi querido amigo—, tenga usted la prudencia, que por ahora no ha tenido nadie, de caracterizar mi personalidad, de describirla, sin querer aquilatarla ni valorarla. De esta manera, además de encontrarse en una neutralidad agradable, se pueden abandonar los artificios de la retórica y sorprender el espíritu más sutil. Hasta ahora no he sido caracterizado ni como psicólogo ni como escritor —poeta inclusive— ni como inventor de una nueva clase de pesimismo —pesimismo divinísimo, nacido de la fuerza; pesimismo que tiene la gloria de sujetar el problema de la vida con energía, como a una res por los cuernos— ni he sido caracterizado como inmoralista, que es la forma más alta que ha alcanzado la probidad intelectual, en cuya forma puede tratarse la moral como ilusión, después de afirmar esa probidad intelectual como instinto de un carácter necesario.*

No es indispensable, ni es de desear siquiera que el que trate de mí tome mi partido; al contrario, es mejor que tenga la curiosidad que se experimenta, por ejemplo, al contemplar un ve-

*getal raro, unida a cierta resistencia irónica para
mis ideas. Tal es la actitud que me parece la más
interesante hacia mi persona.*

Estas cartas de Nietzsche realizan los deseos
del filósofo mejor que cualquier biografía; están
dirigidas en su mayor parte a íntimos amigos, las
escribió sin pensar en imprimirlas, manifiestan y
revelan de un modo involuntario las interioridades
del alma del autor de Zarathustra; comprenden
la vida de Nietzsche desde sus años de estudiante
hasta que le invadió la cruel enfermedad que para-
lizó las funciones de su cerebro.

Leyéndolas se llega a la convicción de que el
desprecio de las nociones morales, de que Nietzsche
hizo gala, el intento suyo de destruirlas directamente (ved el libro "Más allá del bien y del mal")
nace de su absoluta moralidad, de que para él estas ideas eran inútiles como dogmas, puesto que
el cumplimiento de los preceptos morales más altos constituía una necesidad en su naturaleza.

En el año 1867, cuando tenía 23 años, escribía
Nietzsche al barón de Gersdoff, uno de sus compañeros y amigos de colegio: *Hay hombres piadosos que creen que todos los sufrimientos y desdichas que padecen están preparados deliberada-
mente para ellos, con el fin de que esta idea,
aquel buen propósito, el conocimiento de más
allá, se despierte en sus espíritus. A nosotros nos
faltan antecedentes para creer tal cosa, pero está
en nuestras atribuciones el aprovechar y el ex-
traer la quintaesencia de esos sufrimientos: hacer que cada desdicha pequeña o grande sirva*

para nuestra perfección y disciplina. La predes-
tinación del individuo no es pues ninguna fábula
si se interpreta de esta manera. Tenemos que
aprovechar el destino intencionadamente. Por sí
mismos, los acontecimientos no son más que cás-
caras vacías. Lo trascendental es nuestro estado
interior; el valor de un hecho es el que nosotros
le queremos dar. Los hombres que no creen en
esta predestinación del individuo aciertan tam-
bién, pues respecto a ellos no influyen las des-
dichas. Debemos y queremos aprender con estas
desdichas, y, cuanto más aumente nuestro saber
en cosas morales y más se complete, tanto más
los acontecimientos formarán a nuestro alrede-
dor un círculo completo.

De su profesión de catedrático tenía Nietzsche
un concepto alto y levantado. Al mismo amigo,
barón de Gersdoff, comunica su nombramiento de
profesor de filología clásica en Basilea en el año
1869:

Toda profesión tiene sus desventajas y sus
ligaduras; la cuestión es saber si estas ligaduras
son de hierro o de hilo. Respecto a mí, me en-
cuentro todavía con valor para romper estas ca-
denas y para probar la vida inquieta y azarosa.
No me noto, hasta ahora, la joroba obligada de
todo profesor. Zeus y las musas me impiden el
ser "philistin" ("anthropos a musas"), hombre del
rebaño, creo que me costaría trabajo el serlo.

Cierto es que ya me he acercado a una clase
de "philistines", a la clase de los especialistas. Es
muy natural que la concentración diaria de la

*inteligencia sobre cuestiones y problemas parti-
cularísimos produzca el entorpecimiento de las
facultades y la pérdida de excitabilidad del sentido filosófico en su misma raíz. Espero que lle-
garé a arrostrar este peligro más tranquilo y
seguro que la mayoría de los filólogos. Está en
mi profundamente arraigada la serenidad filosófica; me han sido demostrados con demasiada
claridad los verdaderos y esenciales problemas de
la vida y de la inteligencia por el gran Mistagogo
Schopenhauer para que pueda temer una apos-
tasía ignominiosa de mis ideas. Penetrar en mi
ciencia con espíritu nuevo; inculcar a mis oyen-
tes la gravedad schopenhaueriana que caracteri-
zaba a aquel hombre sublime, ésos son mis deseos y esperanzas. Quisiera ser algo más que un
maestro de buenos filólogos...*

*Si tenemos que vivir, vivamos de tal modo que
los demás bendigan y conceptúen nuestra vida
como útil y beneficiosa cuando nosotros felizmen-
te estemos libertados de ella.*

Contraste extraño ofrecen las ideas que expo-
ne el filósofo en una carta del 18 de septiembre
de 1871, con las defendidas después por él principalmente en su libro "Así hablaba Zarathustra".

Acentúa —dice— *siempre por los actos tu armonía íntima con el dogma del amor y de la compasión. Es el puente sólido que puede tenderse
aún sobre tales abismos.*

Nietzsche ha negado después las ideas que tuvo
en esta época en que era catedrático de Basilea.
Sacrificó siempre a lo que conceptuaba como nue-

va verdad su convicción anterior sin escrúpulo alguno.

La idea de que el filósofo se debe a sí mismo y debe a la humanidad la expresión de la verdad absoluta, le hacía considerarse como sujeto al error y le obligaba a rectificar sus ideas. Hay indudablemente en esto verdadera grandeza moral, y si la humanidad progresa es por pensadores de tal índole, inconsecuentes y variables, no por aquellos que se petrifican en el sistema que una vez aceptaron y que creen fuerza de carácter lo que es orgullo y presunción.

En esto, como Schopenhuer, Nietzsche iba hasta las últimas consecuencias, y fueran los resultados de sus exploraciones filosóficas, sociales o antisociales, reaccionarios o disolventes, ante la convicción de haber encontrado la verdad; Nietzsche lo sacrificaba todo. En lo íntimo del poeta-filósofo, del que se jactaba de ser "inmoralista", latía el alma de un puritano.

* * *

Y mientras mi amigo leía las cartas y comentaba entusiasmado el inmoralismo y el anticristianismo de Nietsche, yo pensaba en la vida tranquila y exenta de preocupaciones de los viejos cartujos que yacían bajo las losas de granito, y mientras tanto seguía cantando la fuente invariable y monótona su eterna canción no comprendida.

(*El Imparcial,* n.º 12.362, del lunes 9-IX-1901)

II

Por los libros que se han escrito en Alemania, acerca de Nietzsche, se deduce que la idea que se tuvo sobre la personalidad de aquel filósofo varió hasta el extremo.

Comenzó a conocerle el mundo científico por su libro: "El Origen de la Tragedia". Se supo poco después de la aparición de esta obra, que el autor pasaba su vida enfermo, que padecía graves perturbaciones digestivas y estaba amenazado por terrible ceguera.

Luego, cuando fueron apareciendo sucesivamente sus obras preñadas de amenazas contra los intereses religiosos y morales, establecidos como base de la sociedad, la figura del filósofo, siempre oculta en el misterio, alejada de sus contemporáneos, se convirtió en la de un ogro sombrío y misantrópico; el público trasformó un pobre enfermo afligido por crueles sufrimientos en un Mefistófeles.

Fuera de Alemania, en donde para conocer a Nietzsche se tenía que recurrir a traducciones, el carácter del poeta-filósofo se identificó con los tipos creados por su fantasía. Zoroastro fue Nietzsche, y Nietzsche fue también el "superhombre". Aquel escritor terrible, de mirada sombría y fija, de aspecto de soldadote brutal, el que deseaba parecerse más a César Borgia que a Cristo, el que había lanzado al rostro de la sociedad anatema de la clase del "Crepúsculo de los Dioses", por su figura y por sus ulteriores escritos legitimaba estas suposiciones. Era él el "superhombre", la fiera voluptuosa y carnívora, sin más leyes que sus fueros ni más pragmáticas que su voluntad.

Y son extrañas las paradojas de la Naturaleza. ¿No es cierto? Aquel hombre, de aspecto aterrador y de mirada sombría, era íntimamente un sentimental, un alma de Dios, tímida y piadosa.

A su amiga Malvida de Meysembug, conocida en Alemania por sus "Memorias de una idealista", en una carta fechada de Basilea en el año 1875, le escribe lo siguiente:

Desearía hacer a los hombres diariamente algo bueno. Este otoño me encontraba dispuesto a empezar mi vida preguntándome por las mañanas: ¿a quién podría yo hacer algo bueno? A veces encontraba una buena acción que realizar. He dado con mis escritos muchos pesares a algunos hombres y quisiera repararlos de cualquier modo.

A pesar de esto pienso con alegría que he llegado a ser en los últimos años más rico en amor... Cuando me falta la posibilidad de dar una alegría a los que me quieren, y creo que no puedo hacer nada por ellos, entonces me siento más miserable y más desvalido que nunca.

No sufrimos exclusivamente en lo físico, todo se liga con crisis intelectuales...

El secreto de la salud para nosotros es llegar a conseguir dureza en la epidermis, a causa de nuestra gran vulnerabilidad interior y de nuestra capacidad para sufrir. Por lo menos exteriormente

no aparezcamos como susceptibles e impresio-
nables.

Esta última frase podría explicarnos de dónde
nace la impasibilidad predicada y aconsejada por
él. Por estetismo, nuestros filósofos y poetas modernos han cantado la impasibilidad.

En su admirable soneto a la Belleza, Baudelai-
re dijo:

Je hais le mouvement qui déplace les lignes
Et jamais je ne pleure et jamais je ne ris.

En Nietzsche había dos personalidades: una el
compasivo, el bueno, el hombre de corazón, el que
unía la piedad santa con el más alto y levantado
vuelo del espíritu; el otro, el luchador implacable,
el polemista, el crítico, el que llegó a condenar la
compasión, como indigna e inmoral debilidad.

Este segundo Nietzsche fue el que por último
predominó: la lectura de los enciclopedistas franceses, la influencia de las doctrinas del gran Darwin, hizo que Nietzsche implacable matara a Nietzsche piadoso. Sin embargo, a veces, como los fantasmas, el sentimental aparecía.

No puedo vivir sin el sentimiento de ser útil
—escribía a Malvida de Meysembug—. *Mis afir-*
maciones gratuitas y mi literatura, hasta ahora
no me han hecho más que ponerme enfermo...
Mientras era hombre de ciencia de verdad estu-
ve sano.

Nietzsche sospechaba indudablemente que el
equilibrio de sus facultades mentales estaba roto.
El mismo dice, en una de sus cartas del año 1885,

que *el que un filósofo esté enfermo, es ya un argumento en contra de su filosofía.*

Aquel hombre que comprendía la relación de las enfermedades de un autor con la clase de sus obras, quizá dudaba de sí mismo; aquel hombre débil fue en su juventud robusto: pudo cumplir con el servicio militar en un regimiento de artillería de campo, servicio que en Prusia es penosísimo.

De este período de su vida habla en una carta dirigida al barón Gersdoff en 1867:

Estoy en el segundo regimiento del cuarto cuerpo de artillería montada. Comprenderás cuán violento es para mí este cambio de vida que me aleja de mis ordinarias ocupaciones y de mi cómoda existencia. Sin embargo, sufro estas penalidades con ánimo tranquilo y experimento cierta satisfacción por tal mudanza de la suerte. Ahora que tengo necesidad de practicar un poco el ascetismo, comienzo a sentir una verdadera gratitud por nuestro Schopenhauer. En las primeras cinco semanas, además del ejercicio, tenía que encargarme de la limpieza de las cuadras. Por la mañana, a eso de las cinco y media, ya estaba almohazando los caballos y recogiendo el estiércol del suelo. Ahora estoy ocupado desde las siete hasta las diez y media de la mañana, y luego desde las once y media hasta las seis de la tarde. La mayor parte de este tiempo la pasamos haciendo ejercicios a pie. Cuatro veces por semana, a los que por ser estudiantes no tenemos más que un año de servicio, nos da la lección un teniente, para preparar a los que se presenten a exámenes

*para oficiales de la reserva. Ya sabrás que en ar-
tillería montada se tiene que aprender muchísimo. Mi mayor placer es dar lecciones de equita-
ción; mi caballo es muy bonito y me dicen que
tengo condiciones para ser un buen jinete. Cuando galopo con mi Balduin a rienda suelta por el
campo de maniobras me hallo muy satisfecho con
mi suerte. El tratamiento que me dan en general
es excelente. Uno de los capitanes es un hombre
muy agradable.*

En estas cartas de su juventud se nota siempre, en medio de candideces y de infatuaciones
de adolescente, el asomo de la vanidad que en los
últimos años de su vida se convirtió en una egolatría delirante; Nietzsche es siempre, en el trans-
curso de su vida, el hijo del pastor protestante,
que de niño inventó para sí unos ascendientes
fantásticos, los nobilísimos condes de Nietzky,
y que decía a su hermana con gravedad: "Un
conde de Nietzky no debe mentir."

Estando en el servicio, un accidente le obligó
a abandonar para siempre el regimiento. Cuenta
en una carta del 22 de julio de 1868 que marchan-
do una vez jinete sobre su Balduin, quiso hacer
saltar a su caballo, el cual le tiró al suelo, en donde sufrió una contusión en el pecho. Formósele
en el lugar del golpe un tumor que los médicos
sajaron, y como quedara resentido de la enfermedad tuvo que abandonar el servicio definitivamente.

En el año 70 tomó parte en la guerra franco-
prusiana: no parte activa, porque aunque hubiera
querido no le hubiesen dejado, siendo como era

en aquella época profesor de la Universidad de Basilea.

Se encuentran en sus cartas algunos relatos de los episodios vistos por él. Nietzsche trabaja en las ambulancias con gran celo y gran abnegación, y por una de esas paradojas que forman las ideas y los actos de este filósofo, que después debía ser apóstol de la fuerza y enemigo de la piedad, cae enfermo de disentería y de difteritis cuidando heridos, y esto minó su salud ya para siempre.

En un artículo anterior he señalado las variaciones de criterio de Nietzsche acerca de diversas cuestiones. Respecto a Wagner, al principio sintió indiferencia por él, luego fue admirador entusiasta y después enemigo. En las primeras cartas de Nietzsche en que se habla de Wagner se ve que el filósofo se coloca en una actitud escéptica respecto al músico. Se lee en una carta de 1866: *No teniendo a mi disposición ningún piano en Kösen he estudiado poco; en cambio encontré la partitura de "Las Walkyrias" de Wagner, acerca de las cuales no me atrevo a adelantar ningún juicio. Las indiscutibles bellezas de la obra están contrabalanceadas por iguales defectos:*

$$+ a, + (- a) = 0$$

Al conocer personalmente al autor de "Lohengrin", Nietzsche cambió de opinión acerca de sus obras. El filósofo era impresionable y de una sensibilidad exquisita, el músico seductor en su trato. Nietzsche se sintió fetichista por algún tiempo, hasta que rompió su ídolo con la publicación del "Caso Wagner" y volvió a profesar sus primeras ideas acerca del célebre maestro alemán.

En sus cartas se van descubriendo las etapas de estos cambios de opiniones acerca del arte wagneriano, al cual, en un tiempo en que no lo había rechazado aún, lo compara con el brillante y barroco de Bernini, y concluyó por considerarlo falso y efectista. Transcribiré una carta del año 1878, en que Nietzsche juzga el "Parsifal":

Ayer envió Wagner a mi casa el "Parsifal". La primera impresión me ha parecido más de Liszt que de Wagner. Yo, que estoy muy acostumbrado a lo helénico, que es siempre universalmente humano, encuentro esto reducido exclusivamente a lo cristiano y a lo temporal; la psicología de esta obra es fantástica; no hay en ella carne, pero en cambio hay sangre en abundancia, especialmente en la Sagrada Cena; además no puedo sufrir las quejas de las mujeres histéricas. Creo que lo que es soportable en la lectura, no debe serlo en la representación. Figúrese usted nuestros actores rezando, temblando, en éxtasis, con los ojos en blanco. El interior del San Graal no debe de hacer un gran efecto en el teatro, ni tampoco lo del cisne herido. Todas estas bellas invenciones pertenecen a la epopeya, son recursos buenos para la lectura, pero no para ser utilizados en la escena. El libro parece traducción de un idioma extranjero; las situaciones y su encadenamiento no son de una alta poesía. ¿No es esto una última provocación de la música?

En las cartas de Nietzsche, desde muy temprano se ve que es enemigo del cristianismo; su enemistad aumenta con los años, hasta decir en 1888, con relación a su obra *Umwertung aller Werte,* no publicada todavía, y que se espera en Alemania con gran curiosidad:

Hay muchas cosas que no son actualmente más libres que lo han sido hasta ahora. El imperio de la tolerancia se ha transformado por importantes evoluciones en una sencilla cobardía, en una debilidad de carácter. Ser cristiano desde ahora es indecoroso.

El hombre que escribió esto no escondía su escepticismo en su juventud. En una carta del año 1866, dice al barón Gersdoff:

Hoy he asistido a un sermón, en el que se trataba de este tema: "La fe que ha vencido al mundo". Con un tono insoportable y altanero ha tratado el predicador de todos los pueblos que no son cristianos, y de una manera muy desleal ha sustituido la palabra "cristianismo" cuando le convenía por otra: el sentimiento del pecado —o mejor dicho, un deseo metafísico— ha venido al mundo, la afirmación para nosotros no tiene nada de extraña; pero si somos consecuentes, entonces hemos de decir que los indios son también cristianos, y que los verdaderos cristianos son indios. El cambiar palabras y nociones que no están bien fijadas no me parece muy honrado...

Si el cristianismo quiere decir creencia en un acontecimiento, en un personaje histórico, no tengo nada que ver con este cristianismo; pero si quiere indicar un deseo de redención, entonces puedo estimarlo altamente, y hasta no parecerme mal que quiera disciplinar a los mismos filósofos, los cuales están en muy corto número al lado de la inmensa masa de los que necesitan redención y han sido hechos además de la misma materia que los otros hombres.

En todos los problemas filosóficos que Nietzsche trató, fue cambiando de opiniones y evolucionando de una manera rapidísima; sólo su idea anticristiana perseveró en él.

Para Nietzsche la única misión de los pueblos es servir a sus genios, adorarlos, sacrificar ante ellos todo lo sacrificable: ésta es la moral buena; la mala es la moral cristiana, la ascética, la de la piedad, porque conserva una multitud de existencias inútiles, porque perpetúa lo miserable y lo repulsivo.

Esto se comprende fácilmente en un hombre como Nietzsche: helenista entusiasta, enamorado de la belleza y de la serenidad griega, que considera la religión de Cristo como la defensa de los deformes y de los tristes; se comprende en un hombre genial, enamorado de los espectáculos de luz y de colores, que vivía en un país protestante, rígido, sombrío, austero.

Y, sin embargo, a pesar de su helenismo, de su entusiasmo por la belleza y por la fuerza, a pesar de haber dicho en una de sus cartas con un orgullo lujurioso: *¿Hubo alguna vez un hombre que tuviera una posición más atrevida que la mía frente a las cosas?*, a pesar de querer atrincherarse en la egolatría, este filósofo que cantaba la crueldad, era tímido en la vida, caritativo y piadoso, y ante los dolores ajenos sentía su corazón de hombre rebosando piedad, la piedad dulce

de la moral de los esclavos, tan denigrada por
él, la piedad de las almas humildes y de los pobres de espíritu.

(*El Imparcial,* n.º 12.390, del 7-X-1901)

LAS CIGÜEÑAS

Una tarde de agosto fui a visitar Labraz, pueblo de Castilla la Vieja. Me habían dicho que
era una ciudad agonizante, una ciudad moribun-
da, y mi espíritu, entonces deprimido por la
amarga tristeza que deja el fracaso de los sueños románticos, quería recrearse en el espectáculo desolado de un pueblo casi muerto.

Cuando salí en dirección a Labraz, el sol estaba en el zenit. Bajo el cielo de azul intenso,
turbado por la calina, se ensancha la tierra,
una tierra blanca, calcinada por el sol. Nada tan
seco, tan ardiente, tan huraño como aquel para-
je; las peñas, los cerros, las largas paredes amarillentas de los corrales, las cercas de los oliva-
res polvorientos, parecían ruinas abandonadas en
el desierto, calcinadas por un sol eterno, cubiertas de polvo, olvidadas por los hombres.

El aire ardoroso vibraba en los oídos; no se
agitaba ni una ráfaga de viento en la atmósfera
encalmada bajo el cielo asfixiante. Vi el pueblo
desde lejos, estaba colocado sobre una loma. Por
encima de él, nubes espesas plomizas formaban
en el horizonte una alta muralla gris, en la cual

parecían adivinarse las torres y los campanarios de otra ciudad, de otra ciudad misteriosa de ensueño.

Fui acercándome a Labraz por una carretera empinadísima, llena de pedruscos, que rodeaba antiguas fortificaciones derruidas; atravesé un puente levadizo, después un arco... Era un pueblo terrible, un montón de casas viejísimas, roñosas, amarillentas, derrengadas; los enormes aleros se juntaban encima de las calles tortuosas, estrechas como oscuras galerías.

Las casas solariegas de la plaza, con sus grandes escudos carcomidos, cerraban sus puertas medio rotas, de rica clavazón. El vano de las ventanas, guarnecido de rejas forjadas a martillo, estaba tapiado con paredes de cascote.

Sobre la torre ojival desmochada de la iglesia, un nido de cigüeñas parecía un gran montón de leña seca.

En la plaza solitaria, sentado en un banco de piedra, estaba un anciano. Miraba con ojos vacíos a los montes plomizos, a los montes pedregosos, que se destacaban a lo lejos en el cielo azul de Prusia, ardiente e intenso como la plegaria de un místico.

Me senté al lado del anciano y le dije:

—Parece que hay poca vida en este pueblo.

Y el anciano asintió y sonrió tristemente.

* * *

—Labraz —dijo— era en otro tiempo una ciudad importante, de gran número de vecinos. Desde este cerro en que se asienta dominaba todo el valle, era dueña de las tierras labrantías y de las dehesas de monte bajo y de tomillo, que florecían en primavera y tapizaban el monte con alfombra de violeta.

La ciudad, formada por casas solares, se apelotonaba alrededor de la iglesia; del castillo, que aún se yergue allá, arruinado, sobre aquel risco frontero, bajaba la muralla, que oprimía al pueblo en un abrazo entre cariñoso y amenazador.

En lo quebrado del monte, perdido entre grandes pinares centenarios, había un monasterio de cartujos, rodeado de ermitas y cabañas para los peregrinos penitentes.

Algunos días bajaban los monjes, con sus hábitos blancos y sus barbas más blancas todavía, y pedían limosna de puerta en puerta por las calles corcovadas. Al otro lado de la montaña, en chozas humildes, habitaban leñadores y cabreros medio salvajes, de aspecto primitivo, hablar desaliñado y toscos vestidos con pieles de carnero.

En nuestra ciudad se vivía humildemente, no había familia que no poseyera alguna hacienda. Los pobres tomaban la leña que necesitaban en los pilares de los frailes y trabajaban en el convento.

Cuando llegaba la primavera, como un fausto suceso, se esperaba la llegada de las cigüeñas, que venían volando como flechas desde los países lejanos que nosotros no conocemos, que no conoceremos nunca, y se posaban en el viejo nido de sauces de la torre de nuestra iglesia...

* * *

La desamortización echó a los cartujos del monasterio. Cambiaron las costumbres, vinieron nuevos usos, nuevas ideas. Las familias hidalgas se arruinaron o huyeron a la capital, las nobles casas solariegas sirvieron de pajares. Labraz empezó a despoblarse, y como los carros y las recuas no transitaban, se descuidó el camino.

Mientras tanto en Chozas, en el lugar de los leñadores y cabreros, antes medio salvajes, se levantó una fábrica de aserrar madera y se formó un pueblo, con sus casas blancas, en donde fueron a vivir los madereros, enriquecidos con la venta de los pinares del monasterio y con la tala de nuestros montes.

Después los de Chozas llevaron agua al pueblo, construyeron una iglesia más grande que la nuestra, trajeron para ella un órgano de Alemania.

Pero a pesar de esas glorias, las cigüeñas que vienen de esos países lejanos que no conoceremos nunca, no se paraban en la torre de su nueva iglesia, sino que seguían adelante hasta posarse en el viejo campanario de nuestro pueblo.

* * *

Un día, pasaron por Chozas ingenieros con anteojos y trípodes, midieron unos sitios, plantaron estacas en otros; al cabo de algún tiempo se presentó un mundo de obreros que hicieron túneles y trincheras y puentes y colocaron hilos de hierro sobre la tierra y poco después pasaron los trenes bramando y echando humo.

Chozas aumentó de tamaño; tuvo una bonita estación y alumbrado por la noche. La gente de Labraz fue emigrando hacia ella poco a poco.

Aquí no queda nada —murmuró el viejo suspirando—; el castillo es un montón de piedras; las casas solariegas se derrumban; el altar gótico de la iglesia, que era nuestro orgullo, se lo llevó un anticuario.

Y sólo guardan fidelidad al pueblo las cigüeñas que vienen en primavera de los lejanos países que no conocemos, que no conoceremos nunca, y yo, que aquí espero la muerte, porque mi alma, como esas cigüeñas, busca el reposo en el viejo campanario de la iglesia...

* * *

Entristecido, abandoné la ciudad muerta. Avanzaba la tarde caliginosa, el cielo se decoloraba y tornábase blanco.

Iba alejándome de Labraz por entre las tierras yermas que le rodeaban. Sentíase en aquellos lugares áridos un completo silencio, una solidificación del reposo, algo inconmovible que no pudiera admitir ni la posibilidad del movimiento.

En lo alto de una loma, una recua de mulas tristes, cansadas, levantaba nubes de polvo. El arriero, montado en una de las caballerías, se destacaba agrandado en el cielo rojizo del crepúsculo, como un gigante de edad prehistórica que cabalgaba en un megaterio.

(*Los Lunes del Imperial,* Madrid, 14-X-1901)

A ORILLAS DEL DUERO

COVALEDA

Bajábamos del monte después de descansar en un raso que llaman el Zamplón y de encender fuego, una alta hoguera religiosa en medio de un bosque de pinos.

En el horizonte, bajo las nubes fundidas, se ocultaba el sol envuelto en rojas incandescencias, como un gran brasero que incendiara el aire en la gloria de una apoteosis de luz y de colores.

Absortos contemplábamos el paisaje, los pinares que se extendían a nuestros pies como abismos de negrura, los descampados llenos de matorrales de brezo y de retama, los montes lejanos por los cuales corrían pinceladas violetas, y la tarde que pasaba silenciosa mientras el cielo heroico se enrojecía con rojos resplandores...

Mientras bajábamos, uno de los guardias que nos acompañaba nos contó una historia, una historia triste, una historia lamentable acaecida en el Urbión: la de un oso.

Era un pobre oso que iba con unos titiriteros ganándose honradamente la vida, bailando al son de la pandereta. Un día, en un pueblo no lejano del Urbión, sintió pujos de independencia y se echó al monte.

El pobre animal, al encontrarse en libertad entre la nieve, debió de creerse en el paraíso. Se arrancó el bozal, rompió las cadenas que le oprimían como cualquier ciudadano libre y se dedicó a robar las ovejas que se le antojaban más sabrosas. Se acercaba a los rebaños en dos pies, palmoteaba como oso civilizado y se llevaba la oveja que mejor le parecía. A veces, que la alimentación de la carne le hartaba, iba a coger el postre a las colmenas. Se bañaba previamente en un arroyo, se revolcaba después en el barro para cubrirse de una costra que no pudieran atravesar los aguijones de las abejas, cargaba con una colmena y comía la miel en un sitio apacible y tranquilo.

A pesar de su inteligencia y de que no se metía con nadie, el pobre oso, perseguido y acorralado, fue muerto en Regumiel.

Comentando esta lamentable historia bajábamos por un barranco poblado de robles y de hayas sin hojas. Había obscurecido. Lope nos contó las hazañas de un pastor llamado Melitón, que robaba y mataba cuanto se le ponía por delante. Ya en el camino nos encontramos con hombres y mujeres que volvían con el ganado al pueblo por temor a los lobos, que en el mes de noviembre se han comido, según nos dijeron, más de treinta cabezas de ganado lanar y vacuno.

—¿Pero atacan tanto a las vacas? —les preguntamos nosotros.

—Ya lo creo. Hace días mataron a una becerra de tres años; apenas si dejaron los huesos y un poco de carne que recogió el dueño de la res.

Nos íbamos acercando al pueblo, medio oculto en la penumbra de un triste crepúsculo.

Se oía por todas partes el campanilleo de las esquilas; sonaba una campana; arriba, en el cielo, brillaban dos luceros muy juntos, con luz deslumbradora.

Al entrar en la aldea, aún quedaba en el horizonte una gran irradiación luminosa de un azul verde, purísimo, de nácar...

En la cocina de la posada, en Covaleda, nos calentamos a la lumbre. Una muchacha medio dormida se ocupa de vez en cuando en renovar las teas que arden sobre una pala de hierro.

Mientras descansamos, entra un señor alto, de barba en punta, haciendo sonar las espuelas. Lleva un marsellés, manta al hombro y botas de montar. Es el médico de un pueblo inmediato. Nos habla de historia, de arqueología, de numismática y, por último, de los sepulcros antiguos que hay en Covaleda y en Duruelo. Le decimos que no los hemos visto.

—Pues hay muchos —replica—. En Duruelo, detrás de la iglesia, habrá unos treinta o cuarenta; aquí, cerca del estanco, diez o doce. Vamos a verlos, si ustedes quieren.

Nos levantamos y, sin fuerza para echar un pie antes que otro, salimos de la posada y en un altozano vemos los sepulcros que sirven de pavimento.

Son diez o doce, están tallados en roca viva; su tamaño es tan corto que un hombre moderno, de pequeña estatura, no cabría en ellos; los hay pequeñísimos, de media vara de longitud, indudablemente de niños; su forma es un triángulo isósceles, de vértice truncado y base estrecha, en la cual se abre un semicírculo que debía servir para colocar allá la cabeza del muerto.

Los románticos aficionados a las pequeñas ficciones arqueológicas dicen que estos sepulcros y los del pozo de San Millán, que está entre Covaleda y Duruelo, son de los duracos, antiguos pobladores del país, aliados de Numancia.

El médico que nos acompaña nos advierte que él no cree que haya razones para afirmar tal cosa. Al decirle que, según algunos, los habitantes de Duruelo y Covaleda proceden de una colonia bretona y que por esto les llaman bretos, nos responde que todo eso le parece fantasía pura.

Volvemos a la posada, el médico monta a caballo delante de la puerta y desaparece en la obscuridad de la noche; entramos en la cocina en donde juegan al guiñote algunos hombres. Entre ellos hay unos que tienen el pelo largo y tufos por encima de las orejas; visten todos la blusa y la boina que se ha generalizado en España.

Según nos dicen, entre estos pueblos comarcanos, sólo en Castrillo, de la provincia de Burgos, se conserva el traje tradicional: una especie de marsellés que atan por delante como si fuera un corsé con un cordón, debajo del cual llevan un pañuelo de colores.

Antes de ir a acostarnos, le pedimos la cuenta al posadero, porque vamos a salir al día siguiente muy de mañana. El hombre se presenta con un libro en donde están escritas con letras muy gordas y azules las partidas de nuestra cuenta. Me recuerda el libro aquel otro donde escribía el ventero de don Quijote el gasto de cebada y de paja de los arrieros y con el cual el pícaro armó caballero a su huésped.

—¿No ha armado usted caballero a nadie con este libro? —le pregunto yo al dueño del mesón.

El hombre me mira asombrado y no me contesta. Le pagamos y, envueltos en los capotes, nos tendemos y caemos dormidos como piedras sobre los sacos de paja que nos sirven de camas.

(*El Imparcial,* 16 diciembre 1901.)

LOS PINARES

Y la claridad fría, mate, de una mañana gris alumbra el pueblo. Al salir de él atravesamos una dehesa blanqueada por la escarcha, cruzada por negruzcos senderos. Vamos penetrando en los pinares de la garganta de Covaleda.

El cielo está plomizo, bajo. El Duero, verde, pasa por encima de las peñas cubiertas de musgo; se remansa a trechos ensanchando sus orillas; se ve entonces alguna serrería sostenida entre hileras de estacas, como las antiguas habitaciones lacustres, y en el agua tranquila y negruzca que oculta bajo su tersa superficie el fondo del cauce se refleja el tejado rojo de las serrerías y las imágenes invertidas de los altos pinos de las riberas.

Avanza el día y comienza a desgarrarse la nie-

bla; en lo alto aparecen jirones de cielo azul, suave, claro, de una claridad dulce y melancólica.

El sol brilla arriba en las cumbres pobladas de
altos pinares iluminados con tonos anaranjados
y rojizos.

Encontramos a nuestro paso un viejo harapiento con el cabello largo y la barba hirsuta que
baja por una antigua calzada revestida con grandes losas. El viejo lleva una piedra al hombro,
nos mira foscamente y se oculta en los pinares.

Pasamos por Salduero y de allí nos dirigimos a
Vinuesa. Frente a Molinos, en un robledal de hojas doradas, nos tendemos sobre la hierba; a veces un rayo de sol viene como taladrándolo todo,
coloreando el follaje que encuentra en el camino
con un brillo de cobre rojo. Las hojas secas juegan y corren movidas por el viento; se oye per-
sistentemente resonar en el espacio silencioso el
rumor de una esquila.

Camino de Salduero a Vinuesa, no lejos del
río, hay un pedrusco grande que los aldeanos
llaman la piedra escrita. En ella se lee una ins-
cripción latina en la cual se indica quién fue el
prefecto que hizo la vía romana.

Nos levantamos del robledal y seguimos adelante, hacia Vinuesa. Se comienza a ver el pueblo,
llamado antiguamente corte de los pinares, en un
valle ancho, con sus tejados rojos y su iglesia negruzca.

Entramos en Vinuesa, preguntamos por una
posada y nos indican una que tiene un soportalillo

en la puerta. Cruzamos el zaguán; en el fondo, en un cuartucho, hablan unas cuantas viejas.

—¿Se puede comer aquí? —preguntamos.

—Pagando... —dice una de las viejas.

—Se pagará... ¿Qué hay para comer?

—Usted dirá.

—¿Hay huevos?

—No, señor, no hay.

—¿Habrá carne?

—¡Carne! Ja, ja... Es comida cara.

—Pues, ¿qué demonios hay? ¿O es que en este pueblo no se come?

—¡Ya lo creo que se come! —y todo el montón de viejas se ríe sarcásticamente como brujas de Goya.

—Bueno, vámonos —digo yo.

—Vayan, vayan ustedes donde quieran.

Indudablemente, las viejas de Vinuesa son muy finas. Salimos a buscar otra posada, preguntamos aquí y allá y por una calle que tiene a ambos lados casas grandes y hermosas con blasones llegamos a otro mesón en donde llamamos. El mesonero, un hombre rechondo, gordo y rojizo, con la cara tapada por un pañuelo negro, sale a la puerta. Nos estudia, vacila en responder a la pregunta nuestra de si habrá de comer o no en su casa y por último se decide y contesta que sí. Nos dice que esperemos una hora.

Damos una vuelta por el pueblo; nos sentamos en el banco exterior de una casa de piedra que tiene un gran escudo sobre el portón; mi hermano se pone a dibujar y una nube de chicos se acerca y nos rodea.

Al volver a la posada, el posadero quiere po-
nernos la mesa en un cuarto oscuro, en una de
cuyas paredes se ve la imagen de no sé qué santo.
Pedimos que nos sirva de comer en un patio en
donde da el sol y esta exigencia produce en el
hombre un efecto de asombro y de desconfianza
verdaderamente terribles: sacamos nosotros la mesa al patio. Al poco tiempo viene el hombre del
mesón con un salero, deja caer sobre la mesa
algunos granos de sal y coloca el salero en la
puerta del patio. Indudablemente, conjura así
nuestra perversa intención.

Va trayendo después las viandas, y al notar
que comemos como los demás mortales, que no
tenemos cola ni cuernos, esto por muchas razones, una de ellas por la solteronía que nos distingue, adquiere el hombre alguna confianza y
nos cuenta detalles de la pinochada, una fiesta
que se celebra en el pueblo el día de San Roque.

Vinuesa y Covaleda —nos dice— se disputaban
hace mucho tiempo un pinar. Que si era de uno...,
que si era de otro..., por fin se cansaron de discutir, dejaron razones a un lado, acudieron a las
armas y hubo una lucha atroz en la cual los de
Vinuesa hubieran salido derrotados a no haber
intervenido las mujeres, que, viendo correr a los
hombres del pueblo, arremetieron contra la gente
de Covaleda hasta ponerles en fuga.

Quedó el pinar por los de Vinuesa y en conme-
moración de esta victoria se celebra una fiesta el
día de San Roque. Se reúnen las mozas del pue-
bla en la plaza armadas con una rama de pino y,

a una señal dada, persiguen a los hombres y les azotan en la espalda con la pinocha.

Luego de esta explicación histórica, comprendemos el por qué las viejas de Vinuesa tienen tan mal humor.

Creyendo haber conseguido la confianza de los posaderos —se presenta también la posadera, una mujer de ojos ribeteados—, les digo yo que en un pueblo del Guadarrama nos tomaron por destripadores de chicos, y la mujer exclama:

—Y todo podría ser.

Al oír esto, nuestra prudencia nos aconseja largarnos. Nos levantamos y nos marchamos de allá. A la salida del pueblo, preguntamos a una muchacha:

—¿Cuál es el camino de La Muedra? Y ella replica:

—Mejor lo saben ustedes que yo.

La miramos, asombrados de su estupidez, y unas cuantas viejas que oyen nuestros comentarios sobre la amabilidad de las mujeres del pueblo nos increpan y nos amenazan con el puño. Aceleramos la marcha; al pasar cerca del lavadero, oímos una algarabía fenomenal y gritos de ¡fuera! ¡fuera! No dudamos a quién se dirigen.

Apretamos el paso y entramos en un pinar. A mi hermano se le ha olvidado el álbum en la posada. ¿Pero quién se atreve a volver al pueblo?

Seguimos andando por la llanura cubierta de pinos; el sol se oculta a lo lejos, por detrás de una montaña cuya cumbre se enrojece por los últimos resplandores del sol, como si ardiese por un

fuego interno. Preguntamos a un zagal si el camino por donde vamos es el de La Muedra; nos
dice que sí, y que continuándolo encontraremos
un puente sobre el río. Avanzando más hallamos
el camino que termina en un vado, a la derecha
una tapia que impide seguir por la orilla, a la
izquierda el Duero, que hace una curva rodeando
el valle de Vinuesa.

Nos decidimos a vadear y descalzos, con las
botas y polainas en la mano, entramos en el río.
La impresión del agua, que está helada, en las
piernas, mientras el estómago se encuentra en
plenos horrores digestivos, es espeluznante. Y lo
peor no es esto, sino que el río se hace cada vez
más profundo, llegándonos el agua hasta la cintura, y la corriente es cada vez más fuerte. Los
pies se hinchan desesperadamente en las piedras
del cauce. Se piensa con horror que si uno se
desliza, entre la corriente y el peso del morral, no
se sale a la superficie hasta la inmediata presa.
De miedo se me cae una bota en medio del río
y consigo pescarla llena de agua.

Llegamos a la otra orilla con los pies doloridos,
nos secamos y echamos a andar. Indudablemente
Kneip tenía razón, el baño nos ha dado más fuerza y un calor enorme en las piernas.

El camino ahora sube en cuesta por entre un
pinar; encontramos a un cura que nos dice que
todo seguido llegaremos pronto al pueblo. Pasamos cerca de una ferrería abandonada y derruida,
con una altísima chimenea de ladrillo. En media
hora de marcha redoblada estamos en La Muedra,

un poblado de unos cuantos casucos. Se oye sonar el Angelus, anochece, todavía queda en el horizonte una faja rojiza cerca de la tierra. Pasan unos carros de bueyes, preguntamos a un boyero si hay allí posada, nos dice que no y que lo mejor para nosotros es seguir adelante, camino de Cidones.

En la dirección que nos indica, subimos a la cumbre de un cerro. La noche está estrellada, los valles profundos se llenan de nieblas, comienza a aparecer el resplandor de la luna por encima de un monte.

Y a la luz de la luna seguimos el camino que se divide en sendas que terminan en prados y en lugares yermos llenos de matorrales de brezo y retama. Se borran las sendas. Cierra la noche; de pronto nos topamos con un río en cuyo fondo terso y negro duermen millares de estrellas. Estamos desorientados. Indudablemente, nos hemos perdido...

(*El Imparcial,* 30 diciembre 1901.)

PROLOGO A *VALLE DE LAGRIMAS* DE

RAFAEL LEYDA

No estoy yo en posición de presentar a nadie en la palestra literaria; más bien me encuentro en el caso de ser presentado; pero ya que el autor me brinda estas primeras páginas de su libro, considerándome sin duda lo bastante discreto para decir en ellas algo que valga la pena de leerse, trataré de ser lo menos pesado posible, para que el lector pase cuanto antes a saborear las páginas de *Valle de Lágrimas*.

Yo soy hombre de escaso sentido crítico y de menos sentido pedagógico; no me formo con rapidez una idea exacta de la bondad o maldad de una obra, y cuando llego a consolidar un criterio relativamente claro, lo expongo casi siempre de modo bastante obscuro.

Ya sé yo que la sinceridad es, en la mayoría de los escritores, una hábil forma de la perfidia, porque es casi sinceridad, y no sinceridad completa; pero este reconocimineto mío de falta de sentido crítico es sinceridad de buena ley, aunque puede haber alguno que así no le parezca.

A mí se me figura que desde hace diez o doce años, desde la "debâcle" del naturalismo, los escritores jóvenes de España —entre los cuales hay algunos que, como el autor de este libro, se presentan con grandes alientos—, marchan un tanto descaminados.

Imitando de los decadentes franceses, nuestros jóvenes poetas nos han arreglado a la escena española damas liliales, vírgenes corrompidas, prostitutas platónicas y otras invenciones del viejo romanticismo, remozadas y aderezadas a la moderna.

Una labor paralela ha sido la de los prosistas jóvenes que, con el pretexto de dar sensaciones refinadas, han confeccionado una literatura fría y blanca, puramente de procedimiento, que tiene la monotonía de un artificio mecánico.

Han hecho estos jóvenes en derredor de Maeterlinck y de Verlaine lo que hicieron los románticos en derredor de Hugo; éstos tomaron como definitivo en arte la cariátide de Quasimodo y el cuerno de Hernani; aquéllos han considerado como inmutable la marioneta sentimental, el sueño de las princesas rubias y la candidez de los Aglavaines y de los Tintagiles.

Pero, indudablemente, sucede siempre, todos los grandes escritores tienen, como los astros, una fuerza de atracción poderosa; pero a los astros les rodean planetas, y a los espíritus grandes, no; absorben toda la sustancia ambiente, y en sus órbitas no queda nada. Son como esos altos árboles de fuertes raíces que no dejan crecer a su alrededor más que el césped.

Un escritor que, consciente o inconscientemente, se aparte de esos grandes espíritus, demuestra, además de buen juicio, un fondo de prudencia. Todo hombre debe aspirar a ser centro.

El autor de este libro no se ha dejado seducir por el esplendor del último foco brillante; en vez de buscar la luz reflejada, busca la luz propia; trata, en sus tanteos, de aprender a producirse a sí mismo. Es la dificultad del arte.

El autor de *Valle de Lágrimas* ha escrito lo que ha visto y lo que ha vivido; ha rellenado con la imaginación lo que creyó faltaba en la realidad; ha representado la vida fríamente en sus varios y múltiples aspectos.

Es posible, casi seguro, que esta frialdad sea algo aparente; que bajo las ironías amargas y melancólicas haya una sensibilidad exquisita que siente, con demasiada intensidad, las miserias humanas.

Se nota en este libro una profunda preocupación social. A algunos, a los que creen que el arte tiene su finalidad en sí mismo y que es algo ajeno a la vida, esta preocupación les parecerá pueril; a la mayoría se nos antoja muy lógica. La vida nos parece lo primordial; creemos que el arte tiene su objeto en el arte, y su fin en la vida.

El arte tiene valor en tanto que influye en la vida; si no produjera risa, ni llanto, ni placer, ni dolor; si no agitara la voluntad con sacudimientos bruscos, sería sólo un juego pueril, una cosa fría, intelectual.

El artista encastillado en un arte intelectual, de solitario, es como el egoísta que corta los cables que le unen a la vida de los demás para no preocuparse de los dolores y de las desdichas ajenos.

Aislados uno y otro voluntariamente de los hombres, éstos no se preocuparán de las obras del uno, ni de las penas del otro, faltará reciprocidad, faltará también el medio transmisor.

Esta auscultación de la miseria social ha hecho que el autor sea indiferente a ciertas perfecciones de estilo fáciles de alcanzar con poco trabajo, y que escriba su libro en lenguaje claro, limpio y fácil.

Yo no trataré de predecir lo que el autor de *Valle de Lágrimas* pueda hacer con el tiempo y hasta dónde pueda llegar.

Vaticinar a un escritor que empieza lo que será, me parece tan aventurado como augurar su destino.

El escritor es un producto mixto de una porción de factores; de éstos, unos son puramente individuales y pueden estar manifestados ya o en potencia; otros, dependen del medio social; pero a pesar de esto, son tan imprescindibles como los primeros.

El arte es largo, según la frase de Sócrates; el camino es también largo y tortuoso; ¿quién puede saber quién se extraviará y quién llegará al término deseado?

Madrid, mayo de 1903

NOTAS A BAROJA EN "EL IMPARCIAL"

En este diario parece ser que empezó Baroja a escribir en el verano de 1901. En él también hay excelentes crónicas de Gómez de Baquero sobre las novelas de Baroja "El Mayorazgo de Labraz", "La Busca", "Mala Hierba", "La Feria de los Discretos", "Paradox Rey", "Los Ultimos Románticos", etc.). En el diario salieron:

La Obra de Pedro Yarza; El vascuence; Gorki, poeta de los miserables; A orillas del Duero; Estilo modernista; Don Manuel Fernández y González.

Estos textos están, sea en *El Tablado de Arlequín,* sea en el *tomo VIII de las Obras Completas,* como se comprobará en el cuadro cronológico al final.

Nuevos son, sin embargo, los artículos siguientes:

Nietzsche Intimo (I) en el del 9-IX-1901, n.º 12.362.

Nietzsche Intimo (II) en el del 7-X-1901, n.º 12.390.

Las Cigüeñas, en el del 14-X-1901, que es la primera versión del prólogo a "El Mayorazgo de Labraz".

En "A Orillas del Duero", fruto de un viaje por estas tierras, en *Los Lunes del Imparcial,* del 2-XII (12.446), 9-XII (12.453), 16-12 (12.460), 30-XII-1901 (12.473); 13-I (12.487), 10-II-1902 (12.515). Son nuevos el tercero y cuarto, titulados *Covaleda* y *Los Pinares.* Los demás están en el tomo VIII:

BAROJA Y "ESPAÑA"

LAS DOS FUERZAS

Las leyes físicas y químicas encuentran con perfecta armonía su traducción en la vida. La ley de gravedad, que precipita los cuerpos hacia el centro de la tierra, se traduce en aquella otra ley humana que rige la criminalidad de los hombres, llevándolos hasta el presidio por la pendiente de sus malos instintos; las leyes de la aleación de los metales pueden considerarse muy semejantes a las leyes de la simpatía que fusionan los sentimientos de dos personas. Y tantas otras leyes físicas y químicas cuya traducción pudiera presentarse acudiendo al auxilio del fantástico archivo de las metáforas y de las comparaciones retóricas.

Por eso en las aspiraciones de los escritores se nota una correspondencia casi completa con aquella división de las fuerzas en centrífugas y centrípetas, actuando de centro Madrid; *el sueño dorado* de los escritores de provincias; *el duro banco* de los que en la Corte viven y escriben.

Los que viven en provincias ponen todas sus aspiraciones en la Corte. Ir a Madrid es su anhelo, vivir en él su deseo más ardiente, escribir en sus periódicos su más elevada aspiración, brillar en él toda su esperanza.

En cambio, los que consumen su vida y su cerebro en la dura tarea de trasladar al periódico madrileño las palpitaciones de la vida nacional y recoger los ecos dispersos de la vida extranjera y del movimiento universal, éstos sueñan con un retiro plácido y calmoso en apartado lugar o en pacífica capital provinciana, en donde, con tiempo sobrado y tranquilo ambiente, puedan dedicar sus energías a la confección de obras pensadas con detenimiento y escritas con cuidado, en las cuales se advierta la rapidez de la concepción y el desaliño de la velocidad que transmite a sus actuales escritos el medio bullicioso en que viven.

Estas dos tendencias diversas, expresión clara de lo descontentadizo de la condición humana, se manifiestan en los primeros desde el principio de su iniciación intelectual, y en los segundos, cuando pasado algún tiempo de su vida activa, se presenta el cansancio y el hastío de aquello mismo que se esforzaron por conseguir.

En los provincianos es el afán de lo desconocido, es la atracción del misterio, es el espíritu de leyenda que se cierne sobre la capital española, convirtiéndola en polo de los afanes de cuantos fuera de ella escriben o pretenden escribir.

Con los madrileños es la adoración por *la descansada vida* del poeta del Tormes, es el sueño constante del retiro tranquilo y apacible, allí donde pueden hacerse compatibles el trabajo y el hogar, las energías puestas en acción y los amores puestos en curso, las auras enervantes que satisfacen nuestra vanidad y los gratos arrullos familiares que dan vida a nuestro corazón.

Y ésta es la explicación de esas dos fuerzas que dan impulso a nuestros deseos. Centrífuga, la de los viejos maestros. Centrípeta, la de los jóvenes escritores.

(*España*, de Madrid, del 5-XI-1904)

PEQUEÑECES

El hombre, que en un arranque de orgullo se ha llamado rey de la creación, es el ser más inofensivo que darse puede. Recuerdo a este propósito una ingeniosa caricatura de Sancha. En ella, el rey de la creación aparecía sintiendo miedo de sus más humildes súbditos, y a las uñas de un gato, los dientes de un perro, los saltos de una rana, los cacareos de un gallo, los rugidos de un león, los gestos de un mono, las voces de un loro, los gritos de una cacatúa y hasta el zumbido de un mosquito, ponían en su corazón irresistibles temores.

Este carácter general de los seres humanos, encuentra más exacta confirmación cuando estudiamos nuestra psicología nacional, cuando, convencidos de que, aun siendo herederos de Felipe II, somos también descendientes de Fernando VII, observamos cómo nuestra voluntad se siente agobiada, impotente, sin atreverse con la realización de grandes empresas.

Las obras magnas en donde está depositado el trabajo y el talento de los grandes escritores de otras épocas, apenas si consiguen un escaso número de lectores; no ya la Historia universal, sino hasta nuestra misma historia patria, apenas si logra interesarnos, por su agobiante extensión. Juzgamos obra de romanos leer novelas que tengan más de un tomo, y reconocemos la importancia de nuestros literatos contemporáneos repasando el catálogo de sus obras, sentando nuestro juicio, atendiendo, más que a la calidad, a la cantidad. No nos olvidamos de que somos compatriotas del Tostado y de Lope.

Este agobiamiento, que rinde nuestras fuerzas; este cansancio intelectual que apenas si nos deja alientos para leer un volumen, explican la aceptación adquirida por el cuento en perjuicio de la novela.

En el teatro sucede lo mismo, siendo prueba de ello la preponderancia que consiguió el género chico, donde en hora se veía la presentación, la trama y el desenlace de un argumento, si bien las más de las veces sucedía no haber ni presentación, ni trama, ni más desenlace que los versos finales con que se mendigaba el aplauso. Los dramas y las comedias que pasaban de la normalidad de los tres actos necesitaban ser especialidades para conseguir el frío aplauso de un público que ha sentido el entusiasmo en triste aleación con la fatiga.

Pensamos que, como dijera Schopenhauer, "el cometido del novelista no es referir grandes acontecimientos, sino hacer interesantes los pequeños", y deseosos de que se logre impresionarnos con síntesis reducidas de hechos extensos que fatigarían nuestra atención, admitimos, con Diderot, que "un artista siempre es más grande por lo que deja entender que por lo que expresa", no porque nuestra inteligencia deduzca, por un bucear minucioso, en lo que lee, la oculta profundidad de lo inexpresado, sino porque la brevedad nos es más grata que la prolijidad ampulosa de la explicación concienzuda.

A pesar de que ésta es nuestra manera de pensar, confesamos cobardemente nuestra impotencia y agobiamiento, lanzando al aire vanos ditirambos en loor de los que no fueron como nosotros, y al mismo tiempo que expresamos nuestro regocijo por la lectura de una obra pequeña, pero detallada y delicadamente, escrita, rezamos con aprendidos rezos la glorificación de aquellas obras cuya grandeza hemos admitido sin tomarnos el trabajo de leerlas y saborear sus bellezas.

Esta pequeñez nuestra se extiende por todas partes. Mientras los inmensos y viejos caserones de nuestros antepasados detienen nuestros pasos, provocando nuestra admiración, buscamos para morada una de esas casas de vecindad donde los vecinos están como encajonados, y tenemos por sueño dorado el llegar un día a poseer un hotelito que oculte su pequeñez tras las ramas de los árboles de un jardín minúsculo.

El abandono normal en que se encuentran las viejas catedrales españolas, es otro signo palpable de esa pequeñez que alcanza a ser un carácter de nuestra psicología nacional. Cuando, viajando por España, llegamos a una de esas viejas ciudades cuyas casas parecen haberse construido para hacer compañía a la catedral, nuestro único deseo es atravesar el atrio del templo que nuestros antepasados, más creyentes que nosotros, levantaron, y marchar con pasos cautos y temerosos por sus naves espaciosas y abandonadas. Pero, una vez dentro, aquellas alturas, en donde se pierden las graves sonoridades del órgano, parecen gravitar sobre nosotros y, asustados, o buscamos instintivamente la salida, o nos metemos en las capillas que, por ser más pequeñas y asemejarse más a las iglesias modernas, influyen menos en nuestra pequeña y mezquina naturaleza.

Esta reducción obsérvase en todos los órdenes de la vida y en la mayor parte de los objetos de nuestro uso. A las antiguas carrozas de nuestros abuelos sucedieron las berlinas de nuestro tiempo, en donde apenas si podían ir encajonadas dos personas. En arquitectura, a los balcones de amplios saledizos los antepechos al ras de la fachada; a los españoles zaguanes los estrechos pasadizos, a las anchas y espaciosas escaleras, las estrechas y reducidas de nuestros días, ya que con la introducción de los ascensores, su uso ha quedado reducido al descenso.

En nuestra vida artística apreciamos más las obras pequeñas que los grandes lienzos, las estatuitas delicadas que las grandes esculturas, y gustamos más de apreciar el detalle que el conjunto, por estar aquél más al alcance de nuestra inteligencia agobiada.

En el orden científico encontramos también este carácter peculiar nuestro. Muchos de los conocimientos que poseemos los hemos adquirido en manuales y compendios extractados con cuidado, y son tales nuestros deseos de adquirir conocimientos enciclopédicos, que en lugar de reducir el círculo de nuestros gustos a una ciencia determinada, pretendemos abarcarlas todas, y reducir, en particular, nuestra amplitud de conocimiento, cayendo necesariamente en aquella falta que el pueblo ha expresado en uno de sus refranes, diciendo que *el que mucho abarca poco aprieta.*

¡Y, he aquí cómo un pueblo que fue grande vive entre pequeñeces!

(*España,* de Madrid, del 21-XI-1904)

NOTAS A BAROJA Y "ESPAÑA"

Terminaremos con tres colaboraciones a este diario, que no hay que confundir con la gran revista salida en 1915. Son:

Las Dos Fuerzas (5-II-1904). *Pequeñeces* (21-II-1904).

Cosas del momento (que está en *El Tablado de Arlequín*), (V, 47), y por lo tanto no lo reproducimos.

SEPTIMA PARTE

PIO BAROJA Y "EL PUEBLO VASCO"

PIO BAROJA

Desde ayer se encuentra entre nosotros este notable escritor, que si España entera le tiene en gran estima, nosotros los vascongados, y particularmente los donostiarras, debemos considerarle como a uno de nuestros más ilustres paisanos.

Aquel Baroja que comenzó a erguirse sobre el montón hace seis o siete años, ofreciendo los primeros frutos de su talento en media docena de donosas crónicas que desde París envió a nuestro estimado compañero "La Voz de Guipúzcoa", y que fueron su presentación en el periodismo, es hoy uno de los escritores más reputados. Baroja escritor, que pone sobre toda otra condición una independencia indomable que por nada ni por nadie cede, ha triunfado en el periodismo conmoviendo muchas veces las esferas oficiales con sus atrevimientos, y ha triunfado en la novela con sus libros "La casa de Aizgorri", que acusa una inteligencia superior, con su "Camino de perfección", con su "Mayorazgo de Labraz", con sus "Idilios vascos", con tantas otras obras leídas y celebradas y que son una irrecusable prueba de su saber.

Podrá ser Baroja más o menos discutido, serán peregrinas y hasta inadmisibles algunas de sus teorías, habrá en su labor algo raro o violento que cree alrededor de sus obras alguna prevención, pero lo que no se puede negar, a despecho de todos esos inconvenientes que no anublan, sino que antes bien caracterizan una personalidad, lo que no se puede dejar de reconocer, es que Pío Baroja es un literato que destaca sobre esa infinidad de escritores fofos, sin alma ni calor, palabreros estériles que ninguna utilidad rinden a la sociedad ni siquiera a nuestra literatura.

Pío Baroja viene a compartir con nosotros los trabajos de redacción aunque solamente sea por una breve temporada; pero corta y todo, seguramente sabrá hacer dentro de ella Pío Baroja una labor provechosa que de fijo celebrarán nuestros lectores.

(*El Pueblo Vasco*, n.º 29, sábado 29 de agosto de 1903)

AL LLEGAR

El tren avanza fatigosamente cruzando la Tierra de Campos. Desde las ventanas del vagón a un lado y a otro se ve extenderse la tierra, una tierra blanca, calcinada por el sol, con lomas segadas que se extienden hasta el límite del horizonte.

Se ve, a lo lejos, alguna torre levantada en medio de un montón de tejados pardos, cauces de ríos secos, viñedos, polvorientos. El aire está turbado por la calina y el tren sigue fatigosamente su marcha.

En el vagón, dos curas discuten con un amigo mío acerca del progreso. Una manera de matar el tiempo. Los dos curas defienden con entusiasmo los beneficios de la civilización, mi amigo saca a relucir las carnes barnizadas, la leche y el pan falsificados y canta la vida del campo con todo el entusiasmo de un bolsista. Los curas, a pesar del baniz de la carne y de las sofisticaciones de los alimentos, continúan defendiendo la civilización.

Luego cambia el paisaje. Van sucediéndose montes altos, desnudos; después cruzamos desfiladeros pedregosos, se pasa un túnel, y al poco rato, otro y otro, y aparece un valle hundido, verde, y aquí una fabriquita y un puente, y allá un molino o una fábrica con las ventanas iluminadas. El tren va dando vueltas, unas veces acercándose al monte lleno de helechos, otras al riachuelo que salta en su cauce lleno de espuma.

Y va haciéndose de noche. El anochecer es de una tristeza infinita, el sol se oculta tras de los altos montes, resplandecen de estrellas en el cielo y las grandes chispas de la locomotora pasan por delante de los cristales del vagón como pupilas curiosas sostenidas en el aire.

Y dentro, en el coche, los dos curas y mi amigo siguen discutiendo acaloradamente, los dos curas defendiendo los beneficios que produce el pro-

greso, mi amigo el bolsista, cantando las dulzuras
de la vida pastoril.

* * *

Y bajamos mi amigo y yo en la estación. El
ambiente de la noche es templado y húmedo.

—¿Qué es eso? —me pregunta mi amigo se-
ñalándome las luces que brillan en un monte.

—No lo sé —le contesto—; preguntaremos.

Seguimos los dos la orilla del río; los faroles
brillan, temblando en el agua tersa y tranquila
del Urumea.

Pasa un hombre a nuestro lado y le preguntamos lo que son aquellas luces.

—Son del monte Ulía —nos dice, y añade después—: ¿Han venido ustedes ahora?

—Sí, señor.

—¿Quieren ustedes ver una cosa terrible, una
cosa que no sospechaba ninguno de San Sebastián?

—Sí. ¿Qué hay?

—Una serpiente de mar, enorme, formidable,
que está en este mismo momento en la Zurriola.

—¿Es de veras?

—Vengan ustedes conmigo.

Efectivamente, hemos ido con él y hemos visto; pero la impresión de estupefacción que a mi
amigo y a mí nos ha ocasionado la vista del ofidio
ha sido tal, que apenas nos atrevemos a dar fe
de lo que hemos presenciado.

Otro día contaré todo el extraño, todo el ar-
chiextraordinario espectáculo que hemos presenciado.

Afortunadamente en este país todo es paradójico.

(*El Pueblo Vasco*, n.º 29, del 29-VIII-1903)

NO NOS COMPRENDEMOS

—¿Ha leído usted el discurso de Unamuno?

—Sí.

—¿Entero?

—Sí.

—No lo creo. Es pesado; es latoso.

—Sí, indudablemente no es ameno; pero hay ahí profundidad, más de la que se estila en esta tierra. Lo que escribe Unamuno es excesivamente suculento.

—A mí, ¿qué quiere usted que le diga, amigo Baroja? Me carga, como me cargan Maeztu, Martínez Ruiz, como me cargan los artículos de usted. La verdad, no comprendo a dónde van ustedes ni lo que quieren.

—¿Adónde vamos? A ningún lado. Querer, queremos muchas cosas, un día una, otro día otra.

—¡Pero eso no puede ser! Vivir en un continuo cambio es imposible.

—Y la naturaleza, ¿no cambia constantemente?

—Pero la naturaleza tiene sus leyes, y ustedes no. Ustedes niegan las ideas tradicionales que aceptamos todos; no aceptan ustedes nada inmutable, sin previa crítica. Pero ¿qué nos dan ustedes en cambio? Si no tienen ustedes soluciones ni planos ni dogmas fijos, ¿con qué van a sustituir los nuestros, bueno o malos?

—Con nada. Lo único que podemos dar es lo que tenemos. Una ansia dolorosa, un anhelo inconcreto por un ideal también inconcreto, un deseo de algo grande, de algo terriblemente humano.

—La sociedad no viven con anhelos, la sociedad necesita fórmulas concretas.

—¿Para qué? ¿Para no seguirlas?

—Si ustedes tuvieran un programa, serían escuchados.

—Un programa es un conjunto de fórmulas, y la fórmula es una mentira. No, nosotros no conocemos la receta para llevar la felicidad a los hombres, ni el secreto para intensificar el arte.

Si podemos, queremos turbar las conciencias, remover los espíritus, sacudir con flagelaciones la voluntad. Que las almas queden abiertas para que germine y fructifique el ideal nuevo.

—Y ¿cuál es el ideal nuevo?

—Cualquiera. Un ideal noble y grande que nos haga vivir con intensidad, que nos dé valor para sostener una vida trágica o una muerte heroica.

—Y ese ideal nuevo, ¿germinará?

—Sí, germinará no por la virtualidad de las ideas —que en la flora intelectual no se dan especies nuevas más que en períodos de miles de años—, germinará por la parte de fuerza, de virilidad, de aspiración, de desprecio a la vida rutinaria y miserable que llevan esas ideas.

Y germinará y fructificará en el cerebro de un gran hombre, que no será oído, que será despreciado por la masa, porque la masa es siempre infame.

—Ah, ¿se siente usted aristócrata?

—Si el arte es una aristocracia, soy o al menos quiero ser artista.

—¿Desprecia usted la masa?

—Sí, creo que es donde salen todos los malos impulsos.

—¿Y sin embargo se considera usted altruista?

—Sí.

—¿Entonces, no es usted lógico?

—¡Qué importa! si soy sincero.

—¡Pero no es usted consecuente!

—Claro que no.

—No nos comprendemos. Para usted la consecuencia no es nada, para mí, la consecuencia es todo. Indudablemente no nos comprendemos.

—Es verdad. Indudablemente no nos comprendemos.

(*El Pueblo Vasco,* n.º 32, del 1-IX-1903)

LOS VIEJOS

Nos desdeñan; hablan como hombres de una época heroica que viven en tiempos de degeneración. ¿Qué hicieron? ¿Lucharon? ¿Sufrieron? ¿Derramaron su sangre por algo, por alguna tontería o por alguna cosa seria?

No, no hicieron más que vivir una vida oscura y miserable, no tuvieron energías para nada, no supieron hacer de una patria grande, negra y triste una nación próspera y feliz.

Y sin embargo, nos desprecian.

Ellos llevaron a España a la decadencia más absoluta por su estulticia, por su necedad, por la vaciedad de sus palabras disimuladas por las flores de papel de la retórica. Ellos nos dieron un arte falsificado, una política falsificada, un honor falsificado.

Y sin embargo nos desprecian.

Tenemos en España un museo moderno, que es un museo, no de la patria de Goya y del Greco, sino de un país de negros; tenemos una prensa que es la glorificación de la noñez y de la insustancialidad; vivimos en un ambiente de cursilería y de agarbanzamiento absoluto. ¿A quién se debe? A los viejos. Ellos nos dijeron que los hombres de las Cortes de Cádiz eran grandes hombres, cuando no pasaban de ser unos pobres diablos; que los Madrazo eran unos genios de la pintura, que Lorenzana era una gran periodista y Eguilaz un gran dramaturgo.

Nos dieron el continuo timo.

Y sin embargo nos desprecian.

Son cómicos todos estos revolucionarios que no han hecho ninguna revolución, porque siempre han esperado que se la hicieran los sargentos; son cómicos estos reaccionarios, terribles, capaces de vender sus ideas por dos perras gordas. Son cómicos, si no fueran repulsivos todos estos viejos de la España actual, pálidos espectros sin energía y sin alma, pobres hombres que creen que hicieron algo, porque se aprendieron de memoria cuatro novelones cursis.

Y sin embargo nos desprecian.

Y ustedes, ¿qué hacen? —pregunta alguno—. Nosotros, negar. Es algo. Otros vendrán que afirmen, y si no hay nada que afirmar, nada nos importa. Es igual.

(*El Pueblo Vasco,* n.º 34, del 3-IX-1903)

PRIMAVERA ANDALUZA

Hay imágenes profundamente grabadas en nosotros que duermen largo tiempo, meses, a veces años, y que despiertan después enérgicas y brillantes como si la impresión se acabara de sentir.

Yo ahora, después de contemplar el mar del Castillo, recuerdo no sé por qué razón, con mis sentidos, con una energía grande, un viaje hecho por el Guadalquivir en esta primavera pasada. Estoy viendo desde la playa de Sanlúcar de Barrameda el cielo anubarrado y gris, y allá lejos, *en las puntas, el mar verde,* de un tono gelatinoso que murmuraba con arrullo dulce en las rocas bajas y rompía en blancas espumas.

Entramos en un vaporcito en el muelle de Sanlúcar, y comenzó la hélice del barco a girar. Ibamos ayudados por la marea; el río era ancho, de color de barro, amarillento; desierto y abandonado como un río americano.

En algunas islas bajas llenas de espadañas, levantaban el vuelo bandadas de pájaros. Y algunos martín-pescadores *del* pintado color se deslizaban rasando el agua plana y amarilla.

En las riberas, grandes bueyes negros pastaban tranquilos; algunos en el suelo con *las piernas* dobladas, esperaban la baja marea para beber en el río; otros, con la cabeza alta y rizada, adornada de grandes cuernos, miraban el lejano horizonte, graves y serenos, como olímpicos dioses.

No había esplendores en el cielo anubarrado, no había bosques en las orillas, ni aguas de cristal en el río; pero un efluvio de vida parecía animarlo todo.

Era la primavera, la eterna primavera siempre joven, que murmuraba en el viento, que corría en la onda, que adornaba la orilla de humildes flores silvestres, era la primavera, que animaba el viejo río; el viejo río surcado por las naves de los mercaderes de hace tres mil años, por las trirremes griegas y las falúas latinas, parecía aún desierto e inexplorado como un río joven de una tierra virgen.

Se sentía más que el esplendor la vida. En algunos puntos por un fenómeno de espejismo parecían verse lagos inmensos redondeados como grandes pupilas luminosas de la Tierra.

El vapor pasó por *delante* de dos o tres pueblecillos pescadores, con pequeñas ensenadas en donde se amontonaban lanchas viejas.

Alguna que otra barcaza pasó junto a las bordas del vapor con la vela hinchada.

...Y comenzó a anochecer. Ya el río se había estrechado y sus aguas iban entenebreciéndose, las orillas aparecían cubiertas de follaje; un olor dulce se esparcía en el ambiente.

Una mujer vestida de claro se presentó en la orilla; apenas si se la divisaba y en la penumbra parecía inmóvil y blanca como una diosa antigua.

Alguna que otra casa encalada se entreveía en las arboledas, que se reflejaban en la tersa superficie del río y en las orillas cubiertas de follaje, los rosales silvestres caían sobre el agua obscura y brillante, como cabelleras blancas, que flotasen sobre el agua.

...Obscurecía, los pájaros habían comenzado su canto, el río estaba cada vez más negro y las ligeras ondas que hacía el barco empezaban a hundirse en las sombras.

Pasó el vaporcito cerca de una draga, saludó y la draga de una de cuyas bordas escapaba una cascada de agua turbia contestó con los roncos sonidos de la sirena.

Nos íbamos acercando a Sevilla; comenzaban a verse las luces de los barcos anclados en el muelle, cerca de Triana.

Un olor penetrante llegaba de la tierra. Y el barco seguía andando, dejando una plateada estela en la ya negra y bruñida superficie del río.

(*El Pueblo Vasco,* n.º 35, del 4-IX-1903)

ESPIRITU DE ASOCIACION

Yo soy individualista rabioso, egotista furibundo, no ególatra, como suponen algunos, pues nunca me he creído un genio, sino un buen señor que escribe sus artículos como puede y vive en su rincón también como puede.

No soy superhombre ni odio a nadie ni a nada. Temo más al dolor que a las enfermedades, a las enfermedades más que a los hombres, a los hombres más que a la muerte.

Deseo muy pocas cosas, tan pocas que puedo decir como en un lied de Goethe: en nada coloqué mi deseo.

Mi gran temor es éste: sufrir; mi gran aspiración es llegar a la "euphoria" griega.

El mundo me parece un sitio en donde el hombre se constipa.

Brindo esta aclaración a los que me atacan con cortesía. A los demás no les brindo nada y sigo.

* * *

A mí, que soy egotista por temperamento, me parece admirable el carácter individualista que tiene el vascongado.

Pero yo creo que el individualismo nunca debe llegar al sacrificio del instinto de sociabilidad que es natural en el hombre.

En los pueblos valencianos y andaluces, en donde la gente se puede decir que viven en la calle; en donde las puertas no se cierran casi nunca, en contra de las inclemencias del tiempo; el instinto social se satisface sin pensar, sin querer; la gente se habla y se comunica sus pensamientos en la calle, en donde pasa la vida. Por eso allí no se siente la necesidad de centros y de círculos sociales.

Nuestros pueblos vascongados, en donde el invierno es largo y la primavera lluviosa; en donde se vive mucho en casa, en el hogar, el círculo, el casino debía ser indispensable, y si no existe es porque los hábitos de reserva y de suspicacia del ciudadano vascongado le hacen sacrificar en todo o en parte de su instinto social.

Por ser tan gráfico el apólogo de Schopenhauer, de los puercos-espines, vale la pena de referirlo por si alguno no lo conoce. Un día helado de invierno —dice el espíritu pesimista— un rebaño de puercos-espines se reunió en apretado grupo para defenderse mutuamente del frío con su propio calor; pero al sentirse los unos heridos por las púas de los otros, se alejaron, y cada cual tiró por su lado. Cuando la necesidad de calentarse les impulsó a acercarse de nuevo se produjo el mismo caso, de manera que caían en un mal por librarse de otro, hasta que después de pensar —seguramente mucho— acabaron por comprender que había una distancia media en la cual se calentaban y no se herían.

Yo no sé si nosotros los puercos-espines vascongados tenemos las púas más agudas o la piel más delicada, lo cierto es que cuando pasamos la vida en un pueblo nos decidimos todos a vivir aislados de nuestro propio calor.

Y ése es un mal grave, muy grave; la falta de
espíritu de asociación nos hace tímidos a los vascongados, hace que no podamos desarrollarnos en
la vida social; nos imposibilita para la lucha.

(*El Pueblo Vasco*, n.º 36, del 5-IX-1903)

CONSECUENCIAS

Dedico estas ligeras y amables vaciedades a
los que nos comprenden a nosotros los incompren-
sibles.

Una de las cosas que más me molesta es ver
que el hombre en todas las latitudes y altitudes
del planeta es un animal pedante.

El pedante de la literatura se llama crítico; el
pedante de la moral, moralista; hay otro pedante
que reúne todas las pedanterías habidas y por
haber, es el sociólogo.

Ni aun en la más absoluta soledad se puede
ser sincero, ni siquiera uno consigo mismo. Grande o pequeño, ilustre o humilde, el hombre que se
mira en un espejo ve siempre reflejado en el fondo de la luna la imagen de un redomado pedante.

Consecuencia de esto es que ni aun queriendo
se puede ser sincero y que la sinceridad es casi
siempre la más hábil de todas las perfidias.

* * *

Hay gente que asegura formalmente que todos
los actos humanos tienen dos caras, una seria,

grave y trágica; otra cómica y risible. Esto mismo que dicen de los actos, lo dicen del hombre.

Será verdad, pero yo que no conozco más actos grandes que los de las comedias, ni más hombres grandes que los de mucha estatura, comienzo a dudar de la faz trágica de los hombres y de las cosas.

El hombre es un animal extraordinariamente cómico, visto en rebaño, formando un público, una multitud; es sin duda como es más curioso.

Hay unos joviales que se mueven mucho y hablan como papagayos, hay otros con una seriedad testaruda de mulo, que son de esos hombres serios que toman las cuestiones "ab ovo", y que no sonríen nunca. Hay otros que parecen pájaros perplejos que no saben si quedarse quietos o echar a volar; hay pájaros tristes como búhos, hay mandriles y micos.

—Y ¿qué consecuencia se puede sacar de esto?

—La consecuencia es clara, y es la de que el hombre es el rey de los animales.

Una cosa extraordinaria. Hoy he aprendido algo en el Casino, algo práctico, de lo mucho que no sé.

Estábamos un amigo y yo en la terraza charlando y cerca de nosotros había una señora muy guapa con dos amigos no tan agradables.

—Esta mujer tan barbiana —me ha dicho el amigo— está casada con un pollo andaluz y por la conversación que les oí la otra noche, ha gastado todo el dinero que traía. El pollo anda buscando dar un buen golpe, arriba en el bacarrá perdió y ahora juega las últimas pesetas en los caballitos.

—La mujer está intraquila, se le nota.

—Claro.

Al cabo de algún tiempo vino el pollo andaluz sonriendo, con una sonrisa de mal agüero.

—¿Has perdido? —le preguntó con angustia su mujer.

—Sí.

—Pues ¿qué ha pasado?

—Nada, que estaba aburrido, cansado, tenía cien duros y los he puesto a los amarillos... y han salido los encarnados.

—Y ¿por qué no has puesto a los encarnados? dijo la señora secamente.

El marido y las otras señoras trataron de convencer a su amiga que lo que pretendía era absurdo, pero ella no quería oír explicación alguna, e insistía en que su marido debía de haber jugado a los encarnados.

Al salir del Casino he pensado en el caso y he visto que aquella señora tenía razón y he deducido esta consecuencia:

En la vida, como en el arte, como en el amor, como en el juego, como en todo, no hay que andarse por las ramas, hay que jugar siempre a los encarnados... o no jugar.

(*El Pueblo Vasco*, n.º 41, del 10-IX-1903)

---

* El final de este cuento viene en *El Tablado de Arlequín*, en *Ligeras vaciedades...* Oc. C., t. V, págs. 74-75.

CASI APOLOGO

Hubo en esas regiones misteriosas del arte un tabernáculo sagrado y un arca sagrada en el tabernáculo.

Dentro del arca, se guardaban reliquias casi venerables, viejos pergaminos llenos de dogmas retóricos, de preceptos rancios, dictados por grandes y pequeños hombres y guardados y custodiados por una legión de eunucos y de sicofantes.

Pero he aquí que, de improviso, un viento de fronda, lleno de gérmenes vigorosos, lanzó una ráfaga de tempestad en el mundo del arte y todo se conmovió y se desquició y, aprovechándose del desorden, unos cuantos prestidigitadores audaces abrieron el arca y sustituyeron los viejos pergaminos casi venerables por nuevos dogmas artísticos intangibles e inatacables como los anteriores.

Se entabló la guerra entre los partidarios de los dogmas antiguos y los partidarios de los dogmas nuevos, lucharon encarnizadamente unos contra otros y después de mucho pelear llegaron a ún acuerdo; se mezclaron fórmulas antiguas con fórmulas modernas; el arca se cerró, se selló, se le rodeó de los mismos guardianes: los viejos eunucos y los graves sicofantes, y el arca siguió siendo inconmovible e inatacable como antaño.

Los intransigentes formaron escuela aparte y cada uno cantó las excelencias de sus ideas. La masa, parte por pereza, parte por fetichismo, adoró lo falso antiguo y lo falso moderno, la lentejuela medioeval y la sofisticación modernista.

Algunos creyeron que no debían respetar esa arca empolvada y venerable, llena de reglas aún más venerables y empolvadas, supusieron que podían tener su vista con cierta irónica placidez, desde las unidades de Aristóteles hasta los preceptos de Boileau.

Entre ésos nos contamos nosotros. Sabemos que en esa arca intangible e inatacable están las cosas más serias de la humanidad, desde el Código Civil hasta las grandes obras de los genios, desde las reglas de Horacio hasta las gacetillas de los periodistas.

Claro que estimamos más —aunque comprendamos que hacemos mal en esto— el tranquillo de un Shakespeare que el precepto de un gacetillero; también es verdad que preferimos ver el andamiaje que ayuda a formar el palacio construido por la fantasía del genio que los cuatro palitroques que sirven de base al chamizo humilde creado de un pelafustán, pero no creemos gran cosa en el andamiaje del uno ni en los palitroques del otro.

Y aun a riesgo de no construir nada preferimos a la construcción arreglada y metódica, la construcción irregular y caprichosa, y aun a riesgo de constiparnos, preferimos al aire encerrado de las habitaciones, el aire libre de la calle.

(*El Pueblo Vasco*, n.º 43, del 12-IX-1903)

CRONICA: HAMPA

La estafa del Cantinero ha puesto a descubierto un rincón del hampa madrileña, un nido de existencias sombrías que se agitan en los aledaños del Código Penal.

Cuando se ponen a flote estas vidas turbias, todo Madrid se estremece de curiosidad y de espanto; después el caso cae en el olvido, y vuelven a fraguarse en la sombra las mismas estafas, los mismos líos tenebrosos.

Hay en Madrid, dentro de la gama común del hampa, una porción de variedades y de clases; hay el hampa política, que se agita en el salón de conferencias del Congreso y en las redacciones; hay el hampa bursátil, el hampa literaria y la artística, pero la más triste, la que no nace de instintos agresivos, ni de hombres de presa es el hampa de los miserables.

Madrid se ve lleno de estos hampones; Madrid está rodeado de suburbios en donde viven peor que en el fondo de Africa un mundo de mendigos, de miserables, de gente abandonada.

¿Quién se ocupa de ellos? Nadie, absolutamente nadie. Yo he paseado de noche por las Injurias y las Cambroneras, he alternado con la golfería do las tabernas de las Peñuelas y de los merenderos de los Cuatro Caminos y de la carretera de Andalucía. He visto mujeres amontonadas en las cuevas del Gobierno Civil y hombres echados desnudos al calabozo. He visto golfos andrajosos salir gateando de las cuevas del cerrillo de San Blas y les he contemplado cómo devoraban gatos muertos.

He visto asilos que son la parodia más terrible de la caridad; hospitales, en donde los enfermos mueren abandonados.

Y no he visto a nadie que se ocupara en serio de tanta tristeza, de tanta lacería. ¿Es egoísmo monstruoso o es olvido? No sé. Sólo sé que entre los miserables y los poderosos hay una muralla tan alta que los unos no se enteran de lo que hacen los otros.

Y cuando los ricos se enteran quieren que los pobres sean héroes o santos, no para admirarlos, que sería lo lógico, sino solamente para ocuparse de ellos. Es demasiada pretensión.

Todas las miserias madrileñas, como todas las miserias humanas se deslizan tranquilas para los ricos. En el pueblo de España en donde hay acumulada mayor cantidad de dinero, se mueren al año una porción de personas de hambre, en ese pueblo pasan las damas a la salida del Real en sus coches envueltas en trajes de pieles, mientras a la puerta del teatro, en la plaza Isabel II, se amontonan tiritando de frío una porción de miserables.

Arriba está la indiferencia, abajo el odio.

Fl dinero separa cada vez más las clases; antes el rico y el pobre se alumbraban de noche con un candil igual o parecido, ahora el rico ilumina su casa con luz eléctrica y el pobre sigue usando el candil; antes, si el pobre iba a pie, el rico iba a caballo; hoy el pobre sigue andando a pie y el rico va en automóvil.

La civilización ha mejorado y hecho cómoda la vida del rico hasta un extremo inverosímil; la civilización ha hecho muy poco, casi nada, por el pobre.

La diferencia es demasiado patente, el rico no quiere comprender, se encastilla en su indiferencia, el pobre que nada puede hacer por ahora más que rebelarse, se encastilla en su odio.

De este odio, de este instinto antisocial, viene la golfería. No abren escuelas los poderosos, alguien abrirá garitos; no se le enseña al miserable a leer, alguien le enseñará a matar. A la indiferencia de arriba responden los de abajo corrompiéndose más; y su corrupción produce el fermento que envenena todo el cuerpo social.

Y la desorganización aumenta y el instinto social y el principio de autoridad y todo naufraga en una ola de apetitos insaciables y la vida cada día se hace más imposible en una sociedad en donde brilla la moneda en el horizonte social como un sol deslumbrador.

No, esa indiferencia ni es humana, ni es justa, ni es siquiera prudente. Quizás una clase poderosa pudo creerse en pasados tiempos hecha de distinta pasta que los demás mortales, pero esta plutocracia hoy imperante, esta oligarquía que no es de los más hábiles, sino de los más adaptables, no tiene ni siquiera el pretexto de su inconsciencia; sabe, cuando aplasta, lo que hace, pero no tiene inconveniente alguno en hacerlo; dice a los miserables como María Antonieta al pueblo parisién hambriento: "No tiene pan, que coma bizcochos."

Pero a consecuencia de las indiferencias de

hoy puede venir un día en que si no las princesas de Lamballe, las princesas de la plutocracia imperante tengan que sonreír de una manera siniestra desde lo alto de una pica.

Y aquel día, los indiferentes, los que no creen que tienen obligación alguna para los demás ni sienten solidaridad humana podrán discurrir y pensar acerca de la profundidad de estas palabras del "Eclesiastés":

El que hoyo cava en él caerá, y al que deshace el vallado le morderá la serpiente.

(*El Pueblo Vasco,* n.º 48, del 18-IX-1903)

DIALOGO ETICO

El salón de fiestas del Casino en una noche de agosto. Mucha gente, mucho calor, mucha luz, muchas chicas bonitas. Gasas, flores, perlas, cintajos y otros artículos de bisutería, de los cuales abusan los "chroniqueurs" mundanos y elegantes.

Una señora rubia, relativamente joven, relativamente bella, habla con un señor calvo, grave y relativamente viejo. Escucho, no es una costumbre bonita, ya lo sé, y he aquí lo que sorprendo de su conversación.

ELLA.—Márchese usted. Parece usted un sauce llorón. ¿Ve usted también aquí algo fúnebre?

EL.—Algo más que fúnebre, duquesa, algo tenebroso.

Ella.—¡Qué horror!

El.—¿Le parece a usted poco tenebroso un lugar de suplicio?

Ella.—¿En dónde ve usted los instrumentos de tortura? ¿Dónde está el suplicio?

El.—Yo creo, duquesa, que el suplicio de Tántalo... es un suplicio.

Ella.—¿Y usted cree que hay aquí muchos Tántalos? (con un mohín ligero y desdeñoso). Hace usted mucho honor a los hombres.

El.—¿Cree usted?

Ella.—Los conozco a fondo.

El.—Veo, duquesa, que no le he convencido a usted. Sigo adelante con otro suplicio que aquí se padece. Es el de todas las familias de la burguesía pobre que están en el salón. ¡Qué vida para todas ellas! Cada hogar es un foco de envidia, de tristeza del bien ajeno...

Ella.—Eso sí, me parece que es más cierto que lo de los Tántalos.

El.—Hay que ver el mal ejemplo que esto produce. Yo creo que sería más moral, muchísimo más moral, que el Gran Casino estuviera frecuentado únicamente por damas de la aristocracia y por... otras damas si no aristócratas, damas en apariencia cual ellas.

Ella.—Gracias por ese trazo de unión.

El.—Es un trazo natural. Ustedes, las altas damas, pueden pasar la vida en perpetua fiesta, como las otras, las pequeñas damas, pero las muchachas modestas no pueden hacer esto; poner la vida elegante a una altura de la burguesía humilde es casi cometer un crimen, es llevar la perturbación a los hogares pobres.

ELLA.—¿Se siente usted sentimental y burgués?

EL.—Sí, porque esto produce un desequilibrio que nos perjudica a todos. Suponga usted una familia decente, modesta, de un médico, de un ingeniero de un militar con sus hijos...

La chica vive en una atmósfera falsa de fiestas, de paseos, de jiras que la turba y le produce un verdadero delirio de grandezas. Entonces siente, como es lógico, un profundo desdén por su familia, por su padre, que no sabe ganar lo bastante para que ella triunfe; por su madre, por su hermano, por todos los de su casa. Al chico, si hay chico, le pasa lo propio, y los papás son los que pagan el pato y gracias a sus hijos viven en el peor de los mundos posibles.

ELLA.—Bah... tienen sus satisfacciones al ver que la niña triunfa y se luce, que el chico va tras de un matrimonio ventajoso.

EL.—Es posible. Luego hay otra cosa. Ponga usted un muchacho de buen corazón casado con una muchacha de éstas sin alma, o al contrario, una chica amable y buena con un señorito acartonado, y la vida para ellos será perfectamente insoportable.

ELLA.—Eso sucede siempre en el matrimonio.

EL.—¿Cree usted?

ELLA.—Indudable. Los maridos cuando resultan bien son como esos compañeros amables que se encuentran en el tren; se habla con ellos, se les toma cariño y a la primera estación se largan.

EL.—¿Y las mujeres cuando resultan bien?

ELLA.—Son para los hombres como un compañero de tren muy desagradable que molesta, pero que en caso de peligro es capaz de sacrificio.

EL.—Sí, la vida del hombre y de la mujer son dos líneas paralelas que no se encuentran nunca.

ELLA.—Sin embargo...

EL.—¿El duque quizás?

ELLA.—No sea usted guasón.

EL.—Era una broma. Pero fuera de las complicaciones sentimentales hay algo más tremendo que esto, es la miseria disimulada. Ve usted matrimonios en que la mujer parece una diosa y él un gañán. Así hay muchos maridos que son casi criados.

ELLA.—Exacto, duque, muy exacto.

Y esto es lo que sorprendí la noche de la conversación tenida en el Casino entre un señor calvo, grave y relativamente viejo y una señora rubia, escotada, relativamente joven y relativamente bella.

(*El Pueblo Vasco*, n.º 78, del 17-X-1903)

PSIQUIS VASCA

Una de las cosas que siempre me ha asombrado es lo poco que hemos producido los vascongados.

Casi todas las regiones de España nos aventajan en el número de hombres eminentes en ciencia y en arte. Nosotros apenas si hemos tenido algún sabio de segunda fila, o algún escritor mediano. Con todo el espíritu de religiosidad que tiene el vascongado no ha hecho una iglesia artística y suntuosa. No poseemos una gran obra de arte vascongada, individual ni colectiva. En cambio, de aquí ha salido la mayoría de los marinos guerreros que han abrillantado la historia.

A pesar de esto yo creo que el país vascongado ha de ser con el tiempo vivero de hombres intelectualmente fuertes.

Es posible que la poquedad de las manifestaciones intelectuales en el pueblo vasco provenga de que ha llegado tarde a todo y que lo único que ha podido tomar a tiempo ha sido el industrialismo.

A pesar de que por ahora nada autoriza a creer en la disposición especial de los vascos para los trabajos mentales, yo lo supongo sin razones, más bien por indicios, por el carácter intelectual que tiene nuestra música, por la tendencia rebuscadora que tienen los vascongados que quieren ser artistas, y también por algo pensativo, algo de héroe shakespeariano que veo en nuestros hombres ilustres desde Elcano a Zumalacárregui.

Hay además en nuestra tierra mucho loco y mucho suicida. Y esto según observación de algunos antropólogos, cuyo nombre ahora no recuerdo, se da en los países donde la función cerebral es activa y la intelectualidad grande.

Es cierto también que a esta afirmación de que el vasco es hombre dispuesto para trabajos mentales, se puede oponer la de que ha defendido

siempre lo viejo contra lo nuevo y así se le ve
históricamente luchando contra el cristianismo
cuando toda España era ya cristiana y defendiendo ideales viejos cuando toda España era liberal.

Esta tenacidad en defender lo viejo en un
pueblo culto y refinado indicaría estupidez más
que otra cosa, pero entre gente inculta no demuestra más que energía, y el vascongado era proba-
blemente inculto antes de aceptar el catolicismo,
como lo era seguramente hace unos años cuando
defendía esos ideales viejos.

Esta incultura debió de ser y sigue siendo efecto del aislamiento producido por una serie de
causas y concausas que no he de pararme en estos
momentos a discutir. Prueba de que el vascongado no está más arraigado a las ideas y costumbres rancias que los demás españoles, es lo pronto
que ha abandonado sus supersticiones y lo rápidamente que ha aceptado los usos y hábitos de
la vida moderna.

Además los vascongados que se emancipan de
la pesadumbre de algunas ideas metafísicas y rígidas y tratan de pensar con independencia, demuestran que son espíritus impresionables para
todo lo nuevo, que saben avanzar sin temor en el
mundo de las ideas. Parece que el largo dormir
de la raza ha dejado sus cerebros blandos, per-
meables, fáciles para los ideales nuevos.

... ...

Hay un zortzico que se llama "Lo lo", en donde
un niño pequeño llora en la cuna. Así está nuestro espíritu vascongado llorando, porque quiere

ser y no sabe, como gimió en la canción humilde
del versolari, en el zortzico del músico campesino;
pero no ha encontrado un alto cerebro de poeta
que le vista de imágenes, que le adorne con palabras brillantes como el oro...

(*El Pueblo Vasco*, n.º 79, del 18-X-1903)

LOS AMIGOS

Generalmente en las novelas, cuando dos antiguos amigos se encuentran, hay abrazos, lágrimas,
efusión, preguntas cariñosas:

—Y bien, mi querido Gontrán, ¿qué es, que ha
sido de vuestra vida?

Raúl generalmente lanza un leve suspiro, da
un apretón de manos a Gontrán y dice:

—Os contaré mi historia...

No sé por qué, pero en la vida sucede todo lo
contrario. Cuando dos amigos antiguos se encuentran hay entre ambos una gran turbación, que
suele disimular, bastante mal, un fondo de frialdad y de molestia.

¿De qué depende esta molestia? Yo me lo ex-
plico de la siguiente manera: Todos suponemos
benévolamente que a medida que pasa el tiempo
nos perfeccionamos; todos creemos que hoy somos
mejores y más inteligentes que ayer, que ayer
éramos mejores que anteayer, que hemos evolucionado en un sentido progresivo. En cambio,

nuestra benevolencia no llega a suponer que el amigo ha evolucionado también como nosotros; creemos que hoy es como ayer y ayer como anteayer; pensamos en que se quedó empantanado con sus proyectos, con sus prejuicios y, al verlo, sin darnos cuenta, pensamos:

—Este me va a recordar mis antiguas preocupaciones, mis ideas ya abandonadas. Este me va a retrotraer a un período de candidez para mí pasado, y en el cual él vive. Los amigos antiguos tienen cierta apariencia de remordimiento. Por eso nos molestan.

Esto de hablar mal de los amigos es una vejez y una tontería. Dice Ibsen que el hombre más solo es el más fuerte y un personaje suyo, Juan Gabriel Borkman, sufre las consecuencias de haber tenido un amigo.

Pero esto pasa en Noruega, en España no. Los amigos aquí son muy útiles sobre todo si sirven para algo.

Nada mejor que un amigo, que confiesa no tener aquellas condiciones que nosotros más estimamos; nada mejor que un amigo en quien se reconocen cualidades para nosotros inferiores.

—¡Qué voluntad tiene! —dice el pintor o el escritor hablando de un amigo—. ¡Qué buen corazón!

Si este amigo pone sus condiciones a nuestro servicio, entonces ya es un hombre ideal, pero si estas condiciones puestas a nuestro servicio son verdaderamente superiores, nos empiezan a molestar, porque se ve la sombra de la protección.

La verdad es que el hombre es un animal muy malo, cuando no es muy bueno o cuando no es nada.

(*El Pueblo Vasco*, n.º 347, del 13-VII-1904)

DIVAGACIONES: EL ESTANCAMIENTO

Ayer noche me encontré con un diputado que salía del ministerio de la Gobernación.

—¿No va usted —le dije— a su distrito por el acta?

—No, la defiendo mucho mejor desde aquí. Cuando las elecciones de Moret fui al distrito, con las de Maura también, con éstas, no. Las elecciones se hacen aquí —y señaló el ministerio.

—¿De modo que en estas elecciones se respetará menos eso que llaman ustedes la pureza del sufragio?

—Con seguridad. Vamos a las costumbres antiguas. El ministro comienza a creerse omnipotente. Se le dice: mire usted que tengo una mayoría absoluta en el distrito, y contesta él: eso lo veremos.

—Muy bien.

—Créame usted. De este ministerio sale todo el mal que aflige a España. Ahí se pacta siempre con el cacique para trastornarlo todo, para desarreglarlo todo...

—A mí me parece éste tan malo como los demás —le dije yo.

—No —replicó él—, ustedes los que están fuera de la política lo quieren echar todo a barato. El ministerio de la Gobernación es la causa activa de la infecundidad de la política española, la administración es la causa pasiva.

Yo no soy un socialista, ni mucho menos. Al revés: soy individualista rabioso, creo que el hombre no debe sacrificarse por el Estado, ni por la patria, ni por la democracia, ni por ninguno de estos nuevos Moloch que han inventado las sociedades de hoy, y de los cuales se reirán las sociedades de mañana, porque habrán inventado otros ídolos.

Como digo, no soy socialista ni entusiasta de la corrupción del Estado, pero me preocupa el porvenir de la tierra donde he nacido y vivo.

Y como me preocupa ese porvenir, ayer noche cavilaba yo acerca de las causas que producen el estancamiento de España.

Y entre esas causas, la más principal me pareció que es la falta de selección que se observa en la sociedad española.

La selección natural hace que en todas las sociedades animales los más fuertes, los más robustos, los más inteligentes preponderan en la lucha por la vida en contra de los débiles y de los no inteligentes. Esa selección natural en España no se realiza; a los puestos sociales más altos, en donde los hombres se convierten en directores de rebaño humano, suben, no los más fuertes, ni los mejores, sino los más adaptables, los más viles.

Y esto sucede no solamente en la política, sino también en el arte y en la literatura.

Entre nosotros están subvertidos todos los valores. ¿Qué importa que en un ejército haya buenos soldados si los generales son ineptos? La prueba del trastrueque de categorías que hay en España la da el aspecto claramente paradójico que tiene nuestro país. Por todas partes vemos hombres inteligentes; sin embargo, el país parece un país de idiotas; por todas partes vemos hombres honrados y modestos y, sin embargo, el país parece un país de farsantes y de pillos.

Y es que no hay solución. Hay mucha gente que está mandando un barco, dirigiendo un periódico, al frente de un batallón, que debía de estar haciendo guardia o a lo más en un mostrador, y hay mucha gente de mostrador que debía estar al frente de un ministerio.

En un país en donde la mayoría de los periodistas son menos inteligentes que los despectiva e injustamente llamados horteras, y en donde la mayoría de los diplomáticos por lo único que se distinguen es por no saber pronunciar las erres, es que está todo al revés.

Otra causa poderosa del estancamiento de España es la rutina, que es una consecuencia de la falta de selección. El que subió a una alta esfera social sin mérito alguno odia la fuerza, porque ve en ella un peligro para su posición mal adquirida.

El español actual es rutinario. Odia lo improvisado, que es la vida, y se inclina con amor del lado de todo lo que está cocido a fuerza de tiempo.

Así, por esta rutina, el español se figura que el partido republicano es un partido avanzado, cuando es una agrupación de hombres fósiles; por esa rutina cree que Canalejas es un socialista, Salmerón un terrible revolucionario y Cánovas un un político genial en su triunfo.

Por esa rutina se entusiasma con Echegaray y se indigna contra Zuloaga, que actualmente es el único español de nombradía europea.

Unid a la falta de selección y a la rutina la presunción y la ineptitud del meridional y tendréis la causa de nuestro estancamiento.

¿El remedio? El remedio tiene que ser lento. Hay en España un terreno inexplorado. Es el que constituyen millones de cerebros que no saben leer ni escribir.

Hoy España intelectualmente tiene menos habitantes que Bélgica. Haced que todos los españoles sepan leer y escribir, dejad a todos en condiciones de luchar por su vida y por sus ideas, y a los pocos años la situación de España habrá cambiado.

¿Cómo se consigue esto?

Sin la acción del Estado, imposible. Alguno dirá: Pero si es necesaria la acción del Estado y el Estado se halla constituido por individuos no seleccionados que tienen gran interés en que el estancamiento actual persista, ¿cómo ellos mismos van a poner en condiciones de lucha a estos millones de hombres que no saben leer ni escribir?

Puesta así la cosa, casi no tiene solución. La

única salida es que la clase neutra que aún no
ha entrado en la política se una y llegue a in-
fluir en la sociedad y trace el camino para que
las riquezas intelectuales y materiales del país
salgan a la superficie.

(*El Pueblo Vasco,* n.º 776, del 4-IX-1905)

MIS RECUERDOS

Soy por mis aficiones literarias y artísticas,
aunque no por mi vida, un romántico. Leo con
entusiasmo a Víctor Hugo, *Hernani* me parece
un drama admirable, *Lucía* una ópera deliciosa
y Espronceda un gran poeta.

Me gustan más *Los tres mosqueteros* que to-
das las novelas de Paul Bourget, y entre Walter
Scott y Flaubert prefiero con mucho a Walter
Scott.

Ser escritor para la masa me parece el ideal
del escritor; si fuese poeta, quisiera serlo como
Béranger, poeta de la calle, con los sentimientos
de la gente de la calle, con sus pasiones y defectos.

Este entusiasmo por lo romántico y lo popular me explica a mí mismo la admiración que
inconscientemente he sentido por el novelista
más romántico, más popular y más desaliñado de
España, por el autor de *Men Rodríguez de Sa-*

nabria, de *Martín Gil,* de *El cocinero de Su Majestad*: por don Manuel Fernández y González.

Conocí a don Manuel en mi infancia; tendría yo unos ocho o nueve años. Nunca le hablé, pero le vi varias veces hablando con mi padre y, mientras hablaba, le miré y le observé con la atención que en estas cosas ponen los chicos; me pareció, a la verdad, un hombre terrible, alto, de cara fosca y torpe, de voz bronca y acento andaluz cerrado y bravío.

Solía acudir mi padre entonces a una tertulia del café Suizo a donde iban Fernández y González, Zapata, Nakens, Segarra Balmaseda, y otros escritores. Contaba mi padre en casa anécdotas y dichos de los que se reunían en el café, entre los cuales había tipos cómicos y tipos trágicos, unos abocados a morirse de hambre, como Segarra Balmaseda, otros dispuestos a vivir de la política.

Oyendo estas anécdotas me imaginaba yo estos tipos con un extraño relieve y, de todos, los que más me admiraban eran Nakens y Fernández y González.

Las frases de don Manuel, reveladoras de un orgullo cándido y gracioso, me encantaban.

Solía inventar el novelista historias inverosímiles de los tiempos que pasó en París, en las cuales hacía intervenir a los hombres más notables de Francia, tales como Dumas, Víctor Hugo, Gautier y otros muchos. Todos, como era natural, reconocían explícitamente que al lado de Fernández y González eran unos pigmeos.

—Un día —contaba— nos reunimos Víctor

Hugo, Castelar y yo, formando tribunal. A la derecha se puso el poeta, a la izquierda el orador y en medio el genio.

El genio era él.

Una tarde, yendo yo con mi padre de paseo, nos encontramos a Fernández y González en la acera del Suizo, y fuimos por la calle de Alcalá hasta la Puerta del Sol.

El novelista se conoce que no tenía un céntimo, y se lamentaba de que, habiendo escrito él lo que había escrito, anduviera malamente.

Hablaron de sus obras, y mi padre le dijo:

—¡Qué tipos de vascongados más hermosos ha puesto usted en *Men Rodríguez de Sanabria,* don Manuel!

Don Manuel, muy serio, se dejaba convencer sin dificultad, pero al llegar a la Puerta del Sol, cambiando de conversación, le dijo a mi padre:

—Mira, ingeniero, a mí no me hables de literatura ni de poesía. No entiendo nada de eso. Háblame de máquinas, de puentes, de minas. ¿Tú te atreverías a cubrir la Puerta del Sol con una bóveda plana de granito?

—Dificilillo me parece.

—¡Difícil! Sencillísimo. ¿Tú no sabes lo que es un *trensao?* Pues con un *trensao.*

¿Qué creería don Manuel que era un *trenzado?*

Una frase suya que me chocó cuando la oí: fue ésta. Parece que uno de los contertulios del Suizo, amigo ya viejo, le preguntó:

—Oye, Manuel, ¿tú has leído a Shakespeare?

—Sí.

—Y ¿qué te parece?

—*Rabúo*, chico, *rabúo* —contestó él.

Es una forma de admiración tan pintoresca, que me ha sorprendido siempre.

Después de aquella época de mi infancia en que conocí a Fernández y González, ya no le volví a ver más. Estuve cinco o seis años fuera de Madrid. Al volver, había ya leído *Men Rodríguez, El cocinero de Su Majestad* y *Martín Gil,* y aunque creí encontrar en estos libros relámpagos de genialidad, no me llegaron a gustar del todo. El libro que más me chocaba de don Manuel era *La historia de un hombre contada por su esqueleto* con aquellas advertencias épicas sobre Miautucatuc, "que era un gran jefe".

A pesar de esto persistía mi entusiasmo por el novelista, y cuando pasaba por delante del Suizo, miraba por las vidrieras. O no iba allá don Manuel o se me había despintado su tipo.

Pero pasemos a otro capítulo, como decía en sus libros Fernández y González.

En el Instituto de San Isidro, cuando yo estudiaba había un condiscípulo a quien llamaban con gran satisfacción suya el poeta, y otro a quien decían el filósofo.

El poeta llegó a estrenar en Romea; el filósofo tenía tipo de seminarista: era bajo, afeitado, vestido de negro: tenía más edad que los demás chicos. El poeta y el filósofo, discutidores sempiternos, se pasaban la vida riñendo: el poeta era librepensador, el filósofo lo había sido, pero había desertado al bando contrario, y refutaba con calor las ideas de González Serrano, que en otros tiempos defendía.

Terciaba yo en la lucha arremetiendo contra el poeta y contra el filósofo, y teníamos discusiones furibundas acerca de puntos de los cuales no entendía entonces una palabra y ahora tampoco.

A mí me tildaban de afrancesado porque aseguraba que donde estuviese Víctor Hugo se debían quitar el cráneo Zorrilla y todos los poetas del orbe entero.

Un día, al pasar por la calle de Atocha, en el atrio de la iglesia de San Sebastián, entre unos monaguillos, sentado en un banco, vi a mi contradictor, el filósofo.

—¿Qué haces aquí? —le dije.

—Soy sacristán de esta iglesia —me contestó.

Me quedé asombrado y charlamos un rato.

Un mes más tarde o cosa así, en un pasillo del Instituto, al salir de clase de don Sandalio Pereda, me dijo el filósofo:

—¿Sabes a quién fuimos a sacramentar ayer?

—¿A quién?

—A don Manuel Fernández y González.

Yo no me había enterado de que estuviese enfermo el novelista: al día siguiente, los periódicos traían noticia de su muerte y largos artículos necrológicos.

Expusieron el cadáver en el Ateneo y fui a verle.

No le reconocí, no recordaba el tipo fiero y bravío que yo había visto unos años antes, tenía una cara de cura.

En el entierro me encontré con el filósofo y fuimos charlando hasta San Justo: me contó genialidades del novelista, sus rarezas y chifladuras y la cantidad de alcohol que bebía.

Cuando metieron la caja en el nicho, y un albañil colocó a la entrada una hilada de ladrillos, el filósofo escribió con lápiz encima de ellos:

Manuel Fernández y González

Años después, comencé a acudir con un amigo íntimo a una sala del Hospital provincial. El amigo tenía a su servicio una sala de presas, que por cierto en aquella época estaba infestada de viruela. Cuando hacíamos la visita con él.

—¿Sabes quién es? —dijo mi amigo—. Es la mujer de Fernández y González...

Sin haber hablado nunca con el popular escritor, conocí a gentes que le conocieron y vivieron a su lado, y sentí por él siempre, no sé por qué, una gran admiración, que todavía subsiste en mí.

(*El Pueblo Vasco*, n.º 867, del 4-XII-1905)

NOTAS A BAROJA EN "EL PUEBLO VASCO"

Menos "Primavera Andaluza" (cuyo origen hemos indicado en las notas a "El Imparcial", y los recuerdos sobre Fernández y González, que están en "El Tablado de Arlequín", con una adición final. Todos los demás textos que salieron en "El Pueblo Vasco" son "nuevos", o sea, que no se publicaron antes en libro coleccionado.

EL DOLOR

(ESTUDIO DE PSICO-FISICA)

Tesis doctoral. Editado en 1896. Imprenta de Diego Pacheco Latorre. Plaza del Dos de Mayo, 5. Madrid.

EL DOLOR

El placer y el dolor han sido estudiados por los psicólogos como los dos polos opuestos de las sensaciones. Que hay relación entre ambos fenómenos afectivos es indudable; esta relación puede ser objetiva, por ser el placer y el dolor sensaciones de una misma clase con signo contrario; y puede ser subjetiva y provenir del hábito de representar como opuestas ambas sensaciones.

El dolor se ha considerado más como idea transcendental que como fenómeno; por eso ha escapado su esencia de las investigaciones de los pensadores, que armados de razones metafísicas han querido buscarla.

Si el dolor como *noumeno* o cosa en sí, no se descompone por los reactivos más sensibles de la célula nerviosa, ni se aísla al pasar por el filtro cerebral de más pequeños poros, en cambio como fenómeno permite el análisis.

Es un prejuicio inexacto y no una realidad el suponer que el fondo de nuestra vida afectiva, la resultante del acto de vivir, es el placer como creen los optimistas, o el dolor como afirman Schopenhauer, Hartman y los demás pesimistas que les siguen: "El placer y el dolor no son más que efectos, resultados, índices, signos que muestran que ciertos apetitos, inclinaciones y tendencias se satisfacen o se contrarían. No representan más que la parte superficial y final del fenómeno, la única que entra en la conciencia. Son las agujas del reloj, no son el mecanismo. Las verdaderas causas de la vida afectiva hay que buscarlas mucho más abajo, en la intimidad del organismo" *(The Ribot Psychologie de L'attention)*.

Efectivamente, de la reunión de las sensaciones que dan todos los órganos, llega normalmente al cerebro una sensación confusa y vaga, que aunque no nos da conciencia de lo que somos, por ella, sin recurrir a la frase de Descartes, podemos decir: Existo, vivo. Ese *summum* de sensaciones llamado *cenestesia*, es el protoplasma o materia prima de la sensibilidad, como todo lo que viene de los sentidos externos, es la materia primera de la inteligencia.

Esta cenestesia, o sensación confusa del estado actual del organismo, se manifiesta por necesidades o tendencias permanentes o transitorias que cuando se satisfacen van seguidas de placer y de dolor cuando se contrarían.

Estas tendencias, que son la expresión inmediata de la organización especial de cada individuo, están íntimamente ligadas a nuestro modo de ser; por eso dice Spinoza: "El apetito es la esencia misma del hombre... El deseo es el apetito con conciencia de sí mismo."

El placer y el dolor no son la expresión constante de las excitaciones, varían ambos y dependen sus variaciones de las tendencias del organismo. Allá donde el hombre normal de inclinaciones anormales encontrará el placer, el hombre anormal de inclinaciones anormales hallará el dolor y viceversa. El placer y el dolor siguen la tendencia, como la sombra al cuerpo (*Ribot,* loc. cit.).

El hombre normal halla un placer en la audición de una página musical inspirada; el que tiene una hiperestesia del oído encuentra dolor. A los histéricos, anémicas, embarazadas, les agrada comer substancias impropias para la alimentación y a veces repugnantes.

En el mundo psíquico se observan las mismas diferencias; para algunos ver matar a un caballo en una plaza o a un hombre en un patíbulo constituye un placer, para otros es un dolor intenso.

Actualmente estas manifestaciones morbosas, de hombres que se separan del tipo normal, se consideran como síntomas de una causa única: la degeneración.

La conciencia no toma parte alguna en la formación de las necesidades; éstas se sienten y, en ocasiones, se satisfacen aunque repugnen a la conciencia.

Estas necesidades o tendencias no son más que determinaciones de la voluntad, solicitadas por un estado corporal; determinaciones que están prontas a convertirse en actos; si en éstos, la necesidad se satisface, se origina el placer y si no el dolor. La necesidad es por lo tanto como un deseo de movimiento, el placer y el dolor son los movimientos ocasionados al objetivarse la necesidad, y estas sensaciones producen a su vez nuevos movimientos.

El placer origina una expansión de los tejidos que se dilatan, el dolor, en cambio, produce la opresión de ellos; el placer sexual origina una hiperencia de los vasos y una expansión de los músculos, el dolor de la peritonitis hace achicarse y apelotonarse al enfermo.

Lo mismo ocurre con los sentimientos que con las sensaciones; la alegría parece que ensancha los pulmones y hace más rápida la circulación; con la tristeza el pecho se queda como encogido y se siente la garganta apretada.

Cuando la cenestesia da una resultante de tranquilidad y sosiego se produce la *euphoria* y cuando no la *atrabilis*.

En las definiciones acerca del dolor de los autores se notan dos tendencias: la una, de considerarlo como una sensación de naturaleza especial que pueden provocar la mayor parte de las lesiones del organismo (Hallopeau), la otra, de definirlo como la percepción de una excitación fuerte o que parece fuerte a consecuencia del estado de hiperestesia de los nervios o de los centros nerviosos (Richet-*La Douleur*).

Beaunis, más ecléctico, dice que el dolor no es la simple exageración de una sensación normal, que se presenta, es cierto, cuando la sensación adquiere una intensidad muy fuerte, pero que hay algo nuevo, un elemento particular que se une a la sensación primitiva.

Desde un punto de vista más sintético, Bouchut define el dolor como una sensación penosa experimentada por los seres vivos, y Letamendi dice que es la expresión íntima y genérica de toda sensación y todo sentimiento, que perturba aquel bienestar y sosiego del ánimo que caracteriza la salud física y moral y lleva por nombre euphoria.

Estas dos últimas definiciones son optimistas, porque consideran el estado de equilibrio fisiológico más que como indiferencia o *nilpunt,* como placer.

Nuestro sensorium está solicitado por excitantes de orígenes distintos y que son: primero, excitaciones venidas del exterior; segundo, excitaciones psíquicas nacidas del cerebro, aunque llegadas primitivamente del cosmos.

Las excitaciones externas o cósmicas producen las sensaciones de los órganos de los sentidos, las excitaciones venidas del organismo producen las sensaciones orgánicas de Wundt o sensaciones generales de Weber, y son aquellas que no se refieren al mundo exterior, sino que hacen percibir el estado y las modificaciones de nuestro propio cuerpo; las excitaciones psíquicas producen los sentimientos.

Se puede decir de un modo general que la sensibilidad exterior es el conocimiento del cosmos, la orgánica del cuerpo que vive, la psíquica del cerebro que piensa. Las manifestaciones características de la sensibilidad orgánica o meso-somática son el placer y el dolor; el placer no es una sensación de conocimiento, es vago, rápido, sin localización; en cambio, el dolor es duradero y aporta un conocimiento; una digestión normal produce un placer; una patológica nos hace conocer que el estómago funciona, que se contrae, que trabaja; una neuralgia nos indica el trayecto de un nervio y de sus colaterales.

En el mundo moral sucede lo mismo, y así como es una gran verdad el aforismo del Eclesiastés que dice: "Quien añade ciencia añade dolor", puesto a la inversa, resultaría también cierto: "Quien añade dolor añade ciencia."

Si nos fijamos en la fisonomía del hombre que sufre, veremos que a la que más se parece es a la fisonomía del hombre que piensa, y sabido es que una contracción determinada de un músculo de la cara está asociado naturalmente, como lo ha demostrado Duchenne de Boulogne, a un estado determinado del espíritu.

El dolor da la idea clara y distinta de que somos; si la cenestesia es un conocimiento de que vivimos, el dolor es el conocimiento consciente de la vida.

Para que el dolor se verifique, se necesita la integridad de la superficie excitable, la de los nervios sensitivos, la acción de sentir y la de percibir.

Los que consideran el dolor sólo como un trastorno del sistema nervioso no están en lo cierto, porque la impresión de un tejido irritable sin ser sentida y sin ser percibida no es un dolor. Excitación, impresión, sensación y percepción, son los actos necesarios para que se produzca el dolor.

El dolor es dentro de lo patológico, un fenómeno normal; cuando la excitación es intensa se pro-

duce el dolor, y su producción es un signo de que
el sistema nervioso está íntegro; la falta de dolor,
en cambio, cuando debe existir es un síntoma patológico.

El dolor se traduce inmediatamente como aviso
de un desequilibrio peligroso para nuestro organismo, por eso se ha dicho de él que es el centinela
de la vida. El dolor se encarga de velar por nosotros y de defendernos hasta contra nosotros mismos. Desde este punto de vista, el dolor es un verdadero beneficio (Richet).

Maudsley en su *Fisiología del espíritu* dice: "No
podemos recordar con claridad el dolor. Es verdad
que recordamos haber sufrido este o el otro dolor,
pero no podemos reproducir vivamente el dolor
mismo de igual modo que si reprodujéramos una
idea definida", lo que es natural que así sea, pues
lo mismo sucede con las demás sensaciones de los
sentidos que no pueden reproducirse sin excitación. Sólo Göethe, cerrando los ojos, podía por un
esfuerzo de su memoria, ver una flor con los mismos colores espléndidos que una del campo que tuviera delante de sus ojos.

Richet aceptando la idea de Maudsley afirma
que el dolor está formado casi en su totalidad por
el recuerdo de sí mismo, empleando para demostrar esto el argumento demasiado sutil de que el
presente no existe. Compara después, el citado fi-
siólogo, al dolor con el sonido de una campana que
resuena durante algún tiempo, pero en esta comparación las vibraciones que siguen al tañido de
la campana no son sus recuerdos, sino el tañido
mismo. El dolor, dice después, está constituido por

una conmoción del sistema nervioso sensitivo y de la conciencia, que persiste mucho más tiempo que la causa que lo ha producido. Idea exacta, pero que no indica una propiedad exclusiva, ¿hay alguno entre los fenómenos patológicos que no persista más tiempo que la causa externa que lo ha producido?

Letamendi en su *Patología general* discurre acerca de este punto demostrando que con el concepto general y admitido de causa, no es cierto "que quitada la causa quitado el efecto".

Si el dolor persiste más tiempo que la causa externa que lo ha producido, a todos los demás fenómenos patológicos les ocurre lo propio.

Entre el dolor y la inteligencia hay una relación que Richet expresa de esta manera: "El dolor es una función intelectual, tanto más perfecta, cuanto más desarrollada está la inteligencia."

Esta aseveración cierta y demostrada respecto a las especies no puede razonablemente generalizarse más a que las razas, no a los individuos, como lo hace el citado autor. Las razas inferiores son menos sensibles que las superiores; los negros andan con los pies ulcerados, lo que no podría hacer un blanco; pero en una misma raza, en la blanca, las subrazas meridionales, cuya civilización es muy antigua, soportan menos el dolor que las del Norte, y no por eso demuestran, al menos actualmente, mayor inteligencia.

Entre los individuos, su capacidad para sentir el dolor es un resultado de su vida, cierto que en los idiotas y en los imbéciles, en los cuales hay poca inteligencia, no hay gran sensibilidad para el dolor, pero no hay que sacar consecuencia alguna de estos casos anómalos, porque también hay hiperestésicos que sienten el menor roce y no son genios por eso. Entre los individuos normales, la sensibilidad para el dolor varía con la edad, con el sexo, con la vida resguardada o expuesta a las inclemencias del tiempo; por eso el niño es más sensible que el adulto, la mujer más que el hombre, el sibarita de la gran ciudad que vive como una flor en su invernadero, más que el marino curtido por los vientos del Océano y por la perspectiva constante del peligro.

La aserción de Richet puede muy bien ser cierta respecto al dolor moral y en los individuos sanos, así la sensibilidad moral aumenta en razón directa de la inteligencia.

El autor del Eclesiastés entres los hebreos y Sakia Muni en la India tenían una capacidad inmensa para experimentar el dolor, y entre los modernos Byron, Leopard, Heine, han vivido más atormentados que los individuos normales por sentir mejor que éstos las más pequeñas aflicciones de espíritu, porque lo que para otros eran accidentes sin importancia de la vida, para ellos eran amarguras de una realidad llena de impurezas.

LEY PSICO-FISICA DE FECHNER

La transmisión de un movimiento puede verificarse de dos maneras distintas; una de ellas consiste en que cada molécula vaya comunicando su fuerza a la más cercana; el otro modo estriba en que el movimiento produzca un desequilibrio o perturbación y éstos sean los transmitidos.

En el estado normal se encuentra el sistema nervioso en un estado de equilibrio que representa una fuerza potencial que se manifiesta por la influencia de un excitante cualquiera. Esta fuerza en potencia ha sido llamada por Helmoltz fuerza de tensión.

Toda excitación es un movimiento; los movimientos de un cuerpo pesado son excitantes del tacto, los del aire del oído, los del éter de la vista.

En cada impresión ocasionada por uno de estos movimientos que obre en el sistema nervioso podemos distinguir dos caracteres: el de la intensidad y el de la forma.

La intensidad depende del tamaño y de la rapidez de las oscilaciones del medio excitante; la forma está en relación con la figura de estas oscilaciones.

La ley psico-física de Weber y Fechner rige las relaciones que existen entre la intensidad de la excitación y la intensidad de la impresión.

Si se llama F a la fuerza de tensión y E a la energía de excitación, pueden suceder tres casos: 1.º Que la energía de la excitación sea menor que la fuerza de tensión $E < F$. 2.º Que sean iguales $E = F$. 3.º Que la energía de la excitación sea mayor que la fuerza de tensión $E > F$.

En el primero y en el segundo caso no hay impresión, en el último sí, porque venciendo la fuerza del excitante a la tensión del nervio, se altera el equilibrio de éste y la perturbación transmitida se convierte luego en sensación; de modo que ese desequilibrio es la expresión del tanto que es mayor la fuerza de excitación de la de tensión. Ese desequilibrio o impresión se puede expresar haciendo $I = E - F$.

En este caso en que E es mayor que F, si la intensidad de la excitación aumenta en una cantidad dada, la intensidad de la impresión aumenta en la misma cantidad. Esta es la ley de Fechner.

Si E aumenta $E + 1$, $E + 2$, I aumenta $I + 1$, $I + 2$; si F aumenta $F + 1$, $F + 2$, I disminuye $I - 1$, $I - 2$.

Si E disminuye $E - 1$, $E - 2$, I disminuye $I - 1$, $I - 2$; si F disminuye $F - 1$, $F - 2$, I aumenta $I + 1$, $I + 2$. De modo que la ley de Fechner se puede expresar diciendo que el aumento de la impresión está en razón directa del aumento de excitación y en razón inversa de la fuerza de tensión.

El tanto que E tiene que ser mayor que F, para que comience la impresión, es el límite mínimo de ésta, el tanto que E necesita ser mayor para que la impresión tome otra forma o se confunda con otra, es el límite de las diferencias.

Supongamos que para que se produzca una impresión se necesita que la excitación sea 1 mayor que la fuerza de tensión; $E = F + 1$. Este 1 es el límite mínimo de la impresión, pues si fuera

$$E = F + \frac{9}{10}$$ no se produciría.

Si es necesario aumentar un cuarto para producir una diferencia perceptible en la impresión y aumentando un tercio la diferencia no se percibe, 1/4 será el límite de las diferencias.

Haciendo a E, $E + 4$ es necesario, según la ley psico-física, que aumente $\dfrac{4}{4}$ su intensidad para producir una diferencia apreciable en la impresión.

Cuando se trata de un excitante, los límites de las diferencias indican el tanto que debe aumentar el excitante para que vaya produciendo las distintas impresiones. Esas relaciones entre las diversas impresiones son proporcionalmente iguales.

La ley psico-física puede expresarse por un medio matemático: sea E el excitante, I la impresión producida por él, a E el aumento del excitansión producida por él, a E el aumento del excitante, a I el aumento de la impresión, si C indica una cantidad constante $a\, I = C\, \dfrac{a\, E}{E}$, lo cual significa que el aumento de la impresión permanece constante mientras $\dfrac{a\, E}{E}$, relación entre el aumento del excitante y el excitante mismo, no varíe. Esta formula no debe tomarse en un sentido rigurosamente matemático, sino como la expresión de un hecho.

Siendo esta relación entre el aumento del excitante y el excitante mismo —dice Wundt— la misma que existe entre los logaritmos y sus números correspondientes, pues los logaritmos aumentan una misma cantidad cuando las cifras aumentan, de manera que el mayor valor del número se halla siempre en una relación constante; se puede decir que la impresión aumenta proporcionalmente al logaritmo del excitante, lo que se puede representar de este modo $I = C \log \dfrac{E}{e}$ siendo e el límite mínimo de la excitación.

Veamos integrando a título de curiosidad si esta fórmula es igual a la anterior.

I Impresión.

E Excitación.

$a\,I$ Incremente diferencial de la impresión.

$a\,E$ Incremento diferencial de la excitación.

I crece de I_1 a I.

E crece de E_1 a E.

$a\,I = C\dfrac{a\,E}{e}$,, $\dfrac{a\,I}{C} = \dfrac{a\,E}{e}$,, integrando entre I_1 y I y E_1 y E tenemos $\displaystyle\int_{J_1}^{I}\dfrac{a\,I}{C} = \int_{E_1}^{E}\dfrac{a\,E}{E}$,, $\left[\dfrac{I}{C}\right]_{I_1}^{I} = \left[\log E\right]_{E_1}^{E}$,, $\dfrac{I-I}{C} = \log E - \log E_1 = \log\dfrac{E}{E_1}$,, $I - I_1 = C\log\dfrac{E}{E_1}$,, para $E = e$ límite mínimo de la excitación, corresponde $I_1 = O$, sustituyendo tenemos $I - O = C\log\dfrac{E}{E}$,, $I = C\log\dfrac{E}{E}$.

Existe para la ley psico-física un límite superior, pasado el cual ya no rige, pues las impresiones no aumentan según el logaritmo del excitante, y tras de esto se llega a un punto X de excitación, desde el cual todo aumento de excitante no ejerce influencia alguna en la impresión. La impresión depende de la excitación y de la capacidad del nervio para sentirla, si su capacidad está saturada pasará en el sistema nervioso lo que en una copa llena, en la cual se va echando agua; por más líquido que se vierta, la cantidad contenida en la copa es siempre la misma.

Se han marcado, pues, tres límites a la excitación. 1.º Límite mínimo que indica que la energía del excitante es un tanto mayor que la fuerza de tensión; depende no sólo de la excitación, sino también de las variaciones de excitabilidad de los sentidos. 2.º Límite de las diferencias, resultado de una relación entre las diversas excitaciones y sus efectos. 3.º Límite máximo por saturación de la fuerza de tensión, por la energía del excitante.

Aplicando estos límites de las sensaciones al caso concreto del dolor, veamos los resultados: El límite mínimo del dolor es para las excitaciones cósmicas el límite máximo de las impresiones de los sentidos, y para las excitaciones somáticas, un límite mínimo de la impresión, pues por debajo del dolor no hay impresión alguna bien señalada en los músculos y vísceras.

El límite de las diferencias no puede ser genérico entre el dolor y otra sensación, sino sólo específico entre diversas clases de dolores. Este límite específico se establece por la duración, intensidad y forma de las excitaciones.

El límite máximo es aquel en el cual por más que se aumente la excitación, el dolor no aumenta. Puede suceder, que por el agotamiento de la fuerza de tensión, el dolor no se sienta. Si se quiere llenar una copa vacía con un chorro de agua que tenga una gran fuerza, la copa no se llena ni hasta la mitad. Algo semejante a esto sucede cuando una excitación es de una enorme intensidad, el dolor no se produce y viene el estupor.

MARCHA DEL DOLOR

La fisiología clásica ha establecido que el sistema nervioso encéfalo-raquídeo se compone de dos partes, cuyos fines son completamente distintos; el sistema motor y el sensitivo: el primero representado por los cordones antero-laterales de la médula, los cuernos anteriores de la misma, el bulbo y los lóbulos anteriores y medios del cerebro; el segundo con su representación en los cordones posteriores de la médula y los lóbulos occipitales del cerebro. Esto hallábase sentado como cosa cierta, al parecer, definitivamente, cuando las experiencias de un gran número de fisiólogos demostraron que no se hallaba de acuerdo con los hechos.

Bellingieri y Brow Sequard observaron que haciendo una sección transversal y completa de los cordones posteriores, la sensibilidad no quedaba abolida en las regiones animadas por los nervios que toman comienzo por debajo del corte de la médula, y lo que sí se producía era una dificultad en los movimientos coordenados.

Brown Sequard notó en algunos casos después del corte dado a los cordones posteriores producirse la hiperestesia de la piel.

La sección de los cordones posteriores y de los antero-laterales, conservando la substancia gris, no deja abolida la sensibilidad, en las regiones inervadas por los cordones nerviosos que parten de la médula por debajo del corte y la sensibilidad es tanto menor cuanto menor sea la substancia gris que se ha dejado.

La sección de los cordones antero laterales y de la substancia gris (Van Deen) dejando los cordones posteriores, produce la abolición de la sensibilidad; según Schiff, la sensibilidad táctil se conserva y la del dolor es la única abolida.

La sección de la substancia gris sola (Van Deen y Brown Sequard) da el mismo resultado, solamente que la operación es demasiado difícil para llevarla a cabo. De estas experiencias se deduce que la substancia gris es la transmisora única de la sensibilidad.

Para Brown Sequard, los impulsos sensitivos que llegan a la médula espinal se cruzan en su raíz posterior, atraviesan la médula y llegan al cerebro, mientras que los motores, aunque se entrecruzan en la médula oblongada o más arriba ocupan el mismo lado de la médula espinal, en toda su extensión. Schiff opina que la substancia gris puede transmitir en todas direcciones los impulsos centrípetos que originan las alteraciones de la sensibilidad general, y los centrífugos que constituyen la acción refleja; quedando para los cordones antero-laterales, los impulsos voluntarios y para las sensaciones táctiles los cordones posteriores.

En el dolor, como en toda sensación, se puede separar mentalmente la impresión, la transmisión de ésta y el acto de ser sentida. La impresión dolorosa se produce por el desequilibrio exagerado del sistema nervioso, consecutivo a una excitación fuerte. La transmisión se verifica por intermedio de los nervios.

Según algunos fisiólogos, el dolor sólo se manifiesta por el estímulo de ciertos nervios eferentes llamados nervios doloríficos.

Aunque haya razones para creer en la existencia de estos nervios, las hay también para pensar que no existen nervios cuya única misión sea transmitir el dolor.

¿Cómo se explicaría si sólo los tejidos provistos de esta clase de nervios fueran aptos para sentir el dolor, que orgános habitualmente insensibles se hagan dolorosos por la inflamación? Esto demostrado se halla por experimentos hechos por Bichat, Flourens, Romberg, Tarchanoff y muchos otros fisiólogos. Se podrá decir que cuando el dolor se produce en los órganos sin nervios doloríficos es porque una excitación de un órgano se irradia a otro dotado de nervios doloríficos, pero entonces no se referían al órgano (tendón músculo) como se refiere, sino al sitio de donde se irradió la excitación.

Racionalmente, pues, y dado que la existencia de esos nervios doloríficos no está demostrada, creemos que no existen, que el dolor se trans-

mite por los nervios sensitivos como las demás
sensaciones y que todos los órganos provistos de
nervios son aptos para el dolor. El dolor sigue la
misma marcha que las demás impresiones; formada en la periferia la impresión que, como se ha
dicho, no es más que un movimiento, camina por
el nervio sensitivo hasta llegar al ganglio raquí-
deo, marcha de aquí por la fibra radicular, la cual
tiene dos haces que penetran por el cordón posterior y en el interior se bifurcan en un ramo ascendente y otro descendente, y al llegar a la bifurca-
ción, la corriente sensitiva debe dividirse en dos.
Suponen algunos que estos dos haces ascendente
y descendente, en que se divide la fibra radicular
en el interior de la médula, terminan por arborizaciones en la substancia gris, la cual transmiti-
ría al cerebro la impresión.

Sabemos que en el encéfalo hay varios centros
sensitivos y motores, demostrados por la experi-
mentación y que no existe ni en su interior ni en
su corteza un receptor único de todas las fibras
sensitivas, sino muchos receptores o centros.

¿Existe un centro para la sensación dolorosa?
La negación de los nervios doloríficos no implica
la negación de un centro del dolor. Este centro debe existir, atendiendo a que si no existiera, no se
podría explicar la analgesia o pérdida de la sensibilidad somática u orgánica que se produce por el
histerismo, las intoxicaciones y la simple inhibi-
ción.

No se sabe el punto donde se encuentra el centro del dolor. La analgesia no se presenta sólo
cuando existe una lesión en un punto determinado

del cerebro, puede atribuirse a una lesión de las circunvoluciones cerebrales cuando faltan los signos de los aparatos conductores, y al mismo tiempo existen desórdenes psíquicos (Hallopeau), lo que sucede en ciertas formas de la enejenación y de la parálisis general; en estos casos, la analgesia es tal, que no se sienten las cauterizaciones. Estas analgesias se deben, según Ballet, a una lesión de las circunvoluciones posteriores de los lóbulos frontales o de las circunvoluciones occipitales, y son pasajeras —dice— si las dos regiones están atacadas aisladamente y duraderas si lo están con simultaneidad.

Richet dice: "Parece como que en todos estos casos hay en el encéfalo un centro del dolor cuyo asiento no está determinado, pero cuyas terminaciones son conocidas. Son las fibras que se hallan en la parte posterior de la cápsula interna (Charcot, Turck), de modo que estando lesionada esta parte, ya no hay conducción de las excitaciones periféricas. Estas fibras son al propio tiempo conductoras de las impresiones táctiles, térmicas, musculares, así como también de las dolorosas."

En la hemorragias cerebrales que producen lesiones en la parte posterior de la cápsula interna se nota que la analgesia coincide con la insensibilidad táctil y que ambas se presentan en una mitad del cuerpo, lo que prueba la estrecha relación que existe entre las sensaciones táctiles y las dolorosas.

En último caso no es absolutamente indispensable la hipótesis de un centro del dolor. Lo mismo puede suponerse que cada fibra que se halla en la

parte posterior de la cápsula interna pueda estar
en tensión o no y sucederle lo que a la cuerda de
un instrumento: que da las notas altas al estirarse
y las bajas cuando está floja; la nota de la fibra
en tensión sería el dolor y la baja la sensación
normal; pero estando la fibra menos tensa su nota
alta sería la sensación y la baja no se notaría.

Este modo de explicar la analgesia sería más
lógico para los que creen que el dolor es la percepción de una sensación fuerte.

Respecto a las analgesias por lesiones de los
aparatos conductores, provienen de transtornos en
la substancia gris que, como se sabe por los trabajos de Schiff, es la transmisora de la sensibilidad
general. Resumiento lo dicho acerca de la marcha
del dolor, éste sigue el mismo camino que las demás sensaciones, no tiene nervios especiales, y quizás no tenga tampoco un centro receptor.

CARACTERES DEL DOLOR

INTENSIDAD.—La intensidad del dolor puede variar por influencias del medio cósmico, por influencias del medio orgánico y por influencias psíquicas.

Influencias cósmicas.—Ya se ha dicho que a
mayor excitación corresponde mayor impresión,
siempre que no se traspase el límite máximo de la
excitación; hay que ver ahora la influencia que
ejerce el número de excitaciones y la duración de

energía excitadora en la producción del dolor. Richet explica claramente probando con experimentos el influjo de ambas cosas.

"Sean dos excitaciones, *R* y *C,* por ejemplo, aquellas que se provocan en los hilos de un carrete de inducción por la abertura y cierre de la corriente de la pila. Si están muy alejadas unas de otras, el individuo sujeto al experimento no percibirá nada, ni cuando se abra ni cuando se cierre dicha corriente, pero si están muy cerca experimentará una sensación real. Parece, pues, que hay en este caso como una suma de dos fuerzas $R + C$ que separadas de hecho, puesto que existe entre el momento de aplicación de cada una de ellas una duración notable, obran sobre el cerebro como la suma de dos fuerzas.

Si en lugar de emplear solamente dos excitaciones se emplea mayor número, obtendremos resultados más claros aún; una sacudida eléctrica no origina nada, mientras que veinte muy próximas (500 por segundo) se percibirán con gran claridad."

La influencia del tiempo que dura la excitación, la demuestra el mismo Richet con el siguiente experimento sencillo: Con una pinza de presión graduada se coge un repliegue cutáneo y se va aumentando la presión hasta el momento en que se siente la piel fuertemente comprimida. Al principio no existe dolor alguno, pero breves momentos después comienza a aparecer, viene gradualmente, por oleadas, cada segundo que pasa es una lancetada todavía más dolorosa que la que precedió, de suerte que el dolor concluye por ser insoportable. De modo que sin que la presión de la pinza haya aumentado, la excitación acumulándose ha producido el dolor.

Por eso la excitación moderada que se prolongue mucho, produce por acumulación el mismo efecto que una grande que sea rápida.

Influencias orgánicas.—Influye tanto en el dolor como la excitación, la cantidad de fuerza de tensión que tiene el organismo.

El aumento de la impresión está en razón directa del aumento de la excitación y en razón inversa de la fuerza de tensión.

Esta fuerza puede perderse en conjunto por un agotamiento permanente o transitorio del sistema nervioso y puede perderse o disminuirse en un tronco nervioso. Cada nervio tiene su fuerza de tensión, en cierto punto independiente de la fuerza de tensión nerviosa del individuo.

Esto hace que la sensibilidad de un nervio sea variable; el estado fisiológico es de una importancia fundamental; si ese estado se altera y el nervio pierde su fuerza de tensión, se presenta la hiperestesia, y entonces el más pequeño excitante produce una impresión.

La hiperestesia es el estado de un nervio que tiene relaciones estrechas con el dolor; siempre que hay dolor hay hiperestesia, y cuando una parte es asiento de la hiperestesia experimenta dolor.

Siendo variable la fuerza de tensión en los individuos, la capacidad para sentir el dolor variará según las condiciones individuales: temperamento, constitución, raza, etc.

La capacidad para sentir el dolor es variable en los diversos tejidos y órganos del cuerpo; la tienen grande los órganos dotados de sensibilidad táctil y muy pequeña o nula en estado normal los músculos, huesos y vísceras.

Todas las partes que tienen nervios pueden ser asiento del dolor; la epidermis, los cabellos y las uñas que carecen de ellos son insensibles; los huesos, cartílagos, tejido celular aislado de los nervios que le atraviesan, membranas serosas y sinoviales, vasos y ganglios linfáticos, venas y túnicas externas de las arterias, hemisferios del cerebro y sus circunvoluciones, hemisferios del cerebelo, cuerpos estriados, tálamos ópticos, ganglios y fibras del gran simpático; todas estas partes en estado normal, son insensibles a las irritaciones mecánicas que producen dolor.

El tejido muscular, la glándula mamaria, el testículo, la próstata, las membranas mucosas, los nervios cerebro-raquídeos, el cordón raquidiano, los gruesos troncos nerviosos de la base del cráneo, se hacen dolorosos por la influencia de una excitación mecánica o química.

En los tejidos en los cuales los nervios son muy difíciles, si no imposibles de seguir, presentan sin embargo una gran sensibilidad; tales son la médula ósea y los tejidos fibrosos y cartilaginosos.

No son los órganos del sistema nervioso los más aptos para experimentar directamente el dolor; se sabe la insensibilidad del cerebro y se han visto hombres a los que a consecuencia de un accidente se les había roto el cráneo, llevar sus manos sobre su cerebro puesto al descubierto y desgarrar las meninges.

Existe un contraste extraño para la sensibilidad dolorosa entre los gruesos troncos nerviosos y las últimas ramificaciones cutáneas de los nervios. Una gran quemadura que interese la mitad de la pierna, es mucho menos dolorosa que la del nervio ciático, un grano de polvo en la conjuntiva ocular, hace casi tanto daño como una bala que atraviese el muslo; no hay ninguna rigurosa relación que pueda establecerse entre la excitación misma y la percepción de esta excitación; de otro modo, a consecuencia de la disposición de los nervios en su periferia, puede suceder que una excitación muy débil sea muy dolorosa y en cambio una excitación fuerte de los troncos nerviosos no se sienta con tanta intensidad (Richet, loc. cit.)

Existen muchos órganos internos dotados de nervios en abundancia que no producen sensaciones dolorosas en estado normal, como el parénquima del hígado, del bazo y la mayor parte de las mucosas, como la del conducto intestinal, del útero y la de los bronquios. No creemos que esta insensibilidad para el dolor provenga de la falta de nervios doloríficos, porque entonces en el estado patológico no producirían dolores como producen de una gran intensidad.

Sobre todo las serosas son las que dan sensaciones doloríficas más grandes, y entre ellas la pleura y el peritoneo. Muchos de los órganos internos, quizás deban más que a nada su dolor a las tracciones que sufre el tegumento seroso, causadas por los procesos inflamatorios; así en las afecciones del intestino no existen dolores cuando la inflamación sólo radica en la mucosa, produciéndose, y muy intensos, cuando la serosa se inflama o se ulcera.

En los órganos de sensibilidad especial el dolor toma la forma de la fatiga, como sucede en la vista y en los músculos, aunque en éstos toma también la forma de calambre.

Influyen en la intensidad del dolor además de la impresionabilidad especial de cada tejido el número de fibras nerviosas excitadas, y la extensión de la superficie impresionada; así, introduciendo un dedo en agua a 49º, no se siente dolor alguno, pero en cambio si se hunde la mano entera hay una sensación de quemadura.

Influencias psíquicas.—El estado de ánimo influye mucho en la percepción del dolor. La atención, que es un estado intelectual, exclusivo o predominante, con adaptación espontánea o artificial del individuo (Th Ribot), tiene desviaciones que influyen grandemente en la percepción del dolor.

Estas desviaciones han sido agrupadas por Ribot: 1.º Predominio absoluto de un estado fijo que no puede ser desalojado de la conciencia. Hipertrofia de la atención. 2.º Debilidad pasajera de la atención que no puede mantener un estado psíquico ni por un momento. Atrofia de la atención. 3.º Imposibilidad congénita de fijar la atención.

Los estados fijos de la atención comienzan por una preocupación ligera que va subiendo de grados como sucede en los hipocondriacos; la observación perpetua de todos los instantes acerca del estado de cada órgano y productos de su funcionamiento, produce la obsesión.

En estos hipocondriacos a veces hay hiperestesia de la piel y de la atención, en otros casos sólo de la atención; en esos individuos la menor impresión produce dolor y se comprende: en estado normal el cerebro tiene una actividad diseminada en sus diferentes centros; cuando hay una idea fija, toda la fuerza disponible del cerebro se acumula en una parte y en ellas hay una excitabilidad mayor que en estado normal.

Cuando la energía cerebral se reconcentra en los centros de sensibilidad somática u orgánica hay hiperestesia psíquica para el dolor; cuando la fuerza cerebral se reconcentra en otros sectores de la inteligencia o de la voluntad, hay anestesia psíquica.

Encontrándose toda la fuerza cerebral en otros puntos, los centros de la sensibilidad no están en tensión, y no estándolo no son excitables.

"Antes de la invención del cloroformo los pacientes soportaban algunas veces violentas operaciones, sin dar ningún signo de dolor, y después declaraban que no habían sentido nada, habiendo concentrado su pensamiento por un poderoso esfuerzo de atención en una idea que les cautivaba.

Cuántos mártires han sufrido el tormento con serenidad perfecta sin que de su parte tuvieran que hacer esfuerzos ni hallaran dificultad alguna en mantenerla. La atención extática estaba de tal manera llena de beatíficas visiones que a sus deslumbrados ojos se presentaban, que las torturas

corporales no les causaban ningún dolor." (Car-
penter, *Fisiología Mental*).

Lo mismo que con los mártires sucede respecto
a la insensibilidad con los faquires de la India,
que se destrozan las carnes con ganchos, y con
los derviches de la misma región, que, según rela-
tan los viajeros, juegan con barras de hierro en-
rojecidas. En los casos de debilidad de la atención
pasajera (manía, embriaguez) o congénita (imbecilidad, idiotismo) la sensación de dolor no se
siente con energía.

LOCALIZACIÓN.—Las sensaciones dolorosas como
las demás tienen una última parte, que consiste
en referirlas al punto periférico de donde partie-
ron. Esta localización se hace en general de un
modo poco preciso. Esta propiedad de indicar con
exactitud el sitio del dolor es para algunos fisiólogos un nuevo sentido, que llaman sentido de
lugar: para Wolkman proviene únicamente de la
influencia constante del hábito y de la atención;
para Wundt resulta de que cada punto periférico
tiene un matiz peculiar y local de la sensación
que produce. Ambas cosas deben contribuir en la
localización del dolor.

Ese matiz especial de la sensibilidad de cada
región acompañando al dolor origina una serie de
deducciones involuntarias que, unidas a las aclarantes que dan los sentidos, producen la localización. Por el sentido de la vista se conoce el sitio
de la excitación, el del tacto es el que mejor localiza el dolor.

El enfermo, para la localización de los dolores
de los órganos internos, se sirve del tacto y de la

presión instintivamente, colocando sus dedos o la mano sobre la parte dolorida, y observando si por la presión o el contacto se exacerba el dolor. Así se localizan las neuralgias y se conoce el trayecto del nervio afecto, aunque esto no sucede siempre, pues hay puntos dolorosos de Valeix que no corresponden ni a los cordones nerviosos, ni a los ramos terminales del nervio enfermo.

Por la presión en el pecho localiza el enfermo las afecciones torácicas y al dato que le da la presión une el paciente el que le da una respiración grande, durante la cual observa el punto en que se exacerba el dolor y une también la observación de si por un movimiento brusco se le aumenta el dolor, lo que sucede en las enfermedades de la pleura.

En el tórax, la localización del dolor es siempre defectuosa; ordinariamente se refiere a las partes laterales, y puede suceder que el enfermo lo relacione a un punto inexacto, no porque en el individuo se encuentren anastomosis anormales de los nervios intercostales como se ha afirmado, ni porque exista un curso anormal de dichos nervios, sino porque no habiendo aclarantes para la localización del dolor el sitio de éste se fija mal. El oído puede servir para localizar el dolor en una pleuresía y en una pericarditis.

Hay muchos casos en que por la presión se adquieren datos inexactos, porque el dolor no se siente siempre en el mismo sitio de las partes lesionadas; así hay enfermos de pleuritis que localizan el dolor por la presión en el borde inferior del hígado.

En las lesiones espinales se presentan dolores en los miembros; las de la vejiga, producen dolores en la extremidad del pene, y las hepáticas dolores que se extienden al hombro derecho.

Estos casos se explican por la transmisión, por la médula de una excitación de un grupo celular, a otro extraño al filete nervioso primitivamente interesado; un mecanismo parecido al de los reflejos.

Aun en los dolores de la piel, el enfermo no suele percibir claramente el dolor, por las impresiones sensitivas que sobrevienen a la vez y por las cuales esas sensaciones concomitantes llegan a veces perturbadas.

En los casos en que la sensibilidad táctil se ha perdido y queda la dolorífica, si no se ayuda al paciente con el sentido de la vista no distingue ni la región ni el miembro en que ha sentido el dolor.

IRRADIACIÓN E INTERMITENCIA. — La irradiación se verifica en todas las excitaciones y está en razón directa de la energía de éstas. Si se electriza la piel mediante un electrodo de puntas, el dolor se despierta pronto y parece que alrededor de cada punta hay un círculo de difusión, tanto más extenso cuanto más fuerte sea la corriente.

En cuanto a la intermitencia, es una ley general y que tiene muy pocas excepciones. Parece que el sistema nervioso actúa por una serie de cargas y descargas sucesivas, de suerte que después de un dolor agudo hay un descanso, después un nuevo dolor, y así sucesivamente, del mismo modo que las contracciones del corazón.

Sin embargo, un dolor sordo persiste siempre, y no hay intermitencia más que para las lancetadas agudas e insoportables. Si se pudiera dar una comparación algo caprichosa, diríamos que es como una nota baja sostenida constantemente con notas interrumpidas una octava más abajo. (Richet.)

Además de esta serie de cargas y descargas sucesivas de que habla Richet, hay otro motivo para que el dolor sea intermitente, a saber: que la atención esté sometida a la ley del ritmo.

Stanley Hall, estudiando los cambios graduales de presión, producidos en la punta del dedo, apoyando la yema de éste en una superficie dura, ha notado que la percepción de la continuidad en la sensación, es imposible, y que no puede sentirse un descenso y un crecimiento continuos. La atención escoge distintos grados para compararlos.

Lange ha podido deducir lo mismo de sus observaciones. En el silencio de la noche, el tictac de un reloj lejano tan pronto se deja de oír como se refuerza; lo mismo sucede con el ruido de una cascada y con la claridad lejana de una luz que algunas veces se ve y otras no. Esta periodicidad en las excitaciones no puede tener causa objetiva, sino subjetiva, y proviene, según Lange, de la oscilación de las imágenes que acompañan la percepción sensorial. El refuerzo resulta de que a la impresión actual se añade la imagen de una impresión anterior.

CLASIFICACIONES.—No hay clasificación exacta ni útil del dolor. Se divide, según algunos, en dolores físicos, intelectuales y morales; otros, sólo admiten dolores físicos y morales; los físicos, provocados por la reacción del cuerpo vivo contra los agentes cósmicos, y los morales producidos por las pasiones.

El dolor físico se ha dividido en muchas clases; atendiendo a su curso en continuo e intermitente; por su intensidad, en fuerte y débil; por su localización, en circunscrito y difuso, general y localizado.

Las divisiones de diurno y nocturno, profundo y superficial, tenaz o pasajero, son de sentido común.

El dolor no puede ser crónico, siempre es agudo; pero puede manifestarse en una forma subaguda, que no tiene expresión a no ser que se la llame *dolorimiento*.

Por su forma el dolor se llama tensivo, gravativo, pungitivo, pulsativo, lancinante, terebrante, contusivo, quemante, acre, puriginoso, etc.; variedades cuyo número podría exagerarse al capricho de cada uno y que están formadas por el elemento que se une al dolor, como pulsaciones en el pulsativo, sensación de quemadura en el quemante, de tensión en el tensivo, etc.

La duración y el modo de propagarse también han contribuido a formar esta división; un dolor en un punto que dure poco y sea extenso, parecerá un pinchazo si influye pocas fibras nerviosas, y una lancetada si excita algunas más; en el primer caso, se llama pungitivo; en el segundo lancinante. Si el dolor es rápido y corre por toda la longitud de un nervio, hasta perderse en su zona de difusión, por su velocidad se compara con un rayo y se denomina fulgurante.

Por el sitio se designa con el nombre griego del órgano afecto y la terminación en algia: cefalalgia, odontalgia, neuralgia.

Por su génesis se dividen en dolores de origen cerebral, en dolores espinales, de los cordones nerviosos y dolores periféricos.

SÍNTOMAS FÍSICOS. — No existen generalmente síntomas objetivos propios y característicos del dolor; éste se presenta con o sin tumefacción, rubefacción o calor de la parte, y lo más común es que en ésta no se note ningún cambio apreciable.

Algunos dolores de los miembros que resultan de neuritis periféricas o de neuralgias, van acompañados de alteraciones tróficas como el eritema, la zona y el pénfigo, y pueden determinar contracturas reflejas duraderas, seguidas a veces de deformaciones persistentes, tal es la escoliosis consecutiva a la ciática.

ETIOLOGÍA.—El estado de desequilibrio nervioso llamado dolor, se produce por agentes de excitación que hacen pasar al sistema nervioso del estado de reposo al de actividad; estos excitantes pueden ser cósmicos, orgánicos y psíquicos.

Excitantes cósmicos. — Pueden ser generales (causas mecánicas, fisicoquímicas) y pueden ser especiales, no por ellas, sino por tener el organismo sentidos peculiares para apreciarlos (luz, sonido). Estos excitantes cósmicos pueden obrar por exceso y por defecto; así el hierro candente ocasiona una desorganización en nuestros tejidos, igual a la que produce el mercurio congelado cuando se coloca encima de la piel, lo que dicho sea de pasada prueba que la calidad del dolor no corresponde siempre a sus causas objetivas.

El defecto o la exageración de los excitantes especiales puede producir un dolor, el exceso de la luz ocasiona la fatiga retiniana y las oftalmias que suelen padecer los segadores y los que viajan durante largo tiempo por campos cubiertos de nieve; el defecto de la luz puede ocasionar la fotofobia.

Excitantes orgánicos.—También pueden producir el dolor por exceso y por defecto; así una sensación fisiológica como el hambre o la sed se hace dolorosa cuando se exagera.

El exceso de trabajo muscular produce la fatiga y también el dolor, como sucede en el parto.

Excitantes psíquicos.—Son aquellos que parten del cerebro y originan los sentimientos. Estos excitantes convertidos en motivos se van presentando al sensorium por un movimiento automático o voluntario.

Todos estos excitantes, como se expresa en la fórmula de Aristóteles, vienen por los sentidos del exterior. Los excitantes psíquicos no sólo pueden producir dolores morales, sino también corporales. "Supongamos que veinte personas fijan su atención durante cinco o diez minutos en su dedo meñique; al cabo de cierto tiempo sucederá que unos no tendrán conciencia de sensación alguna, la mayor parte experimentarán una sensación de pesadez y hormigueos, otros sentirán marcados latidos arteriales, sufrimiento y dolor" (Hack Tuke *L'esprit et le corps*).

Hay respecto a los dolores que producen excitantes cósmicos y orgánicos influencias simpáticas o por acción refleja; de aquí resulta el que en las inflamaciones del hígado se sienta el dolor en el hombro derecho. También puede suceder que por trastornos en el centro haya alucinaciones dolorosas, como suceden en los hipocondriacos.

Desde el punto de vista de las causas próximas, Bouchut admite tres órdenes de ellas: morales, humorales y orgánicas. En las morales —dice— no pueden apreciarse los trastornos materiales; incluye en este número el terror y la cólera, que producen dolores vagos, lancetadas o estremecimientos, espasmos, carne de gallina con o sin hiperestesia cutánea, etc.

En los dolores producidos por causas humorales comprende los de las anemias, discrasias e intoxicaciones.

En los dolores ocasionados por causas orgánicas señala los de las enfermedades de los órganos y tejidos: heridas, quemaduras, contusiones, etc.

EFECTOS DEL DOLOR

El dolor ejerce influencia mayor o menor en todos los aparatos orgánicos. Las combinaciones que indica Wundt para las sensaciones son las siguientes:

nervios sensitivos y nervios sensitivos —sensaciones simpáticas;

nervios sensitivos y nervios motores —acciones reflejas;

nervios sensitivos y nervios secretores —secreciones reflejas;

nervios sensitivos y nervios paralizantes —reflejos paralizantes.

Estas combinaciones se pueden reducir a las dos primeras, pues las dos últimas son también acciones reflejas.

Poco hay que decir respecto a las sensaciones simpáticas; son las que se presentan en punto distinto del sitio de la excitación; se explican por un mecanismo parecido al de los reflejos; ejemplos de dolores simpáticos son los ya citados del dolor del pene en los cálculos vexicales, de la rodilla en las lesiones de la articulación coxo-femoral.

ACCIONES REFLEJAS.—Los reflejos que produce el dolor se explican del modo siguiente: vienen los nervios sensitivos y se reúnen con los motores formando un haz sensitivo motor en el interior del cual se relacionan las fibras sensitivas con las motoras. Este haz penetra en la médula por los cuernos posteriores y sigue por la substancia gris de atrás adelante, terminando sus arborizaciones que toman la forma de varillas de abanico en los cuernos anteriores, estas arborizaciones envuelven a las células motrices. De modo que en éstas es donde se verifican las acciones reflejas, convirtiéndose la actividad dinámica central en actividad centrífuga motora.

De los haces sensitivos viene la impresión dolorosa que se refleja por los haces motores a los músculos. Se explica bien porque en las excitaciones dolorosas de poca intensidad los movimientos reflejos son limitados porque viniendo excitaciones débiles por un corto número de hacecillos impresionan pocas células motrices; en cambio en las excitaciones grandes, por estar impresionado un gran número de hacecillos, o por estarlo pocos, pero con gran intensidad, se excitan también un gran número de células motoras, excitación que desciende por los nervios centrífugos a producir movimientos.

Respiración. — El dolor menos intenso basta para producir una alteración en el movimiento respiratorio.

Se había creído que era el cerebro quien influía en los órganos de la respiración para acelerar o moderar los movimientos, pero según Christiani aun en el animal privado de cerebro y que por consecuencia no tiene voluntad, una luz viva que hiera la vista o un gran estrépito que pueda asustar al animal pueden determinar alteraciones respiratorias.

El primer efecto del dolor es fijar la atención en él; "adquirir el poder de atención —dice Lewes— es aprender a hacer alternar los movimientos mentales con los movimientos rítmicos de la respiración".

El dolor, cuando no es muy intenso, produce el suspiro, que es una inspiración prolongada que introduce una gran cantidad de aire en los pulmones y tiene por efecto oxigenar la sangre.

El dolor, cuando es de mayor intensidad, provoca gritos y alaridos. El grito es generalmente involuntario; Vulpian lo producía excitando la protuberancia anular de los conejos, y se observa en los animales cuando se les ha quitado el encéfalo dejándoles la protuberancia y el bulbo.

Los gritos son a veces semi-voluntarios porque la voluntad con un gran esfuerzo puede detenerlos, no impidiendo la contracción de los músculos laríngeos, sino aminorando la energía de la espiración. Cuando la excitación es muy intensa, la voluntad es insuficiente.

Según observaciones de algunos cirujanos, Percy, Dupuytren, el grito sirve de alivio al enfermo, y han notado que los operados que no gritaban, cuando se operaba sin coloroformo, no se curaban como aquellos que lo hacían a brazo partido.

La detención de la respiración en las extensas quemaduras de la piel se debe más que al dolor a la desaparición del reflejo que parte de la superficie cutánea. Mosso ha hecho experimentos que le permiten asegurar que las modificaciones de la respiración son las últimas manifestaciones por las cuales se nota la sensibilidad y las emociones.

Circulación.—La influencia del dolor en la circulación era conocida desde muy antiguo. Bichat indicó que para conocer cuándo era un dolor falso y cuándo verdadero, bastaba explorar el pulso.

Efectivamente, al producirse un dolor de gran intensidad el corazón aminora la energía de sus latidos y a veces los suspende, proviniendo esto de la excitación del pneumogástrico, que es un nervio paralizador.

Según Schiff, la excitación gradual y creciente del nervio ciático produce los mismos efectos en el corazón que la excitación del pneumogástrico. Wundt cree que son éstas las primeras manifestaciones de la sensibilidad y que no faltan jamás aun cuando las otras dejen de presentarse.

Parece desprenderse de los trabajos de los fisiólogos que la detención del corazón no es debida al dolor, sino que coincide con él. Se excitan las ramas periféricas del sistema cerebro espinal o del gran simpático, se transmite la excitación al bulbo y se refleja por el pneumogástrico, produciéndose el síncope y un descenso en la presión sanguínea de las arterias.

Franck, que ha estudiado ("Trabajos del laboratorio" de Marey, año 76, pág. 221) la acción del cloroformo en la circulación, dice que en un animal cloroformizado se puede excitar un nervio sensitivo sin que se produzca reacción alguna en el corazón. En este caso, el corazón no se detiene porque existe una parálisis del nervio pneumogástrico.

Se observa también que al principio de la administración del cloroformo, el síncope es frecuente por la excitación de los filetes nerviosos de los bronquios y de la laringe, y que es raro cuando la anestesia es completa y se ha paralizado temporalmente el pneumogástrico. Franck ha visto también que en animales a quienes se han eliminado los lóbulos cerebrales, el reflejo cardiaco persiste sin que haya percepción del dolor.

La excitación inicial que produce el síncope es ordinariamente dolorosa cuando obra en los nervios cerebro espinales; no se acompaña de dolor cuando obra en los ramos del gran simpático, como sucede en el síncope reflejo, después de la percusión del abdomen.

De aquí se deduce que la excitación fuerte de un nervio sensitivo ocasiona la detención del corazón y el descenso de la presión arterial, sin que dependa esta detención y descenso del dolor, sino que son simultáneos con él; la impresión, pues, produce dos resultados por las dos corrientes que lleva, una que va al cerebro a originar el dolor, otra que se refleja en la médula y en el bulbo y va a excitar órganos tan impresionables como el corazón.

Digestión.—Cuando la digestión se está verificando se presentan los movimientos peristálticos que se dirigen del cardias al intestino. Cuando se siente un dolor de bastante intensidad los movimientos peristálticos se hacen muy rápidos y en un tiempo muy corto van pasando los alimentos del estómago a los intestinos y avanzan de los delgados a los gruesos sin que los materiales se hayan digerido.

Las paredes de los intestinos, revestidas de músculos lisos, son muy irritables; se contraen rápidamente y producen en último término la diarrea.

Aparato urinario.—Lo mismo que en el intestino sucede en la vejiga; las paredes de ésta tienen la misma irritabilidad que las de aquél, y sus nervios y vasos sanguíneos tienen el mismo origen. El dolor produce una enérgica contracción de la vejiga que, repetida con frecuencia, ocasiona lo que se llama polaquiuria.

Movimientos.—Cuando el dolor producido por una quemadura es débil se mueve un solo lado del cuerpo, aquel en donde se produce la excitación; si la quemadura es más extensa o más fuerte, el movimiento se extiende al lado opuesto, y en fin, en un grado más intenso todavía el movimiento se produce en todo el cuerpo.

Esta ley, que ha encontrado recientemente Pflüger, se aplica también a los animales sanos y normales como a los que están privados de cerebro y son inconscientes; esto demuestra que los gestos y los movimientos tan característicos del cuerpo del hombre, por los cuales reacciona contra un dolor imprevisto, no dependen de su voluntad (Mosso-Lapeur).

El dolor ocasiona primeramente, como las sensaciones más débiles, una alteración de los rasgos de la cara por contracciones de los músculos animados por el nervio facial. Darwin, Duchenne de Boulogne, Spencer y Mantegazza son los que han estudiado con más copia de datos la expresión de las emociones.

La razón por la cual los músculos de la cara se mueven con tanta facilidad la enuncia Spencer en su obra "Principios de psicología". "Supongamos —dice— que una onda débil de excitación nerviosa se propaga uniformemente en el sistema nervioso, la parte de esta onda que se descargue en los músculos, sentirá más efecto allá donde la inercia que haya que vencer sea menor. Los músculos gruesos y que no pueden manifestar los estados de excitación más que moviendo las piernas u otras masas pesadas no darán signos de impresión, mientras que los músculos pequeños y los que pueden moverse sin tener que vencer grandes resistencias responderán visiblemente a esta onda débil... Como los músculos de la cara son relativamente pequeños y están fijados en partes fáciles de mover, resulta que en la cara es donde deben manifestarse la mayor suma de sentimientos."

Además de esta razón existe otra para explicar la facilidad para la contracción que tienen los músculos de la cara, la de que están casi siempre en continuo movimiento por las funciones de la digestión, respiración y por el uso de la palabra y de los órganos de los sentidos.

Mosso ha hecho algunos experimentos acerca del funcionamiento del nervio facial. En un perro anestesiado por el cloral, puso al descubierto el nacimiento de dicho nervio en su salida del cráneo y comenzó a excitarlo por la electricidad. Sirviéndose al principio de una corriente muy débil producía la contracción de los músculos de la frente y de las orejas; haciendo más intensa la corriente los músculos de la nariz, de los párpados y de la mejilla entraban en movimiento; con una corriente más fuerte los músculos del labio inferior, se abría la boca y con una muy enérgica tomaba la cara la expresión feroz de un perro agresivo.

La expresión del dolor en la fisonomía humana es muy variable; generalmente, la frente se arruga por contracciones del músculo frontal y se hunden las mejillas. Tipo de expresión de dolor es la cara de los que padecen enfermedades del abdomen (cáncer del estómago, peritonitis).

Uno de los órganos en donde el dolor ejerce influencia más rápida es en la pupila, dilatándola. Se ha notado con frecuencia que en los individuos cloroformizados, inmóviles, sumidos en una resolución completa, y por consiguiente, insensibles, el iris se contraía aún; si un individuo así anestesiado, se excita de un modo enérgico la sensibilidad por cualquier procedimiento, el iris se dilatará acto continuo.

De modo que sucede con la dilatación del iris lo mismo que con la detención del corazón y el descenso de la presión arterial, coinciden con el dolor, son simultáneos con él, pero no son sus efectos, pues esos reflejos se presentan sin que haya percepción del dolor.

De aquí no puede deducirse que el dolor no ejerza influencia en el corazón y en el iris. Los dolores morales no tienen que pasar por la médula para ir al cerebro, y sin embargo influyen en el corazón y dilatan la pupila. "Cuando estamos amenazados de un peligro, cuando experimentamos terror, o una emoción, y el organismo debe reunir sus fuerzas, una contracción de los vasos se produce automáticamente, y esta contracción hace más activo el movimiento de la sangre hacia los centros nerviosos. Como los vasos se contraen en la superficie del cuerpo quedamos pálidos por una emoción viva" (Mosso).

Así que el dolor físico produce un efecto contrario al del moral; pero cuando éste se aumenta, puede producir también el síncope.

Una de las características del dolor es el movimiento de flexión que produce en todo el cuerpo, lo mismo en los animales que en el hombre. El paciente parece apelotonarse sobre sí mismo; está encogido, con los muslos doblados sobre el vientre en una posición que recuerda la llamada emprosthotonos del tetanizado.

"Existe una tendencia general en casi toda la serie de vertebrados de unir las apófisis espinosas de las vértebras a fin de defender la médula espinal. Es un movimiento defensivo más bien que doloroso; pero es más fácil comprender que ambos movimientos se confunden en la mayoría de los casos y que el dolor intenso obliga a ejercer al animal que sufre movimientos de defensa" (Richet).

Otro de los efectos que produce el dolor es la agitación involuntaria de una parte más o menos extensa del cuerpo; esta agitación se produce en cada movimiento inspirador traduciéndose por un temblor en las extremidades. Se explica este fenómeno porque al ser mayor que la normal la excitación que nace de los centros nerviosos para hacer contraer el diafragma y músculos expiradores e inspiradores, esta excitación excede la capacidad de los centros respiratorios y se esparce en un gran número de nervios.

Los temblores ocasionados por el dolor están producidos por un exceso de excitación, y cuando ésta es grande vienen las convulsiones.

Cuando el dolor experimentado ha sido muy intenso, como sucede en el que tiene una quemadura de gran tamaño, se produce un estupor general por la extrema remisión de los centros sensitivos reflejos. El enfermo primero, apático e indiferente, va entrando poco a poco en el coma, la temperatura desciende, el pulso se hace pequeño. Cuando no se usaba el cloroformo, había algunos enfermos que se quedaban inmóviles, con la mirada fija, como estupefactos, diferenciándose de la generalidad, que gritaban y se defendían.

Los últimos efectos del dolor son el estupor general y el local. Cuando un miembro queda afectado por un violento traumatismo se produce, no un dolor fuerte, sino una sensación de molestia y cansancio que constituye el estupor local.

IMPORTANCIA DEL DOLOR COMO SÍNTOMA

El dolor es uno de los síntomas objetivos más frecuentes y generales; son pocas las afecciones en que no se presente.

Se le llama idiopático cuando forma el elemento especial que caracteriza la enfermedad, como ocurre en las neuralgias; sintomático cuando es una manifestación morbosa de las varias que constituyen el síndrome de una afección. El calificativo de idiopático es inexacto, pero sirve para expresar la idea de un síntoma único y cuya lesión material que lo produce es desconocida.

Por la intensidad del dolor no puede apreciarse la importancia y la gravedad de la enfermedad, pues hay muchas muy dolorosas de pronóstico leve (neuralgias), y otras muy graves que siguen su curso sin grandes manifestaciones dolorosas (lesiones cardíacas, apoplejías).

Esto se comprende bien desde el momento en que pueden existir alteraciones importantes en un órgano sin ir acompañadas de dolor.

La localización del dolor es un signo más importante que la intensidad; en los dolores idiopáticos basta el sitio para caracterizar una enfermedad; en los otros no, por ser demasiadas las afecciones que presentan dolores en un mismo punto; así la cefalalgia se presenta en la erisipela del cuero cabelludo, en el reumatismo de la piel del cráneo, en las lesiones secundarias o terciarias sifilíticas del cráneo, en las meningitis, congestión cerebral, anemia cerebral, hemorragia y reblandecimiento cerebrales, encefalitis aguda, parálisis general, jaqueca, epilepsia, clavo histérico, neuralgias del trigémino, fiebre tifoidea, intermitente, pneumonía, reumatismo articular agudo, afecciones agudas del tubo digestivo, fiebres eruptivas, etcétera. ¿Qué datos nos puede dar la cefalalgia por sí sola que sirvan de base al diagnóstico?... Respecto a la raquialgia veríamos que sucede lo mismo, y cosa parecida con los demás dolores.

La intermitencia caracteriza el dolor y también su periodicidad diurna o nocturna; así los dolores óseos de la sífilis se conocen por ser intermitentes y presentarse de noche.

El dolor no basta por sí solo para caracterizar una enfermedad, es preciso darse cuenta de los fenómenos concomitantes observados en los diversos aparatos orgánicos. Un dolor apirético que se observe en el trayecto de los nervios o solamente en el punto de emergencia de los filetes cutáneos, indicará una neuralgia; un dolor con fiebre que siga el trayecto de los vasos linfáticos que se encuentre inflamados será síntoma de una angioleucitis.

Veamos los caracteres que presenta el dolor según su origen. Los dolores de origen cerebral son ora vagos y extendidos a una parte del cráneo, lo más a menudo a la región frontal, ora claramente localizados; su intensidad es variable; a veces son persistentes y duran meses, a pesar de los más enérgicos tratamientos, y en estos casos están ligados a lesiones meníngeas; en el primer período de la meningitis aguda la cefalalgia es intensa, continua y se exacerba con los movimientos, el ruido y la luz, en otros casos el dolor es sordo y se extiende a los dos lados de la cabeza, originando una sensación tal que al enfermo se le figura que su cráneo va a estallar, como sucede en la congestión del cerebro; a veces el dolor tiene paroxismos, como en el absceso cerebral.

En ocasiones el dolor se limita en un lado de la cabeza, generalmente en el izquierdo (hemicránea), y en otros casos se fija en el ojo o en la región occipital (clavo histérico).

Los dolores de origen espinal tienen desde el
punto de vista de sus caracteres, semejanzas con
los de origen cerebral; en la meningitis raquidiana
el dolor es intenso, continuo, extendido más o menos por la columna vertebral, no aumenta por la
presión y sí por el movimiento y la aplicación de
una esponja empapada en agua caliente; en las
lesiones de la substancia gris o blanca de la médula, el dolor no aparece en el raquis; no existe la
raquialgia, pues ésta no se suele presentar más que
con la inflamación de las meninges; a los miembros inferiores es generalmente a donde se irradian los dolores de las mielitis.

Las lesiones de los cordones posteriores producen diversas clases de dolores; los más comunes
son los fulgurantes, que se presentan de ordinario
instantáneamente en un punto de los miembros y
se renuevan como por oleadas que vienen a inter-
valos; algunas veces el dolor parte del cerebro y
recorre rápidamente la médula y el miembro en
toda su extensión (Hallopeau).

En los miembros, los dolores de origen medu-
lar pueden tener caracteres variables; a veces los
enfermos sienten una constricción en un miembro como si estuviera oprimido por un anillo, otras
como si una punta acerada penetrara en el hueso.
Generalmente los dolores de origen espinal son
difusos y no tienen las exacerbaciones paroxísticas
de los dolores de origen periférico.

Los dolores cuyo origen son las lesiones de los
cordones nerviosos o sus raíces tienen por carácter
el presentarse en el trayecto del nervio o en las
partes donde se distribuye; se puede distinguir de

ordinario un elemento de dolor continuo, sordo, que se expresa vulgarmente diciendo que la parte está dolorida, y otro paroxístico, que viene por oleadas de duración variable y provocado por causas ligeras. Estos dolores, ocasionados por congestiones e inflamaciones del neurilema, se localizan bien y presentan el máximum de intensidad en un cierto número de focos, que son siempre los mismos, para los mismos cordones nerviosos.

Este elemento paroxístico se despierta por la presión en ciertos puntos que se encuentran en el lugar donde emerge o se hace muy superficial un tronco nervioso, en el sitio donde un filete nervioso sale de un músculo para distribuirse por la piel, en el ensanche de los ramillos nerviosos por los tegumentos y al nivel de las apófisis y de los orificios de conjunción por donde penetra el nervio (punto apofisario). Estos dolores pueden determinar por acción refleja, contracturas duraderas, que en ciertos casos van seguidas de deformaciones persistentes; tal es la escoliosis consecutiva a la ciática.

Los dolores que proceden del gran simpático, además de ser muy intensos ocasionan un profundo transtorno en la parte psíquica del enfermo; producen una ansiedad y un terror vagos; las más pequeñas manifestaciones, como la náusea y el vértigo, parecen romper el resorte moral de nuestra voluntad y deprimen el organismo hasta el último grado.

Los dolores periféricos varían según el tejido y el órgano que se halle afectado.

En el corazón, el dolor se siente como sensación de opresión y angustia; rara vez es intenso, excepto en la angina de pecho, en la cual es atroz, penetrante; con el máximum de intensidad en el borde izquierdo del corazón. En la pericarditis, el dolor no es fuerte, pero se hace angustioso cuando hay una neuritis cardíaca que tiene por asiento el nervio o los dos nervios frénicos. En la clorosis se suelen presentar dolores precordiales más o menos vivos, que no son más que puntos neurálgicos.

Las enfermedades de la laringe no son muy dolorosas.

El dolor torácico es muy variable en intensidad: continuo e intermitente y producido por la tos; difuso o circunscrito cerca del pezón (punta de costado). Es difuso en la tuberculosis pulmonar, circunscrito, superficial, intermitente y exasperado por el más ligero contacto en la pleurodinia, menos vivo que el anterior en la pleuresia, excepto en la diafragmática, que es el lancinante irradiado al hombro y que se exaspera por la compresión de las inserciones del diafragma en la segunda costilla. Punta de costado de intensidad variable se presenta en la pulmonía.

Los dolores abdominales, generalmente provienen de afecciones del estómago y del intestino, pero igualmente se presentan con enfermedades del hígado, riñones y paredes abdominales.

Los dolores del catarro gástrico son generalmente sordos, difusos, no muy vivos, excepto en algunas formas raras; los de la úlcera redonda son lancinantes, que se repiten por accesos y se presentan en el apéndice xifoides y en la sexta o séptima vertebral dorsal; los del cáncer son sordos, continuos y difusos.

El dolor de la enteritis aguda se presenta alrededor del ombligo, siendo bastante intenso e irradiándose del vientre al recto, el de la tiflitis y peritiflitis en la fosa ilíaca derecha, como el de la tifoidea, con irradiaciones a la región lumbar.

El dolor de la peritonitis aguda es constante, violento, exasperado por la menor presión; el de la crónica o tuberculosa es casi nulo.

Los dolores hepáticos más fuertes son los del cólico hepático y los del absceso del hígado. En el cólico hepático son paroxísticos, residen en el hipocondrio derecho, se presentan de repente y son muy vivos; en el absceso del hígado el dolor es lancinante, exasperado por los movimientos e irradiado al hombro derecho. En la congestión, cáncer y cirrosis del hígado, el dolor es difuso y tiene más bien el carácter de molestia o pesadez en el hipocondrio.

Los dolores del riñón se presentan en la región lumbar, son intensos y se irradian a los uréteres, vejiga, testículos (nefritis supurada, tuberculosis renal, cáncer, etc.), en la litiasis renal son atroces, en un lado y se irradian hasta los miembros inferiores.

El dolor de las lesiones vexicales se siente en el hipogastrio y se irradia a las ingles, periné, muslos (cistitis); a veces se siente lejos del punto lesionado (prurito y dolor en el pene, en los calculosos).

Los dolores del útero se sienten en la pelvis menor, hipogastrio y región iliaca izquierda y se irradian a la región lumbar, sacra, coxigea y cara anterior de los muslos.

En resumen, el dolor como síntoma es de los más generales y de los más importantes, pero como base de diagnóstico es pocas veces signo patognomónico. Unido a los demás fenómenos sintomáticos que suministran los diversos aparatos orgánicos es como conduce a un diagnóstico preciso.

CONCLUSIONES

1. De la fusión de las sensaciones que dan todos los órganos se produce una sensación confusa y vaga, llamada cenestesia.

Esta cenestesia se manifiesta por necesidades o tendencias que son la esencia misma del hombre.

2. La cenestesia es un conocimiento inconsciente de la vida; el resultado del acto de vivir; el fondo de nuestra vida afectiva no es el placer ni el dolor, por lo tanto, sino la indiferencia.

3. Las necesidades de la cenestesia, cuando se satisfacen, originan placer, cuando se contrarían, dolor.

4. El placer y el dolor no son la expresión constante de las excitaciones; varían ambos y dependen sus variaciones de las tendencias del organismo.

5. Para algunos autores el dolor es una sensación producida por diversas excitaciones, para otros no tiene nada de específica y es una sensación fuerte; pero como una sensación fuerte puede ser placentera, el dolor se podría definir diciendo: Es la percepción de una sensación fuerte producida por una excitación que contraría una tendencia.

6. La capacidad para sentir el dolor físico en las especies y en las razas está en razón directa de la inteligencia. En los individuos la sensibilidad para el dolor físico es un resultado de su temperamento y género de vida.

7. La percepción del dolor moral en las razas y en los individuos es tanto más perfecta cuanto más desarrollada esté la inteligencia.

8. Para ser sentido el dolor se necesita integridad de la superficie excitable para que se verifique la impresión, integridad del nervio para conducir la misma, e integridad del sensorium para que se produzca la sensación y la percepción.

9. El estado de equilibrio del sistema nervioso representa una fuerza en potencia que se manifiesta por la acción del excitante. Para que la impresión se verifique es necesario que la fuerza de excitación sea mayor que la fuerza de tensión o en potencia.

10. Las relaciones entre la intensidad de la excitación y la intensidad de la impresión están expresadas por la ley Fechner: si la intensidad de la excitación aumenta en una cantidad dada, la intensidad de la impresión aumenta en la misma

cantidad. De otro modo, el aumento de la impresión está en razón directa del aumento de la excitación y en razón inversa de la fuerza de tensión.

11. Al dolor como a las demás sensaciones se le pueden marcar tres límites: 1.º límite mínimo; expresa el tanto que la excitación tiene que ser mayor que la fuerza de tensión para que se produzca la impresión dolorosa; 2.º límite de las diferencias; indica el tanto que la excitación necesita aumentar o disminuir para que el dolor tome distinta forma; 3.º límite máximo, que es aquel en el cual, por más que se aumente la excitación, no aumenta el dolor.

12. No existen nervios doloríficos cuya única misión sea transmitir el dolor. Todos los órganos provistos de nervios son aptos para sentir el dolor.

13. La negación de los nervios doloríficos no implica la negación de un central cerebral para el dolor. Aunque no está demostrado, es racional admitir la existencia de un receptor de la sensación dolorosa.

14. La intensidad del dolor puede variar por influencia del medio cósmico, por influencias del medio orgánico y por influencias psíquicas.

15. Las influencias del medio cósmico se refieren a la excitación; la duración y el tiempo que tarda ésta se hallan en razón inversa de la intensidad de la impresión.

16. Las influencias orgánicas principales son: la pérdida de fuerza de tensión de un nervio (hiperestesia), la diversa capacidad de los diferentes

tejidos y órganos para sentir el dolor y la extensión de la superficie impresionada.

17. Las influencias psíquicas dependen de los distintos estados de la atención; puede haber hiperestesia de la atención (hipocondriacos) y entonces se siente el menor dolor; parestesia de la atención (locos) y entonces la sensación del dolor está perturbada; y anestesia de la atención (idiotas) y en este caso apenas se siente el dolor.

18. El dolor se localiza por el matiz peculiar que cada región tiene de la sensación que produce y por el auxilio de los sentidos.

19. La irradiación del dolor está en razón directa de su intensidad. La intermitencia depende de que el sistema nervioso obra por una serie de cargas y descargas, y además porque también la atención es intermitente y está sometida a la ley del ritmo.

20. No existen síntomas objetivos propios y característicos del dolor.

21. Los excitantes que originan el dolor pueden ser cósmicos, orgánicos y psíquicos.

22. El dolor produce efectos consecutivos en el organismo, que son sensaciones simpáticas o acciones reflejas.

23. En las sensaciones simpáticas la excitación de un órgano se irradia a otro en el cual experimenta el dolor.

24. El dolor menos intenso basta para producir acciones reflejas en el aparato respiratorio. La

alteración en el ritmo de la respiración, el grito y el alarido son las principales.

25. Coinciden con el dolor, pero no están producidos por él, la detención del corazón y el descenso de la presión arterial.

26. El dolor, durante la digestión, hace más rápidos los movimientos peristálticos.

27. En la vejiga produce enérgicas contracciones de las paredes que ocasionan la polakiuria.

28. El dolor produce movimientos en los órganos de la vida de relación, cuando la intensidad del dolor es grande, el número de músculos que se contraen también es grande.

29. El dolor coincide con la dilatación de la pupila; la abertura del iris como la detención del corazón se produce por la excitación de un nervio sensitivo, aunque no haya centro receptor del dolor.

30. El dolor produce un movimiento de flexión de todo el cuerpo.

31. Otro de los efectos del dolor es el temblor, que cuando adquiere la sensación dolorosa mucha intensidad, se convierte en convulsiones.

32. Ejerciendo influencia el dolor en los músculos de la vida de relación, debe ejercerla también en la temperatura del cuerpo.

33. El último efecto del dolor es el estupor general.

34. El dolor, síntoma general e importante, es pocas veces signo patognomónico.

35. Excepto en las neuralgias, en las cuales el dolor es el único síntoma de la afección, en las demás enfermedades ni la intensidad, ni la localización, ni el curso del dolor, sirven de base al diagnóstico. Sólo si va unido a otros fenómenos observados en el enfermo puede conducir al conocimiento de la enfermedad.

INDICE

CUARTA PARTE

QUINTA PARTE